松岡正剛の国語力

松岡正剛＋イシス編集学校　著

東京書籍

松岡正剛の国語力

―なぜ松岡の文章は試験によくでるのか―

松岡正剛＋イシス編集学校 著

東京書籍

◉目次

第2章 松岡正剛が唸った入試問題

第3章 松岡正剛に迫った小論文問題

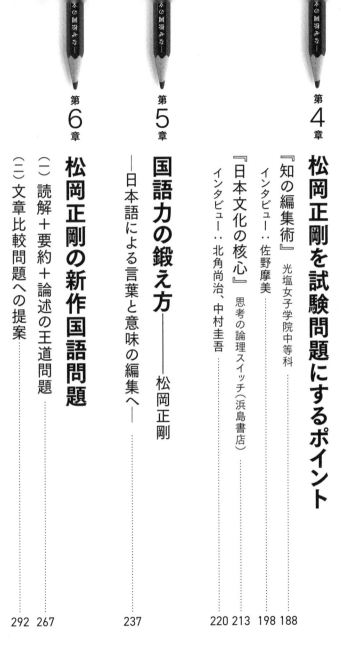

AI時代の国語力

松岡正剛

二〇年ほど前から、折々に書いてきた私の文章が全国のいろいろな学校の入試問題や模擬試験につかわれる例がふえてきた。小説やノンフィクションは書いてこなかったので、すべてエッセイか評論である。事後に承諾書とともに問題文が届くので、そのときになって「ふうん、あの文章がこんな問題になったのか」と初めて知るのだが、毎年花の便りのようにこの知らせに出会うのがだんだん愉しみになった。

自分の文章がいくつかの部品に解体されて、また組成されていくのを見るのは、まるで国語工場や国語医療か何かの検査診断装置を見ているようで、意外に興味深いのである。ときどき解いてみると、本人なのにマークシート式の選択問題にまんまと惑わされることがあって、これはこれで悩ましい。

そんな話をスタッフやイシス編集学校の諸君と話していたら、「松岡さんが気になった入試問題についての本をつくったらおもしろいんじゃないか」というふうに話がふくらんで、これを東京書籍のみなさんが引き受けてくれた。『試験によく出る松岡正剛』が仮のタイトルになった。こうして太田香保が指揮棒を振って、いくつかのチームも動きだした。過去問をかたっぱしから解いていくチーム、問題作成の傾向を分析するチーム、なぜ松岡正剛の文章が入試になりやすいのかを探るチーム、日本の国語問題はこれでいいのかということを議論するチームなど、いろいろだ。

私は国語教師ではないし、学生諸君の国語力向上のために文章を書いてきたわけではないけれど、ずっと「学校の国語」がもたらしてきた功罪については気になっていた。たとえば作文、たとえば読書、たとえば読解。もっと大胆な指南や励起《れいき》があってもいいように思ってきた。

現代文を素材にした入試問題では、大きくいって三つのタイプの設問が取っかえ引っかえ工夫されてきた。言葉づかいや文中での当該の概念をめぐる設問、素材文を正しく言い換えられるかを試す設問、文意を理解したうえで自分の感想や意見を組み立ててみる設問だ。しかし、この三つの設問に終始していいのかどうか。

これらはいずれも私が長らく編集工学として研究し仕事にしてきた「編集力」とたいへん縁が深く、したがっては国語力を試すには編集力を身につけるのが一番だと思うのだが、しかしそうなると、実はもっと多くのスキルをエクササイズしておいたほうがよかったのである。

たとえばニュース記事を高速に把握する能力、曖昧な表現から言いたいことを察知する能力、世の中の世界観や社会観や歴史観に波乗りしている文章の理解の仕方、相互に交わされていくコミュニケーションを集約する能力、言及されていない問題を想定する推理力、映像の流れが喚起する意味を掌握する手立て、こういったことも必要なスキルなのである。

ただ、こういうことをいきなり「お題」にするには、そのための授業もあらかじめ組み立てられていなければならず、それにはまだ時間を要するとも思われる。それでもできれば、少しずつはそうした「未知の国語力」を巧みに先取りする問題づくりがあってもいいはずなのである。

というわけで、本書は現状の国語の出題問題をベースにしながらも、そこから躍り出てくるかもしれない新しい国語力を随所に予感させるような組み立てをめざしてもらった。存分にご活用いただきたい。

いま、世界中でＣｈａｔＧＰＴなどの生成ＡＩがもたらす可能性と限界とが急速に話題になっている。人工知能による編集力が大きな姿をあらわそうとしているわけだが、私はこういう日がおっつけやってくるとずうっと予想していた。この現象は機械が「意味」を内側でもっているという幻想に、さあどう向かっていくのかということである。国語の問題があるから意味に出会うのではない。学生諸君も私たちも、すでに二〇〇〇年にわたって読み書きのＡＩ化をなしとげてきたはずなのだ。国語力とは、このすべての回復に向かっていくということでなければならない。

松岡正剛著書　入試問題一覧

＊2023年5月末までに確認できたもののリスト
＊学校名は出題当時のもの

2001(平成13)年

1 神戸学院大学 『日本流』

2003(平成15)年

2 九州東海大学 『日本流』

2006(平成18)年

3 神戸芸術工科大学 『知の編集工学』
4 筑波大学附属駒場高等学校 『日本流』
5 静岡県立大学大学院 『山水思想』
6 麗澤大学 「『あはれ』と『あっぱれ』の対」『文芸春秋』2004年9月臨時増刊号
7 立命館大学 『日本流』
8 立命館アジア太平洋大学 「声のコミュニケーション・文字のコミュニケーション」『知の社会学／言語の社会学』
9 三重大学 『花鳥風月の科学』

2007(平成19)年

10 愛知淑徳大学 『知の編集工学』
11 新見公立短期大学 『日本という方法』
12 岐阜大学 『日本という方法』

2008(平成20)年

13 山梨大学 『日本という方法』
14 南山短期大学 『知の編集工学』
15 麗澤大学 『知の編集工学』
16 関西外国語大学 『日本という方法』
17 関西外国語短期大学部 『日本という方法』
18 中央大学杉並高校 『17歳のための世界と日本の見方』

2009(平成21)年

19 県立広島大学 『日本という方法』
20 帝京八王子高等学校 『知の編集術』
21 佛教大学 『日本という方法』
22 神戸学院大学 『知の編集術』
23 関西大学 「声のコミュニケーション・文字のコミュニケーション」『知の社会学／言語の社会学』に収録
24 東京都立日比谷高等学校 『日本という方法』
25 千葉商科大学 『日本数寄』
26 跡見学園女子大学 『日本という方法』
27 大阪保健医療大学 『日本という方法』
28 桃山学院大学 千夜千冊六〇夜「この日本美随筆はいただけない」

2010(平成22)年

29 京都精華大学 『日本数寄』
30 玉川大学 『日本数寄』
31 藤嶺学園藤沢高等学校 『日本という方法』
32 東洋学園大学 『日本という方法』
33 東北福祉大学 『物語編集力』
34 椙山女学園大学 『日本という方法』
35 防衛大学校 『フラジャイル』

2011(平成23)年

36 鎌倉女子大学・鎌倉女子大学短期大学部 『山水思想』
37 千葉経済大学 『フラジャイル』
38 活水女子大学 「見直したい日本の風土」読売新聞2009年12月18日
39 愛知大学 『誰も知らない世界と日本のまちがい』
40 慶應義塾女子高等学校 『日本流』
41 京都文教大学 「声のコミュニケーション・文字のコミュニケーション」『知の社会学/言語の社会学』

2012(平成24)年

42 大阪電気通信大学 『日本数寄』
43 二松学舎大学 『山水思想』
44 福岡女子大学 『17歳のための世界と日本の見方』

45 東京農業大学 『日本流』
46 国際医療福祉大学 『フラジャイル』
47 獨協大学 「読前・読中・読後」『本は、これから』に収録

2013(平成25)年

48 駿河台大学 『知の編集術』
49 関西学院大学 『17歳のための世界と日本の見方』

2014(平成26)年

50 開明中学校 『わたしが情報について語るなら』
51 京都外国語大学 『知の編集術』
52 広島国際大学 『日本数寄』
53 明治大学附属中野中学校 『わたしが情報について語るなら』
54 久留米大学 『知の編集工学』
55 光塩女子学院中等科 『知の編集術』
56 十文字学園女子大学 『日本数寄』
57 香ヶ丘リベルテ高等学校 『フラジャイル』

2015(平成27)年

58 山脇学園中学校 『わたしが情報について語るなら』
59 松蔭中学校 『日本のもと　海』

2016(平成28)年

60 長野大学 『物語編集力』

2017(平成29)年

61 宮城学院女子大学 『知の編集術』
62 産業能率大学 『日本という方法』

2018(平成30)年

63 大阪経済大学 『日本という方法』
64 鶴見大学 『知の編集術』
65 佛教大学 『多読術』

2019(平成31／令和元)年

66 武蔵野美術大学 大学院 『デザイン知』千夜千冊六〇夜「デザインの小さな哲学」
67 関西看護医療大学 『擬MODOKI「世」あるいは別様の可能性』
68 国立看護大学校 『擬MODOKI「世」あるいは別様の可能性』

2020(令和2)年

69 関西大学 『知の編集術』
70 東海大学 『擬MODOKI「世」あるいは別様の可能性』
71 帝京中学校 『わたしが情報について語るなら』

2021(令和3)年

72 京都学園高等学校 『日本文化の核心』
73 東京都立戸山高等学校 『日本文化の核心』
74 頌栄短期大学 『日本流』
75 共愛学園前橋国際大学 『日本文化の核心』
76 東京都立町田高等学校 『日本文化の核心』
77 同志社女子大学 『日本流』
78 常磐短期大学 『日本文化の核心』
79 和洋女子大学 『日本数奇』
80 京都文教大学 『日本文化の核心』
81 国士舘大学 『日本文化の核心』
82 石川県立総合看護専門学校 『日本文化の核心』

2022(令和4)年

83 立命館大学 『日本という方法』
84 東京都市大学 『日本文化の核心』
85 北里大学 『擬MODOKI「世」あるいは別様の可能性』
86 広島工業大学 『日本文化の核心』
87 清泉女学院中学校 『日本流』
88 國學院大學 『日本数奇』

2023(令和5)年

89 京都精華大学 『日本文化の核心』
90 尾道市立大学 『山水思想』
91 金沢工業大学 『日本という方法』

序　松岡正剛はこんな人

松岡正剛といえば、ＷＥＢ上で「千夜千冊」という壮大なブックナビゲーションを延々と連載しつづけている人物として知られ、博覧強記、知の巨人などともよく言われます。でもいったいどんな仕事をしている人なのか、少しわかりにくいと思われているようです。

松岡さんの名刺には肩書が何も書かれていません。ただ「松岡正剛」と名前だけが書かれていて、裏面に松岡正剛事務所と編集工学研究所の連絡先が記してあるだけ。では本人はなんと名乗ってきたのかというと、「生涯一編集者」です。最近のメディア上の肩書は、たいてい「編集工学者」となっています。

松岡さんは一九四四年、京都で生まれました。子どものころから本が好きで、また両親の影響で俳句を詠んだりしていました。小学生のときに詠んだ俳句が「赤い水のこして泳ぐ金魚かな」。すでに図抜けたイメージと言葉のセンスがあったようです。一方、自然観察や科学実験に夢中な「リケオ」くんでもあった。

高校時代には新聞部で腕を磨き、大学時代は学生運動に参加しながら文章修業。卒業後に勤めた広告代理店で、大手出版取次の東販（現在はトーハン）が発行する高校生向けの読書新聞「ハイスクール・ライフ」の編集をまかされたことをきっかけに、松岡さんの編集人生が動き出す。このタブロイド紙は前衛的な思想やアートも取り上げる知的なメディアとして、寺山修司さんや五木寛之さんから絶賛されました。

この仕事で編集力と人脈を培った松岡さんは、一九七一年、二七歳という若さで工作舎という出版社を興し、オブジェマガジン「遊」を創刊します。古今東西の「知」を自在に組み合わせた独創的な編集とデザインワークによって、今日では伝説となりました。八〇年代に入ると、欧米の知識人たちの動向や認知工学やシステム工学の行方を注意深く観察し関心を深め、本格的に「方法の冒険」に着手すべきだという確信をもちます。仲間たちと新たに編集工学研究所をつくり、情報編集の技法を体系化するとともに、情報文化と情報技術を融合するようなユニークな企画や研究開発に着手していきます。

二〇〇〇年には「千夜千冊」をスタートさせ、インターネット上で松岡さんの編集メソッドを伝授する「イシス編集学校」*を立ち上げました。このネット上の学校では松岡さんの考案した「編集稽古」という、さまざまなお題やエクササイズを通して言葉とイメージの技法を学びます。これまでに九〇〇人近い編集師範代を輩出しています。

松岡さんは、日本の歴史文化にも深く傾倒していきます。きっかけは講談社の日本美術全集「アート・ジャパネスク」（全十八巻）を企画編集したことでした。日本人のイメージの源流や方法的な特徴を解き明かしていく松岡さんの日本文化論は多くのファンを獲得し、政治家向けから企業人向けまで、たくさんの「私塾」も開催してきました。

このように松岡さんは、編集という仕事を通して、たくさんの情報と情報、人と人とを結びつけ、そこから新しいメディアやイベントやスクールをつくってきた人なのです。松岡さんが名刺にひとつの肩書も記さず、ただ「生涯一編集者」とか「編集工学者」とか、わかりにくいことを名乗ってきたのには、そういう賑やかな背景があるのです。

*イシス編集学校

松岡の編集術をインターネット上で学べる学校。基本的な技法を学ぶ「守」、文章術やプランニング術を学ぶ応用コース「破」、松岡の世界知と方法知を専門的に学ぶ「離」の三つのコースを基本とする。二四時間いつでも学べる学校とあって、学衆（受講者）は年齢層も職業も居住地も多岐にわたる。カリキュラムの基本は「お題」形式の編集稽古で、一〇～一五人ずつがネット上に用意された「教室」に集い、「お題」に回答したり師範代（編集コーチ）から指南を受けたりしながら編集のコツを習得していく。師範代養成のための特別コース「花伝所」では、ネットを介した編集指南のために必要なあらゆるノウハウを伝授している。ほかに、ユニークなプログラムで俳句・短歌を学ぶ「遊・風韻講座」、物語編集を学ぶ「遊・物語講座」、読書術をトレーニングする「多読ジム」なども開設している。

第1章

こんなによく出る『**日本文化の核心**』

〔入試問題／解答例／問題分析〕

①『**日本文化の核心**』東京都立戸山高等学校　2021年

②『**日本文化の核心**』京都文教大学　2021年

③『**日本文化の核心**』石川県立総合看護専門学校　2021年

『日本文化の核心』の多様な問題

この章では、『日本文化の核心――「ジャパン・スタイル」を読み解く』（講談社現代新書）が使われた入試問題ばかりを集めて紹介する。

『日本文化の核心』は、松岡が長年にわたり読み解いてきた日本文化の方法やコンセプトを集大成した一冊である。二〇二〇年三月に刊行されるやいなや、新書ならではの手に取りやすさや、古代から現代までの豊富な事例を駆使する痛快な語り口もあいまって評判となり、今日まで版を重ねてきた。のみならず、翌二〇二一年度以降、高校・大学合わせて十校以上の入試問題に使われ、また公開模試や教材などでも頻繁に用いられてきた。

それらの入試問題での『日本文化の核心』の使われ方をよく見ると、問題文に採用された箇所のかぶりがほとんどなく、全十六章ある中のさまざまなところが使われている。それぞれの高校・大学の理念やアドミッション・ポリシーに適ったテーマの章や節が選ばれているようである。つまり、『日本文化の核心』が多様な学校の各々のポリシーに応え得るだけの、多様な切り口を具えた日本文化論であることが、これほどまでに入試問題に取り上げられている理由の一つではないかと考えられる。

本章では、それらの中でも特に問題文の選定や設問の組み立て方において、各々の学校の理念や個性が浮き彫りになっている東京都立戸山高等学校、京都文教大学、石川県立総合看護専門学校の三校の問題を取り上げる。

また第4章で紹介する浜島書店の教材にも、『日本文化の核心』を用いた問題が掲載されている。あわせて御覧いただきたい。

入試問題①

『日本文化の核心』

東京都立戸山高等学校　二〇二一年

次の文章を読んで、あとの各問に答えよ。（*印の付いている言葉には、本文のあとに〔注〕がある。）

和漢の境をまたぐとは、中国（漢）と日本（和）の交流が融合《ゆうごう》しつつ、しだいに日本独自の表現様式や認知《にんち》様式や、さらには中世や近世で独特の価値観をつくっていったということです。これはおおざっぱには、次のようなことを意味しています。アジア社会では長らく中国が発するものを*グローバルスタンダードとしての規範《きはん》にしてきたのですが、そのグローバルスタンダードに学んだ日本が、奈良朝《ならちょう》の『古事記』や『万葉集』の表記や表現において、一挙にローカルな趣向《しゅこう》を打ち出し、ついに「仮名」の出現によって、まさにまったく新たな(1)「グローカルな文化様式」や「*クレオールな文化様式」を誕生させたということです。しかも、その後はこれを徹底《てってい》して磨いていった。何を磨いたかというとクレオールな「和漢の境」を磨いていったのです。

なぜ、このようなことをしたのか。なぜそんなことが可能になったのか。たんに知恵に富んでいたわけではないのです。

二、三の例で説明します。

たとえば禅宗《ぜんしゅう》*は中国からやってきたもので、鎌倉時代には栄西《えいさい》や道元《どうげん》はじっさいに中国に行って修行《しゅぎょう》もしています。しかし、日本に入って各地に禅寺が造営されるようになると、その一角に「枯山水《かれさんすい》」という岩組みや白砂の庭が出現します。竜安寺《りょうあんじ》や大徳寺《だいとくじ》が有名ですが、このような庭は中国にはないものです。

中国の庭園（園林《えんりん》と総称《そうしょう》します）は植物も石もわんさとあります。日本の禅庭は最小限の石と植栽《しょくさい》だけでつくられ、枯山水にいたっては水を使わずに石だけで水の流れを表現します。つまり引き算がおこっているのです。［(a)］

お茶も中国からやってきたものでした。栄西が『喫茶養生記《きっさようじょうき》』でその由来を綴《つづ》っている。しかし日本では、最初こそ中国の喫茶習慣をまねていたのですが、やがて「草庵《そうあん》の茶」という侘《わ》*び茶の風味や所作に転化していきました。またそのための茶室を独特の風情《ふぜい》でつくりあげた。身ひとつが出入りできるだけの小さな躙口《にじりぐち》*を設け、最小のサイズの床の間をしつらえた。部屋の大きさも広間から四畳半へ、三帖台目《じょうだいめ》へ、さらには二帖台目というふうになっていく。こんなことも中国の喫茶にはありません。ここにも引き算がおこっているのです。

侘び茶や草庵の茶に傾いた村田珠光《むらたじゅこう》は、短いながらもとても重要な『心の文《ふみ》』という覚え書《がき》のなかで、そうした心を「和漢の境をまぎらかす」と述べました。たいへん画期的なテーゼ*でした。

このように、(2)日本は「漢」に学んで漢を離れ、「和」を仕込んで和漢の境に遊ぶようになったのです。

日本列島は二〇〇〇万年前まではユーラシア大陸の一部でした。それが地質学でいうところの*プレートテクトニクスなどの地殻《ちかく》変動によって、アジア大陸の縁の部分が東西に離れ、そこに海水が浸入することで日本海ができて大陸と分断され、日本列島ができあがったと考えられています。

このような成り立ちをもつゆえに、日本列島が縄文《じょうもん》時代の終わり頃《ころ》まで長らく大陸と孤絶していたという事実には、きわめて重いものがあります。日本海が大陸と日本を隔《へだ》てていたということが、和漢をまたいだ日本の成り立ちにとって、きわめて大きいのです。

その孤立した島に、遅くとも約三〇〇〇年前の縄文時代後期までには稲作《いなさく》が、紀元前四～前三世紀には鉄が、四世紀後半には漢字が、いずれも日本海を越えて大陸からもたらされることになった。(3)「稲《いね》・鉄・漢字」という黒船の到来です。

とりわけ最後にやってきた漢字のインパクトは絶大でした。日本人が最初に漢字と遭遇《そうぐう》したのは、筑前国《ちくぜんのくに》（現在の福岡県北西部）の志賀島《しかのしま》から出土した、あの「漢委奴国王《かんのわのなのこくおう》」という金印であり、銅鏡に刻印された呪文《じゅもん》のような漢字群でした。これを初めて見た日本人（倭人《わじん》）たちはそれが何を意味しているかなどまったくわからなかったにちがいありません。しかし中国は当時のグローバルスタンダードの機軸国《きじくこく》であったので、日本人はすなおにこの未知の*プロトコルを採り入れることを決めた。［(b)］

ところが、最初こそ漢文のままに漢字を認識し、学習していったのですが、途中から変わってきた。日本人はその当時ですでに一万〜二万種類もあった漢字を、中国のもともとの発音に倣《なら》って読むだけではなく、縄文時代からずっと喋《しゃべ》っていた自分たちの*オラル・コミュニケーションの発話性に合わせて、それをかぶせるように読み下してしまったのです。

私はこれは日本史上、最初で最大の文化事件だったと思っています。日本文明という見方をするなら、最も大きな文明的事件だったでしょう。(4)ただ輸入したのではなく、日本人はこれを劇的な方法で編集した。

漢字の束《たば》を最初に日本(倭国)に持ってきたのは、*百済《くだら》からの使者たちでした。

応神《おうじん》天皇の時代だから四世紀末か五世紀初頭でしょう。*阿直岐《あちき》が数冊の経典《きょうてん》を持ってきた。当時の日本は百済と同盟関係になるほどに親交を深めていました。

阿直岐の来朝からまもなく、天皇の皇子だった菟道稚郎子《うじのわきいらつこ》がこの漢字に関心をもち、阿直岐を師と仰いで読み書きを習いはじめました。これを見た応神天皇が、宮廷《きゅうてい》で交《か》わしている言葉を文字であらわすことに重大な将来的意義があると感じて、阿直岐に「あなたに勝《まさ》る博士《ふみよみびと》はおられるか」と尋《たず》ねたところ、「王仁《わに》という秀《すぐ》れた者がいる」と言います。さっそく使者を百済に遣《つか》わしてみると、王仁が辰孫《しんそん》王とともにやってきた。このとき『論語』『千字文《せんじもん》』あわせて一一巻の書物を持ってきた。

このことは、見慣れない「文字」とともに「中国儒教《じゅきょう》*の言葉」がやってきたことを意味します。そうして朝廷《ちょうてい》に中国語の読み書きができる人材がいよいよ出現してきたのです。

それなら、こうした外国語学習ムーブメント*が日本の中に少しずつ広まって、みんなが英会話を習いたくなるように、やがて中国語に堪能《たんのう》な日本人（倭人）がふえていくはずです。実際、たしかにそういうリテラシー*の持ち主はふえたのですが（貴族階級や僧侶《そうりょ》に）、だとすれば今日の日本人が英会話をし、英語そのままの読み書きができるのと同じように、多くの日本人が中国語の会話をするようになって当然だったのですが、そうはならなかった。

中国語をそのまま使っていくのではなく、漢字を日本語に合わせて使ったり日本語的な漢文をつくりだしたりした。（c）

『日本書記』の推古《すいこ》天皇二八年（六二〇）に、聖徳太子《しょうとくたいし》と蘇我馬子《そがのうまこ》が『天皇記《すめらみことのふみ》』と『国記《くにつふみ》』の編述にとりくんだという記事があります。

このとき、おそらく中国語ではない「中国的日本語のような記述」が誕生したのだろうと思います。いわばチャイニーズ・ジャパニーズです。ただし、この『天皇記』と『国記』は乙巳《いっし》の変（大化改新）のとき、蘇我蝦夷《えみし》の家とともに焼けてしまった。

まことに残念なことですが、さいわい天武《てんむ》天皇のとき（六八一）、川島《かわしま》皇子と忍壁《おさかべ》皇子が*勅《ちょく》命《めい》によって『帝紀《すめろきのひつぎ》』と『旧辞《ふること》』を編纂《へんさん》することになりました。

当然、漢字ばかりのものです。しかし、これも中国語ではない。やはりチャイニーズ・ジャパニーズっぽいものでした。しかもこのとき、この中身を稗田阿礼《ひえだのあれ》が*誦習《しょうしゅう》して半ばを暗記した。稗田阿礼という人物はまだ正体がわかっていないので、ひょっとしたら一人ではない集団名だったのかもしれないのですが、それはともかく、阿礼は『帝紀』や『旧辞』の漢字漢文を中国語で誦習したのではありません。日本語として誦習した。（d）

ついで和銅四年（七一一）、元明《げんめい》天皇は太安万侶《おおのやすまろ》に命じて『古事記』を著作させました。ここでついに画期的な表現革命がおこりました。

太安万侶は稗田阿礼に口述させ、それを漢字四万六〇二七字で『古事記』に仕上げるのですが、表記に前代未聞《ぜんだいみもん》の工夫をほどこした。漢字を音読みと訓読みに自在に変えて、音読みにはのちの*万葉仮名にあたる使用法を芽生えさせたのです。

(5)<u>これはそうとう画期的なことでした。</u>表記上で画期的だっただけでなく、日本人が縄文以来つかってきた言葉を「漢字の声」であらわすことができたということが、さらに画期的なのです。私たちは漢字を見ても、日本語の声で読めるようになったのです。

たとえば「大」という字を音読みすると「ダイ」になるのは、もともと中国でこの字を「ダイ」と発音していたことにもとづいています。近似音《きんじおん》でダイにした。しかし日本人は「大」を自分たちの古来の言葉であった「おお」「おおし」「おおき」などの言葉に適用するために訓読みもするようになり、さらに音読みと訓読みを平然と使いわけるようにさえなっていったのです。「生」はショウ（一生）ともセイ（生活）ともキ（生蕎麦《そば》）とも読み、かつ「いきる」「うまれる」「なま」などとも読んだのです。まことに驚くべきことです。

自分たちの発明した漢字をこのように使えることは、中国人にとっては予想もつかないことでした。私たちは中国というグローバルスタンダードを導入し、学び始めたその最初の時点で早くもリミックス*を始めていたのです。

かくて、ここに登場してきたのが日本独自の「仮名」でした。

（松岡正剛「日本文化の核心」による）

〔注〕　グローバルスタンダード――国際的に共通の基準。
クレオール――混交的な文化。
禅宗《ぜんしゅう》――仏教の一派。日本では、栄西《えいさい》の臨済宗《りんざいしゅう》、道元《どうげん》の曹洞宗《そうとうしゅう》がある。
侘《わ》び茶――桃山《ももやま》時代に流行した、簡素静寂《かんそせいじゃく》の境地を重んじたもの。村田珠光《むらたじゅこう》が祖と言われている。
躙口《にじりぐち》――茶室特有の小さな出入り口。
テーゼ――命題。ある判断を言葉で言い表したもの。

プレートテクトニクス――地球のさまざまな変動の原動力はプレートの運動にあるとして、地震や火山などの地学現象を統一的に解釈《かいしゃく》しようとする考え方。
プロトコル――ここでは言語の規約の意。
オラル・コミュニケーション――口頭でのコミュニケーション。
百済《くだら》――古代朝鮮の国名。
阿直岐《あちき》――この時代に百済から日本へ派遣《はけん》されたとされる人物。
儒教《じゅきょう》――孔子《こうし》の教えを中心とした、中国の伝統的な政治・道徳の教え。
ムーブメント――運動、動き。
リテラシー――ある分野についての知識やそれを活用する能力。
勅命《ちょくめい》――天皇の命令。
誦習《しょうしゅう》――よみ習うこと。
万葉仮名――漢字の音訓を借りて発音を写した文字。
リミックス――素材を混ぜて全く新しい作品に作り上げること。

〔問１〕(1)「グローカルな文化様式」とあるが、それを「誕生させた」とはどのようなことか。

次のうちから最も適切なものを選べ。

ア　他国の文化に遅れをとらないように、競《きそ》い合《あ》いつつも、独自の文化を磨き上げていったこと。

イ　それぞれの地域の個性を生かしながら、統一された国としての文化の土台を固めていったこと。

ウ　自国の文化の特徴に一つの基準を設け、それを用いて他国と比較《ひかく》し独自性を明確にしていったこと。

エ　規範となる文化に学びつつ、自分たちの独自の生活や風土に根ざした文化をつくりあげていったこと。

〔問２〕(2)日本は「漢」に学んで漢を離れ、「和」を仕込んで和漢の境に遊ぶようになったのです。とあるが、それはどのようなことか。次のうちから最も適切なものを選べ。

ア　日本人は、中国文化に学んで素材として採り入れたものを、日本の自然や感覚に合わせて差し引きし、そこで生まれた独自の価値観を賞美するような文化をつくりあげていったこと。

イ　日本人は、中国文化と日本文化を融合した結果生まれた文化様式を受容し、一つの国の枠《わく》組《ぐ》みにとどまらない、多様な表現を楽しめるような文化をつくりあげていったこと。

ウ　日本人は、中国文化の様式を採り入れた上で、余計なものを除き素朴《そぼく》さや単純さを愛する国民性を強調することで、日本人の心情に即して余情を感じさせるような文化をつくりあげていったこと。

エ　日本人は、中国文化から学んだことを日本古来の形式にあてはめて文化を再創造するため、人工物を排除し、自然物を利用して和漢の融合を象徴的に表現するような文化をつくりあげていったこと。

〔問3〕　(3)「稲《いね》・鉄・漢字」という黒船の到来です。とあるが、「黒船の到来」とはどのようなことか。次のうちから最も適切なものを選べ。

ア　大陸と孤絶しており、文化的に未熟であった日本にとって、国力の伸長を示す威圧的なものであり、他国より劣っていると感じさせるものであったということ。

イ　大陸と分断されているため、他文化が自然に流入しなかった日本にとって、生活様式や考え方が根本的に変わってしまうほど先進的であり、圧倒的《あっとうてき》な衝撃を与えるものであったということ。

東京都立戸山高等学校　2021年

ウ　独自の高度な文化が既に発展していた島国の日本にとって、新鮮に感じられ、今後自文化がさらに深化していくきっかけとなると期待させるものであったということ。

エ　もとは一つの大陸であったものが東西に離れた経緯《けいい》をもつ日本と中国であるからこそ、日本にとって中国は異国とは思えず、再びの結びつきを予見させるものであったということ。

〔問4〕(4)ただ輸入したのではなく、日本人はこれを劇的な方法で編集した。とあるが、どのようなことか。その内容を説明した次の語句につづく形で四十五字以上六十字以内で説明せよ。

日本人は【　　　　】

〔問5〕(5)これはそうとう画期的なことでした。とあるが、「画期的な」表現を獲得《かくとく》するに至った経緯について五人の生徒が話し合いをした。話し合いの中でその経緯について正しく述べている生徒は誰か。次のうちから最も適切なものを選べ。

ア　「漢字の束《たば》」は四世紀末か五世紀初頭に、阿直岐と王仁が経典《きょうてん》という形で日本にもたらした。菟道稚郎子は彼らに学んで日本に漢字を広めたんだ。

イ　いや阿直岐は経典をもたらしたけど、王仁は「中国の儒教の言葉」をもたらしたのであって、漢字というより日本に重要な思想を伝える使命があったと言った方が正しいよ。

ウ　いずれにしても「漢字の束」や「中国儒教の言葉」が日本に入ってきたことで中国語で会話できる日本人が増え、朝廷《ちょうてい》での意思疎通が便利になったんだね。

エ　もちろん一部の日本人は中国語を駆使《くし》できたけれど、チャイニーズ・ジャパニーズのような言葉ができたことで、その後の表現革命につながったんだ。

オ　このチャイニーズ・ジャパニーズがまさに画期的だったんだね。漢字の音を使うことで、日本語の語順に従って漢字と仮名で日本語を表現することができたんだ。

〔問6〕　次の文は本文の［（a）］～［（d）］のどこに入れるのが適切か。次のうちから最も適切なものを選び、ア～エの記号で答えよ。

まさに文明的な転換がおこったのです。

ア　（a）

イ　（b）

ウ　（c）

エ（d）

〔問7〕波線部 和漢の境をまたぐとは、中国（漢）と日本（和）の交流が融合《ゆうごう》しつつ、しだいに日本独自の表現様式や認知《にんち》様式や、さらには中世や近世で独特の価値観をつくっていったとあるが、このように中国の文化をもとに日本の文化を形成していったことについてどう思うか。また広く外国の文化を取り入れていくことについてどう考えるか。具体的な事例も含《ふく》めてあなたの考えを二百字以内で書け。なお、書き出しや改行の際の空欄《くうらん》、 、や 。や「 などもそれぞれ字数に数えよ。

（※編注：問題文、設問文とも2段組を1段組にした）

入試問題① 解答例

〔問1〕エ

〔問2〕ア

〔問3〕イ

〔問4〕日本人は【中国の発音にならって読むだけではなく、既存の自分たちのオラル・コミュニケーションの発話性に合わせて読み下したということ。】（60字）

〔問5〕エ

〔問6〕ウ

問7の「具体的事例」は
ぼくなら三つ以上
あげてほしいかな

〔問７〕　※戸山高校による模範解答

もともと文字を持たなかった日本が中国に学んで独自の文化を発展させたことは素晴らしいことであると思う。

今グローバル時代を迎えて多様な外国の文化が日本に入ってきている。服装はほぼ洋装になっており、それが当たり前にもなっている。しかし、日本には和服の伝統がある。夏に浴衣ぐらいしか着ることはないが、日本人らしさを感じる時でもある。よいものは取り入れつつ伝統を守る生活が大切だと考える。　（１８９字）

※トライアル・チームによる模範解答

日本が中国の先進的な文明文化をグローバルスタンダードとして取り入れるだけではなく、漢と和をリミックスすることで独自の文化様式を生み出したことは、日本人ならではの工夫だった。

今でも日本の食材や調理法を生かしたフランス料理やイタリア料理が新たに生まれている。広く外国の文化を取り入れて日本の風土や文化とリミックスしていく方法には大きな可能性があると思う。　（１７５字）

『日本文化の核心』東京都立戸山高等学校 二〇二一年（令和三）

□解説―入試で人気の松岡日本文字論の最新版を扱う問題

一八八八年（明治二一）の創立以来、一三五年の伝統と歴史を誇る都立高校。スクール・ミッションは、「国際社会に貢献するトップリーダーの育成」。

進学指導重点校、スーパーサイエンスハイスクール、チーム・メディカルなど、文部科学省および東京都教育委員会よりさまざまな指定を受けている。自主自立性を重んじる自由な校風で、幅広い学問に触れ自ら興味・関心のあることに向かう「知の探究」をテーマに掲げている。GIGAスクール構想、Tokyoスマート・スクール・プロジェクトなど、文科省や東京都が進めるICTによる教育改革事業に対しても積極的に参画。リベラルアーツ（教養主義）の教育課程、STEAM教育（科学・技術・工学・芸術・数学を重視する教育）の実践、三年間文理分けしない学級編成、総合力重視の教育活動などを行う。

出題箇所は『日本文化の核心』第二講「和漢の境をまたぐ」より、日本と中国（和漢）の関係をふまえた日本の文字文化の発生と派生について述べているところ。松岡の著作が使われた入試問題ではもっとも多く取り上げられてきたテーマである。国語入試問題では日本を比較文化的に解説する評論がよく使われるとされるが、松岡による日本文字文化論も、そういうニーズに適ったものなのだろう。なかでも、『日本文化の核心』は松岡の日本論の最新著であり、また新書ということもあって、中国に倣いつつも独自の文字文化を形成していった日本のあり方や、グローバルスタンダード一辺倒になっている現在の日本の問題が、わかりやすく具体的に示されているという特徴がある。ただし高校入試として取り上げるにはそれなりに読解力を要する密度の文章であるし、また本問では引用するテキストの文字量もかなり多い。脚注を多く入れているところからも、知識を問うのではなく、徹底して読解力・思考力を問う狙いが明確であり、まさに掲げている教育理念を体現するチャレンジングな素材選定と言えるのではないか。

□各設問の松岡読み

全七問。知識問題はなく、すべて読解問題。設問傍線箇所の選定がたいへんよく練られており、選択肢文章のバランスも絶妙。いずれも素材テキストの文脈と主張をしっかり捉えさせる良問である。最後の問7は、引用テキストの結論部ではなく、冒頭の文章を指し示して自分なりの考えを述べさせるという珍しいタイプの設問。

問4

「日本人は」という冒頭の語句が指定された記述問題。主語を「日本人」に規定することによって、日本人が自覚的に方法を用いたことを考察させ、そのことを能動的な表現によって明確に記述させるという狙いがあるのだろう。四十五～六十字という字数制限を設けることで難度を下げている。この設問形式にしたことと合わせて、合否の弁別性よりも、どうしてもこのテキストを読みこなしてほしいという作問者の思いが伝わってくる。

問5

五人の生徒が話し合いをしたという設定による会話文を使った選択問題。新指導要領をベースにした新タイプの設問である。筆者の主張ではなく、経緯の理解を問うというスタイルも設問としてやや新しい感じがするが、正解は「何が画期的なのか」というポイントをはずさずにテキストの記述に照らし合わせていけば、難なく導き出すことができる。

問7

自分の意見や考えを述べる記述式の問題。そこまでの設問によって読解を深めてきたことを生かしながら、テキストの冒頭の文章に戻ってもう一度筆者の主張を読み込んだうえで、「具体的な事例も含めて」、すなわち自分ごととして引き取って考えを組み立てることを促している。作文力はもちろんのこと、例示力や表象力まで試される。どれくらい社会や文化に対する関心を培ってきたかということまでが試されそうな問題である。

じつは問題分析チームでは、この「具体的な事例も含めて」という指示について、松岡の書き方に倣って、外からコードを取り入れつつも独自な編集によって日本流のモード編集をした絶妙な事例を的確にあげることを求めているだろうと想定した。が、戸山高校がホームページで公開している「正解」を確認してみると、たんに洋服と和服を対比的に扱った文章が模範解答としてあげられており、そこまで高度な事例と考察を求めているわけではないようである。

もちろん、外来コードが日本流モードに転じた事例をあげさせるとなると難度がかなり高くなる。トライアル・メンバーでも、そのような事例を的確にあげられた人は少数だった。けれども、つねに選び抜いた事例によって日本文化の特色を提示することを旨としてきた松岡正剛の文章を使った問題である以上、もしそこまで苦心して事例をあげるような受験生が出てきた場合は、ぜひ高得点を付けてあげてほしいものだ。

本書では、戸山高校が公開している模範解答と、トライアル・メンバーによる模範解答の二つを並べて出しておいた。

入試問題②

『日本文化の核心』

京都文教大学　二〇二一年

次の文章A・Bを読んで、後の問い（問1～問12）に答えなさい。

文章A

手を動かして削った三センチの鉛筆が短躯《たんく》であるように、手では大きいものは作れない。この小さなもの、それが大きな価値をもっていることも、この際改めて私は思い出す。

昔は小間物屋という店があった。小間とは宛て字なのだろう。「こまごまとした物」を売る店という意味らしい。「こまごまとした物」とは、とかく細かい物だ。

店先には身の廻りの品物、安化粧品や髪飾りの安物。おもちゃだか本物かわからないものが多かった。

一銭屋というのもあって、すべての商品は一銭の安物だった。今の百円ショップに当たるのかと思うが、百円ショップの方がはるかに高級である。

昔の商人は元手が少ないと小間物屋を開いた。女流作家の樋口一葉[1]も貧乏の急場[2]しのぎに一銭二銭の商いをしたと日記に書いている。

そんな品物は、要するにちょっとした細工物だったが、この「細工」という働きが、思いのほかに市民権をもって、生活の中に存在していた[3]のである。

（　イ　）たかが細工物である。大そうな物ではない。子どもだましだと思われるものもある。（　ロ　）、「細工」にこだわる生活の仕方は、小さいものの価値を大事にするものとして、貴重だったのではないか。「小細工」などといってののしられながら、結構その精巧さにびっくりさせられたり、工芸の粋[a]がこめられたりしていた。

日本の工芸美術というといつも話題になる根付け(注1)も、その中の一つだ。今はやりの携帯電話のストラップが根付けの現代版だろうが、ここに昔ながらの工芸の粋をつくしたもののなごりを、見ることはない。

ストラップには、目下流行のキャラクターをつけたり、鈴をつけたりで、可愛いければよいといった類[b]に思える。

せめてキーホルダーのレベルであってほしい。こちらは西洋ふうなおしゃれとして先輩で、ダンディな細工物をつけている男性を見かけたりするが、それでも何十年か後には博物館に飾られるといった品物はごく希《まれ》であろう。

根付けは和装とともに滅びて、今に伝統をつたえていない。

（　ハ　）江戸時代までの、同様に何気ない丹精をこらした小物──刀の目貫《めぬき》(注2)とか鍔《つば》とかの変形がどこかにあるかというと、まったく見当たらない。

私たちの世代は、こうした物をよく骨董屋《こっとう》で見かけた。目貫にしても鍔にしても、江戸も終わりごろの物になると、まったく実用には役立ちそうもない、繊細でおしゃれな物もあった。桜があしらってあったり、月が透かし彫りになっていたり。

この手技の凝り方は、小さい物へ小さい物へと凝集していく意志を徹底させて、みごとな工芸品を作り出したのであろう。

手技の身上とする、細かなもの小さいものの美の演出が江戸時代には盛んだったのに、今はもう、そんな価値観はない。

古い日本語の中には美をあらわす単語がたくさんある。「うつくし」はもちろんとして「うるわし」「艶なり」「けうら」などなど。その中にまじって「くわし」という美がある。これは、こまやかな美を表現したが、万事、大ぶりがはやると、「くわし」という美意識もうすれていった。「うつくし」だって、本来は可愛い、という意味だった。（ニ）十一世紀の女流エッセイスト清少納言は「小さきもの、みなうつくし」といっている。

ところが小さい物を美とする意識がとぼしくなると「うつくしい」は美全体に拡大した。小さくても大きくても、可愛くなくても美しければみんな「うつくしい」というようになった。

そもそも「小《こ》―」ということばも、なかなか味があった。小廻りが利くのは身のこなしが軽いからだ。小気味よい技は、きびきびした動作がほめられている時の評語だろう。

小味もほめことば。小雨も罰は軽い。小半時というと情緒たっぷりで、「夕焼小焼」というと、意味をなさないことも考えずに、ポエジーを感じてしまう。

もちろん悪いばあいもある。小うるさいのは閑口だし、小利口はむしろ悪口である。

しかし「小」をつけることで体質を微妙に区別しようとする言葉づかいには、感心させられるではないか。

そんなことばの味までふくめて、現代人は小さい物に目を向けなくなって、大ざっぱに生活している。

大きいことはいいことだというのが、唯一の価値観かもしれない。

（中西進『日本人の忘れもの３』による）

（注１）根付け＝江戸時代に使われた留め具。たばこ入れなどのひもの先端にすべりどめとして細工物をつけた。

（注２）刀の目貫とか鍔＝刀の部位。

文章B

私は「小さきもの」は、日本の社会文化や技術文化の特徴を解く鍵[f]のひとつだと思っています。おそらくは技術的には手先が器用であること、江戸・明治期に家内制手工業が広がっていたこと、資源に乏しいため加工技術が発展したことなどがそうなった要因としてあげられますが、小さいものをさまざまに解釈していった才能があったことも特筆すべきです。

たとえば扇子[g]や手ぬぐいです。扇子の本来的な用途はもちろん扇《あお》ぐことですが、男性女性を問わず和服正装のときは必須[h]用品ですし、大相撲の呼出《よびだし》が扇子を開いて力士を呼ぶこともあれば、茶道では正座した膝の前におくことで相手との間に一線を画す結界の役目をはたしますし、日本舞踊の扇子はしぐさを強調するためにつかわれます。

手ぬぐいもすばらしい。汗を[i]拭ったり体を[j]拭くときにつかいますが、なんといっても祭りに欠かせない。とくに豆絞りの手ぬぐいは全国津々浦々にある。捩《ねじ》れば鉢巻きになりますし、阿波踊りやよさこい踊りや盆踊りの頬かむりにもなる。

手ぬぐいは木綿を平織りしたシンプルな布にすぎません。平安時代にすでに登場して、『今昔物語集』では「手布《たのごい》」と呼ばれています。三尺（一尺は約三〇センチ）ものや九尺ものなど長かったようですが、江戸時代には反物《たんもの》の並幅（約三六センチ）になり、長さも二尺五寸に落ち着いた。家紋や屋号を染めたり、神事の際の装身具にしたり、贈答品にしたり、茶巾《ちゃきん》に使ったりで、ありとあらゆる用途に使われてきました。大流行でした。落語家がその手ぬぐいを開いたり、二つ折り三つ折りにして、財布や文書などいろいろなものに見せていますが、まことにみごとな芸当です。

これは[5]「見立て」という才能です。AをBやCに比喩的になぞらえること、それが見立てです。小さきものはさまざまな見立てが可能なのです。大きいものはその形状がはっきりしていて、どーんとしていますが、小さきものはいろいろに見えるし、実際にもいろいろな用途に変じる。[6]そこに日本人は価値の（　　　　　　）を読みとったのです。

（松岡正剛『日本文化の核心――「ジャパン・スタイル」を読み解く』による）

京都文教大学　2021年

問1　傍線部a～eの漢字の読みが間違っているものを、次の①～⑤のうちから一つ選びなさい。

①　a「粋」＝すい　②　b「類」＝たぐい　③　c「凝」＝こ

④　d「凝集」＝ぎしゅう　⑤　e「艶」＝えん

問2　空欄（イ）～（ニ）を補うのに最も適当な言葉を、次の①～⑤のうちからそれぞれ一つずつ選びなさい。（同じものを二度以上選んではいけません。）

①　しかし　②　そうなると　③　だから　④　もちろん　⑤　あるいは

問3　傍線部1「樋口一葉」の作品を、次の①～⑤のうちから一つ選びなさい。

①　武蔵野　②　夜明け前　③　蒲団　④　それから　⑤　たけくらべ

問4　傍線部2「急場」と熟語の読み方（音読みと訓読みの組合せ方）が同じものを、次の①～⑤のうちから一つ選びなさい。

① 残高　② 登山　③ 見本　④ 女将　⑤ 横笛

問5　傍線部3「市民権をもって、生活の中に存在していた」とはどういうことですか。その説明として最も適当なものを、次の①～⑤のうちから一つ選びなさい。

① 細工物で生計を立てる貧しい者でも、市民として認められていたこと
② こまごまとした安物でもそれなりに価値を認められて広く出回っていたこと
③ 市井の人びとでも自由に小間物屋や一銭屋を営む権利を持っていたこと
④ ちょっとした細工物が市民の生活のあらゆる所にはびこっていたこと
⑤ こまごまとした物に細工をほどこすには手先の器用さが必要だったこと

問6　傍線部X「小半時」、Y「閉口」の意味として最も適当なものを、各群の①～⑤のうちからそれぞれ一つずつ選びなさい。

X「小半時」
① 約十五分
② 約三十分
③ 約四十五分

④　約一時間半
⑤　約二時間

Y「閉口」

①　戸惑いを隠せないこと
②　いらいらさせられること
③　あきれて言葉が出ないこと
④　疲れてぐったりすること
⑤　ひどく困らされること

問7　傍線部4「悪いばあい」の例として最も適当なものを、次の①～⑤のうちから一つ選びなさい。

①　小せがれ
②　小康
③　小京都
④　小ざっぱり
⑤　小暗い

問8　文章Aの筆者の考えと合致するものを、次の①〜⑥のうちから二つ選びなさい。（解答の順序は問いません。）

①「細工」にこだわる生活の仕方は小さいものの価値を大事にするものとして評価されることもあったが、大方は「小細工」などとののしられ軽蔑の対象にされがちであった。
②日本人が小さいものに価値を見出してきたことは、樋口一葉が小間物屋を開いて一銭二銭の細工物を商っていたことからもうかがい知ることができる。
③小間物屋で売られる子どもだましの細工物から、工芸の粋をつくした小さな工芸品にいたるまで、日本人は小さいものに美を見出す価値観を有していた。
④根付けや刀の目貫とか鍔とかが消えて、代わりにストラップやキーホルダーが流行しているのは、それらがもはや実用には役立たないためである。
⑤「うつくし」や「くわし」といった古語が可愛らしさや細やかさを意味しなくなったために、小さいものを美とする伝統的な美意識が乏しくなっていった。
⑥「小気味よい」「小味」「小うるさい」「小利口」など、多数存在する「小――」という言葉には、小さいものに対する日本人のこだわりが表われている。

問9　傍線部f～jの漢字の読みが間違っているものを、次の①～⑤のうちから一つ選びなさい。

①　f「鍵」＝かぎ　②　g「扇子」＝せんす　③　h「必須」＝ひっす
④　i「拭」＝はら　⑤　j「拭」＝ふ

問10　傍線部5「見立て」を用いた俳句として最も適当なものを、次の①～⑤のうちから一つ選びなさい。

①　柿くへば鐘が鳴るなり法隆寺（正岡子規）
②　秋深き隣は何をする人ぞ（松尾芭蕉）
③　大空に羽子《はね》の白妙《しろたえ》とどまれり（高浜虚子）
④　朝顔につるべとられてもらい水（加賀千代女）
⑤　咳をしても一人（尾崎放哉）

問11　傍線部6「そこに日本人は価値の（　　）を読みとったのです」の空欄（　　）を補うのに最も適当なものを、次の①～⑤のうちから一つ選びなさい。

① 相対性や特殊性
② 実用性や有効性
③ 伝統性や普遍性
④ 多様性や変容性
⑤ 可能性や応用性

問12 文章Ａ・Ｂともに日本人が小さいものに価値を認めてきたことを指摘している点では同じですが、両者の違いについて述べたものとして最も適当なものを、次の①〜⑤のうちから一つ選びなさい。

① Ａが小さいものに対する日本人の美意識の具体例をあげるのにとどまるのに対して、Ｂはこのような美意識の社会的文化的背景を探っている。
② Ａが根付けや刀の目貫・鍔といった工芸品の粋を賞賛するのに対して、Ｂは扇子や手ぬぐいといった実用品の使い勝手の良さを賞賛している。
③ Ａがさまざまな小物を取り上げて個人的な感慨を述べるにすぎないのに対して、Ｂは「見立て」という日本人特有の才能へと議論を深めている。
④ Ａが小さいものに対する日本人の美意識に焦点を当てているのに対して、Ｂは小さい

ものをさまざまに解釈する日本人の「見立て」に焦点を当てている。

⑤　Ａが江戸時代から現代にいたる小物の変遷をたどっているのに対して、Ｂは江戸時代に流行した小物に焦点を当ててその魅力を説いている。

入試問題② 解答例

問1 ④

問2 イ＝④ ロ＝① ハ＝⑤ ニ＝③

問3 ⑤

問4 ①

問5 ②

問6 X＝② Y＝⑤

問7 ①

問5の選択問題
「それなりに」とか
「ちょっとした」という
言葉使いが
クセモノだなあ

問8　③・⑤

問9　④

問10　③

問11　④

問12　④

『日本文化の核心』 京都文教大学 二〇二一年（令和三）

□解説――「ともいき」を理念とする大学による新形式の問題

母体となる京都文教学園は、一九〇四年（明治三七）に高等家政女学校が創設されたことに始まる。京都文教大学の開学は一九九六年（平成八）。建学の理念として、仏教の教えである「四弘誓願」を掲げる。ディプロマ・ポリシー（卒業認定・学位授与の方針）として、各学位プログラムの課程を修めた上で、この「四弘誓願」をわかりやすく表現した「ともいき（共生）」を、人間関係・社会組織・地域社会といった社会のさまざまな場面で創造できる「ともいき人材」の育成を掲げる。「ともいき」とは、仏教の根本思想である「縁起」に由来する。

アドミッション・ポリシー（入学者の受け入れ条件）においても、高校までの基礎学力および学修意欲や目的とともに、他者との交流を実行するためのコミュニケーション能力、自己内省力など、「ともいき」を自らのものとしてとらえ、考え、行動する能力や資質を求める。また、通常学科試験以外に、「進路探求加点」「ともいき加点」といった独自の加点制度がある。

今回取り上げた入試問題は、中西進さんの『日本人の忘れもの3』と松岡の『日本文化の核心』第八講「小さきもの」の二つの文章を扱う問題。ともに、小さなものに技巧を凝らす日本文化の特徴について触れた文章である。中西さんの文章についての設問が一二問中八問、松岡の文章についての設問が三問、二つを比較読みする設問が一問という構成であり、松岡の文章はあくまでサブテキストという扱いであるが、松岡の著作が比較読みの問題に使われた初めての事例として本書に取り上げることにした（注：もうひとつ、都立町田高校も同じ年に同じ松岡の著書をつかった比較問題を出している）。

複数の資料や作品をもとに考察や解釈を深めるというスタイルは、二〇一八年告示の新学習指導要領に謳われ、二〇二〇年より大学入試センターも問題作成方針として掲げていることもあって、近年増大している問題形式である。

トライアル・メンバーは、このような出題形式に新鮮味を覚えたらしく、この問題に対する評価はおおむね好評だった。その一方、二つの文章を比較読みさせるとなると、どうしても取り上げる文章が短文になりがちではないか、ある程度の長文を読解しながら深い考察をさせるような問題との両立はしにくくなるのではないかといった意見も出た。

この問題も、二つの文章の比較読みは最後の選択問題一つのみとなっていることも含めて、全体的にはそれほど日本文化の深層に踏み込んで考察させるようなレベルの組み立てにはなっていない。もし二つの文章の比較という形式を採用したためこうせざるをえなかったのであれば、少し残念なことである。

同じテーマを扱いながらアプローチが違う絶妙なテキストを二本選び抜くために、作問者が費やした時間や労力は途方もないものだったはずだ。とりわけ、中西さんと松岡というタイプの違う二人の日本文化の〝目利き〟の文章のなかから、同じ「小さきもの」のくだりを選び抜いて並べた作問者の選定力は評価されるべきである。

ただし、この文章比較形式の問題は今後も増え続けると思われるが、作問者にとってはたいへん負担の重いものであろう。その負担に見合うだけの充実した設問形式が、各校の工夫によってこれからどんどん生み出されていくことを願ってやまない。

□各設問の松岡読み

先述したように中西さんの文章についての設問が一二問中八問、松岡の文章についての設問が三問、二つを比較読みする設問が一問という構成になっている。漢字や文学史などの知識型の問題も、読解型の問題も、すべて選択問題。

問5

文章A＝中西さんの文章中の「(『細工』という働きが) 市民権をもって、生活の中に存在していた」の説明を選択肢のなかから選ぶ問題。正解はおそらく②であろうが、トライアル・メンバーには④を選ぶ者もいた。問われているのは「細工物」ではなく「細工という働き」であることにこだわると、正解が導きだしにくくなるのではないか。

問11

文章を解釈して適切な挿入語を選択する設問。文章B＝松岡の文章の引用箇所の結論について、解釈文を選択させるのではなく、二つのキーワードの組み合わせを選ばせる形式は、提示された熟語の意味理解も問いつつ本文理解も兼ねる、やや新しいタイプの設問といえる。

正解は④の「多様性や変容性」であり、傍線の直前の「いろいろに見えるし」「いろいろな用途に変じる」を素直に置き換えればよいのだが、トライアル・メンバーのなかには⑤の「可能性や応用性」を選ぶ者もいた。松岡の書いた文章とは違っていても、確かにこの⑤も松岡の意図とさほど矛盾せずに成立しうるし、このあとに発展的な記述が続いていきそうな予感もさせるよい選択肢ではないだろうか。

問12

Ａ・Ｂの二つの文章の論旨の違いを見極めることを意図した設問である。このタイプの設問で、どちらかを持ち上げてどちらかを落とすタイプの選択肢は、基本的には誤答と見做せるため、Ａの文章をやや批判的に扱いＢが補っているかのような書き方をしている①や③はありえない。残る選択肢のなかから、ＡとＢの文章の狙いをしっかり捉えているものといえば、④を置いてほかには考えられない。

せっかく二つの文章を比較読みするという新しいスタイルの問題を導入しながら、それぞれの文章をじっくり読み解く必要のない、比較的易しい選択問題で終えているのはやや残念である。それでも、このような問題と出会うことから、中西さんの説く「日本人の美意識」と松岡の説く「日本人の方法」に触れ、日本文化理解への一歩を踏み出す受験生たちがいるのだということには、心強さも感じたい。

入試問題③

『日本文化の核心』　石川県立総合看護専門学校　二〇二一年

次の文章を読んで、後の問いに答えなさい。

ネットワーカーのもともとの姿は漂泊者や流民です。(1)日本の歴史のなかで漂泊者や流民の動向は大きな役割をもってきた。なぜなのか、その話をしておきます。

またまた日本神話の話に戻りますが、『古事記』にはイザナミとイザナギがまぐわって生まれた子の中には、水子がいたことが記されています。その代表格はイザナギとイザナミが最初に産み落としたヒルコ（蛭子・水蛭子）でした。

二神は手足のないヒルコを葦《あし》の舟に入れ、オノゴロ島から海に流してしまいます。次に生まれたアワシマ（淡島）も水子でした。［A］このヒルコはやがて流れ着いて、姿も立派な男子に育ったというのです。西宮にaデンショウされた話では、夷三郎殿という名で莫《ばく》大な富をもたらした。そこで記念して西宮大明神として祀《まつ》ったというのです。のちにエビス（恵比寿）さまとして(a)崇められ、商売bハンジョウの神さまになりました。今日の西宮神社のルーツです。いまでも「商売ハンジョウ、笹もってこい」とエベッさんは大人気です。

ヒルコはエビス神という富をもたらす神に変化したのです。一方、アワシマもめぐりめぐって各地の遊女たちを守る神になった。遊女たちが吉原などの遊郭で百太夫や淡島さまとして祀っている神さまがアワシマです。

これらの話はたいへんに象徴的です。(2)漂泊を宿命づけられたマージナルな存在が、まわりまわって賑わいのシンボルへ反転しているのです。文化人類学では、このような反転がおこる話を世界中に(c)ルフされてきた「流され王」タイプあるいは「※貴種流離譚《たん》」タイプと名付けていますが、日本の漂泊文化や辺境文化ではこの手の話はもっと広がりをもっていて、各地にこのような「流転のすえの反転」「漂泊のすえの栄達」がおこりうる物語が伝えられてきました。

これは(3)「負の刻印」を受けた者のことが忘れられなくなる、放ったらかしにできなくなるという、日本人の(b)やむにやまれぬ気持ちから来ているのではないかと思います。この気持ちは人の不幸を憐れみ悼むという感情で、しばしば「無常観」とか「惻隠の情」というふうに呼ばれてきました。いくつか例をあげます。

一つ目の例。能舞台は向かって左側に一の松、二の松、三の松をもつ橋掛かりがあって、少し右寄りに松羽目《ばめ》を背景にした本舞台があります。本舞台にはシテ柱や目付柱が立ちます。これらの前は白洲で、客はそこで見ます。橋掛かりの奥は鏡の間になっていて、そこから登場人物がゆっくりあらわれます。※ワキは直面で素顔のまま、※シテは面を付けています。どういうシテが登場してきたかは能面の特徴が暗示しています。

　ところが、多くの能で橋掛かりに登場してくるシテの大半は神や死者や亡霊や行方不明者たちばかりなのです。不幸を背負った者たちばかりなのです。その者たちの魂は浮かばれない。各地をさまよっている。そのような過去のdキョウグウにいた者たちがシテに選ばれているのです。能は日本の古典芸能を代表するものですが、その舞台と中身は「漂泊の芸」をいかに美しく、いかにきわどくみせるかというものになっているのです。

　二つ目の例。日本人は「判官びいき(4)」だとよく言われます。この判官とは九郎判官義経のことです。幼名は牛若丸ですが、源義朝の九男だったので九郎、左衛門尉になったので判官とも呼ばれた。つまりは兄の頼朝に嫌われて東北平泉に落ちのびた義経のことです。あんなに平家を討つのにeコウケンした義経だったのに、追われるように落魄(5)（らくはく）していった。最後は弁慶らとともに討(c)たれます。日本人はそういう義経が不憫《ふびん》でならず、判官びいきが流行したのです。

　三つ目の例。その義経が討った平家の公達(d)たちの物語は『平家物語』として長らく琵琶法師が語ってきました。冒頭に「祇園精舎の鐘の声、諸行無常の響きあり。沙羅双樹の花の色、盛者必衰の理(e)をあらわす」と謡われます。つづいて「奢《おご》れる人も久しからず、ただ春の夜の夢のごとし。猛き者も遂にはほろびぬ、偏《ひとえ》に風の前の塵《ちり》に同じ」とある。

　日本人は、この奢れる者は久しく栄えず、すべては春の夜の夢のように諸行無常であること、

［B］万事は風に舞う塵のようなものだという顛末《てんまつ》が放っておけないです。そんなものは「負け犬根性」だとか「敗北主義」だという声も上がりますが、そうはならない。［C］平家や義経におこったことは、明日の我が身にもおこるかもしれないと感じる。諸行は無常だと感じるのです。これが「無常観」であり、「惻隠の情」です。

こうして私たちは平家や義経や能の舞台に流れる漂泊感覚に惹かれてきたのです。(6)漱石は『三四郎』のなかで、この感情を「可哀想だた惚《ほ》れたってことよ」と三四郎に言わせています。※フーテンの寅さんもずっと負け犬かもしれないのに、それを「負け犬」だと言っちゃあ、(7)おしまいだと日本人はどこかではっきり感じているのです。

（松岡正剛『日本文化の核心 「ジャパン・スタイル」を読み解く』講談社新書による。一部改変。）

※貴種流離譚 …… 説話の類型の一つ。若い神や貴人が、漂泊しながら試練を克服して、神となったり尊い地位を得たりするもの。

※ワキ …… 能における脇役のこと。　※シテ …… 能における主役のこと。

※フーテンの寅さん …… 映画「男はつらいよ」シリーズの主人公車寅次郎の愛称。「男はつらいよ」シリーズは、テキ屋稼業（縁日や盛り場などの人通りの多いところで露店や興行を営む業者のこと）を生業とする車寅次郎が、何かの拍子に故郷の柴又に戻ってきては、何かと大騒動を起こす人情喜劇で、毎回旅先で出会った「マドンナ」に惚れつつも失恋するか身を引くかして、成就しない。

問一　傍線部a～eの片仮名の語を漢字で書きなさい。

問二　傍線部(a)～(e)の漢字の読みを、平仮名、現代仮名遣いで書きなさい。

問三　傍線部(1)「日本の歴史のなかで漂泊民や流民の動向は大きな役割をもってきた」とあるが、筆者はその理由をどのように考えているのか。四十五字以上五十字以内で書きなさい。

問四　空欄［A］～［C］にあてはまる語を、それぞれ次の①～⑤の中から一つずつ選んで、その番号を書きなさい。（ただし、同じものを二回以上選んではならない）

①　むしろ　②　たとえば　③　しかし　④　つまりは　⑤　そのうえ

問五　傍線部(2)「漂泊を宿命づけられたマージナルな存在」と、同じような意味となる語句を、本文中から十字以内で抜き出しなさい。

問六　傍線部(3)「やむにやまれぬ気持ち」、(5)「落魄」の本文中の意味について、次の各群の①～⑤の中から、それぞれ適当なものを一つずつ選んで、その番号を書きなさい。

(3)「やむにやまれぬ気持ち」
① やめようかどうしようか迷う気持ち
② 本当はやりたくないことを嫌々やろうとする気持ち
③ やめとけばいいようなことをしようとする気持ち
④ やってはいけないことをつい魔が差してやってしまう気持ち
⑤ どうしてもそうしないではいられない気持ち

(5)「落魄」
① 気力を失うこと
② 裏切られること
③ おちぶれること
④ 罪を負うこと
⑤ 信頼を失うこと

問七　傍線部(4)「判官びいき」の意味を本文の内容から考えて、三十字以内で書きなさい。（ただし、この語のもとになった義経のことは書く必要はない）

問八　傍線部(6)「漱石」とは、夏目漱石のことであるが、次の①～⑤の中から夏目漱石の作品ではないものを一つ選んでその番号を書きなさい。

①　草枕　②　門　③　こころ　④　伊豆の踊子　⑤　明暗

問九　傍線部(7)「それを「負け犬」だと言っちゃあ、おしまいだ」とはどういうことか。次の①〜⑤の中から適当なものを一つ選んで、その番号を書きなさい。

①　寅さんが「負け犬」かどうかは作者が決めることであり、観客が無責任な感想を言っても混乱するだけだ。
②　寅さんが「負け犬」なのは彼が貴種である証拠であり、馬鹿にしたように言うと逆に無知を笑われるだけだ。
③　寅さんが「負け犬」なのは彼を追い詰めたものがいるからであり、彼ばかりを批判するのは的外れだ。
④　寅さんが「負け犬」であることを皆わかったうえで彼に惹かれているのであり、今更言ってもしらけるだけだ。
⑤　寅さんが「負け犬」であるとは誰も思っていないのに、さも訳知り顔で決めつけるのは失礼だ。

入試問題③ 解答例

問一　a＝伝承　b＝繁盛　c＝流布　d＝境遇　e＝貢献

問二　a＝あが　b＝いた　c＝う　d＝きんだち　e＝たけ

問三　負の刻印を受けた者を忘れられず、放ったらかしにできなくなる日本人のやむにやまれぬ気持ちが託されるから（50字）

問四　A＝③　B＝④　C＝①

問五　負の刻印を受けた者（9字）

問六　3＝⑤　5＝③

問七　不遇な目にあった人物、弱い立場の人物を不憫に思い贔屓すること（30字）

問八　④
問九　④

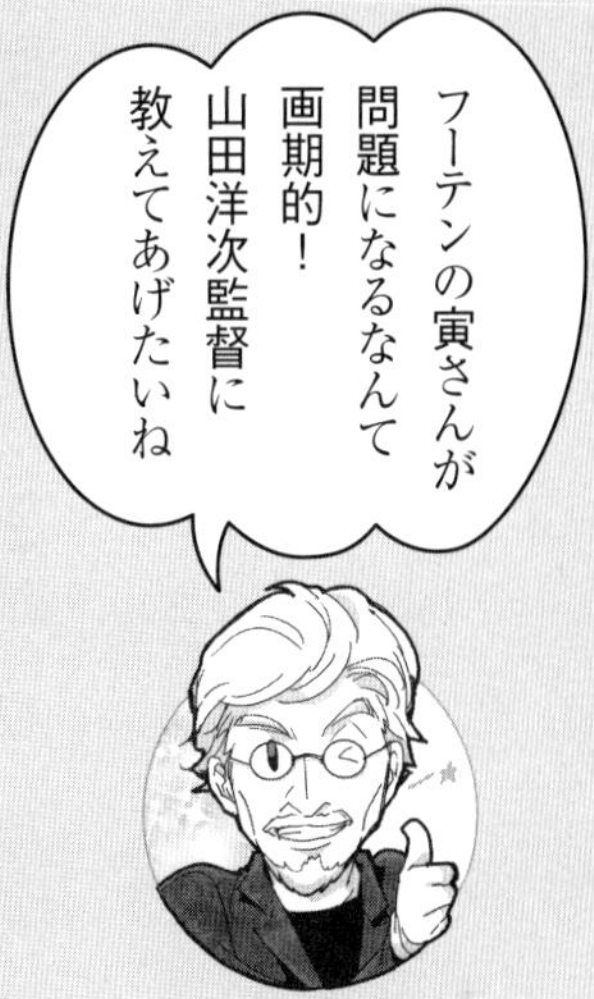
フーテンの寅さんが
問題になるなんて
画期的！
山田洋次監督に
教えてあげたいね

『日本文化の核心』石川県立総合看護専門学校　二〇二一年（令和三）

□解説―弱者に向き合う未来の看護師たちのための問題

一九六四年（昭和三九）開校の石川県看護学院と、一九七四年（昭和四九）開校の石川県総合看護学院を統合して、一九八四年に設立。看護師と准看護師の養成を目的とし、第二看護学科（高卒程度以上）、第三看護学科（准看護師の資格を持つ者を対象）、准看護学科（中卒程度以上）の三つの学科を設置する昼間部の養成校（専修学校）。働きながら学べる施設としての特徴をもち、幅広い年齢層の学生が学んでいる。

入試に使われたのは『日本文化の核心』第六講「漂泊と辺境」より、日本の漂泊民や流民など、「負」の刻印を押された者たちについて扱った文章。「負」や「弱さ」は松岡の編集哲学の根本テーマであり、『フラジャイル』（一九九五年）をはじめとする多くの著書で、古今東西の弱き者たち、ま

石川県立総合看護専門学校　２０２１年

つろわぬ者たちについて言及してきた。また日本文化を読み解く方法論として、「負という方法」を積極的に提唱してきた。『日本文化の核心』第六講はそれらをごくコンパクトにかいつまみながら、日本人の無常観までを扱っていく章である。

問題文の引用箇所はそれほど長文ではなく、比較的平易で読みやすいところが選ばれており、受験生の幅広さをふまえて難度をあげすぎない問題設計がなされているようである。病者や弱者に向き合う看護師たちを養成する学校の入試問題が、この松岡の「負の思想」を取り入れてくれたというだけで、胸が詰まるものがある。

□各設問の松岡読み

全九問で、漢字の読み書き・語意・文学史などの知識寄りの問題、接続詞穴埋め問題、記述式の問題などがバランスよく配されている。読解設問は、徹底して「負」や「敗北」に焦点を当てている。意外な言葉やキャラクターを取り上げながら、日本人ならではの「負」の感性に注目させるユニークな選択問題もある。総じて、ベーシックな国語力を問いつつ本文の意図を丁寧に読み取らせる設計であり、どこか慈愛さえ感じるような組み立てになっている。

問三

松岡が「日本の歴史のなかで漂泊民や流民の動向は大きな役割をもってきた」と説く理由を記述させる問題。文字数は四十五字以上五十字以内とそれほど多くないので、本文の中の該当する記述をうまく抜き出してまとめればよいはずだが、「大きな役割」が何かは文章中で簡潔に示されているわけではないので、決してたやすい問題ではない。まずは松岡のいう「大きな役割」をどう捉えるかということが、解答を導くポイントになるだろう。漂泊民や流民のように「負」を背負った人々にも「役割」があるのだと知ってもらい、それによって「負」の重要性に気づいてもらうという狙いがあると思われる。

問五

やや捉え方が難しい「漂泊を宿命づけられたマージナルな存在」という語句と同じような意味の語句を本文中から選ばせることで、文章を読みこなし理解する力を問う問題。問三とともにこの問五も、松岡の「負の刻印を受けた者」たちへの見方に注目させる意図があるのだろう。

問七

「判官びいき」という日本人ならではの心性にかかわる言葉の意味を、この語句のもとになった義経のことには触れないで、引用文に沿って類推的に捉えて説明させるというユニークな問題。

問九

日本を代表するマージナルなキャラクターである寅さんにちなんで、「それを『負け犬』だと言っちゃあ、おしまいだ」の意味を選択肢のなかから選ぶという、これもまたたいへんおもしろい問題。松岡の文章の意図を捉えていれば迷うことはないが、問七の「判官びいき」と合わせて、弱き者たちに対する日本人独特の心性や感性に触れ、「負」への向き合い方を深めてほしい、養ってほしいという期待が込められているのであろう。

豊かな「読み」のための国語教育を

門倉正美

入試問題に限らず、従来の国語の読解では、お手本ともいうべき一つの文章を味読し正確に理解することがもっぱら求められてきた。漢文や古文の古典を全力で理解するという古典解釈の伝統を踏まえた「読み」の訓練こそが読解であると考えられてきたからだろう。

しかし、近年の入試国語問題では、同種のテーマについて書かれた複数の文章を読み比べるという問題が少しずつではあるが見られるようになった。私は、国語科における読解教育のあり方に一石を投じる動きとしてこうした傾向を歓迎したい。

一つの文章を正確に理解する精読はもちろん「読み」の基本となるものだが、「読み比べる」という作業は物事を自分の頭で考える土台をつくる「読み」と言えよう。私たちは日々のニュースや社会・生活に関する情報を読み比べることを通じて、時事問題への自分の意見や社会・生活における日々の対応を決めている。大学などで学ぶときにも、同種の領域の本や情報を読み比べることが基本的な学びの作業となる。特にグーグル検索が支配するウェブ情報の世界では、ともすれば自分の好みの情報にしか出会えないような構造になっていることを考え合わせると、同種のテーマについて異なる見解を示している複数の文章を読み比べる訓練をぜひ国語教育の中で行ってほしいものだ。

もう一点、入試国語問題への希望を述べれば、精読だけでなく多読を課するような問題を工夫してほしい。日常生活の中で新聞やウェブサイトを読んでいるとき、私たちは精読の前に必ず「多読」を行っているはずである。読むべき文章、読みたい文章を探すための「読み」を多量にかつ効果的に行う必要があるからである。

そのためにも、英語読解教育の中でスキャニング（必要な情報を探し当てる読み）、スキミング（要点をつかむ読み）と呼ばれている読みの訓練を国語教育でも採り入れてほしい。日常生活の中で必要な情報や大事な情報を探し出すための、また、人生を豊かにする読むべき本、読みたい本により多く出会うための教育をさまざまに工夫してもらいたい。

一つの文章を精読することに終始するのではなく、複数の文章を読み比べたり、スキャニングやスキミングの読みを含んだ多読の訓練を行ったりすることによって、国語科目における「読み」の捉え方が大きく変わっていくことを期待している。

ところで、入試国語問題にはなぜ松岡正剛の、しかも『日本文化の核心』の文章が好んで採り上げられるのだろうか。それは、松岡正剛の日本文化論がかつての日本人論のような「日本文化は○○（例えば、稲作文化、集団主義等）である」というような安易な決めつけをせず、「方法としての日本」という複眼的な視点を打ち出しているからである。さらにもう一つの理由は、古典教育の改善策として近年打ち出された「言語文化」という科目の趣旨、「古文も含めた言語文化の世界が自分とどのような関係をもっているか」を探求するという趣旨に、松岡の『日本文化の核心』が正面から答えている点であろう。『日本文化の核心』では、「いのり、みのり」、「あはれ、あっぱれ」、「みやび、ひなび」といった含蓄ゆたかな対概念によって日本の「言語文化の世界」がみごとに描き出されているのである。

※筆者略歴は401頁参照

第2章

松岡正剛が唸った入試問題

〔入試問題／解答例／問題分析〕

①『**わたしが情報について語るなら**』開明中学校　2014年

②『**日本という方法**』東京都立日比谷高等学校　2009年

③『**日本流**』慶應義塾女子高等学校　2011年

④『**花鳥風月の科学**』三重大学　2006年

⑤『**山水思想**』鎌倉女子大学　2011年

選りすぐりの中学・高校・大学入試問題

この章では、松岡の著作が使われた二〇〇一年～二〇二二年の入試問題約九〇校分（中学・高校・大学すべて）のうち、松岡本人と問題研究チームが特に「良問」と判断した選りすぐりを紹介する。

その選定は、次のような段取りを経て行った。まずすべての問題をイシス編集学校の関係者を中心とするトライアル・メンバー約五〇人やメンバーのお子さんに分担して解いてもらい、どの問題が難しかったたか、おもしろかったか、といったアンケートをとった。そのなかで高評価を得たものについてさらに松岡と数人の問題分析チームが討議し、最終的に本章で紹介する開明中学校、東京都立日比谷高等学校、慶應義塾女子高等学校、三重大学、鎌倉女子大学、および第4章で作問者のインタビューとともに紹介する光塩女子学院中等科、合わせて六校の入試問題を選出した。

当然のことながら、この選定のプロセスのなかでは、学校の知名度や偏差値はいっさい考慮していない。

選出理由は中学・高校・大学のいずれの問題であるかによって多少異なるのだが、共通して評価されたポイントは、松岡の文章の主旨に適った設問構成になっていること、適切な分量の記述式の設問が含まれていること、限られた時間のなかで取り組みがいのある課題に受験生を向かわせようとする配慮が感じられる問題であること、などである。

選択問題だけで構成されたマークシート方式の問題は、「文章を分解させる問題ばかり」「消去法だけで答えられる問題」といった批判意見が多く、選出対象にならなかった。

入試問題①

『わたしが情報について語るなら』

開明中学校　二〇一四年

次の文章を読んで、あとの問いに答えなさい。

いろいろの「もの」や「こと」が、多くの人びとによって支えられ、つくられていることを、社会学や経済学では「分業」といいます。べつべつの人が業務を分けてうけもち、それがまた組みあわさってその仕事のサブジェクト（主題・主語）を支えていくのが分業というしくみです。

社会と経済はほとんどこの分業で成立しています。分業は古代からはじまっています。［1］集落や村落ができると、狩《か》りをする人、家を建てる人、子どもを育てる人、集会をリードする人、戦いをする人、道具をつくる人、病気をなおす人など、いろいろな役割で分業をするのですね。人間は一人ではくらせないのです。日々の生活をしていくには、みんながiキョウリョクしあうことが必要なんです。

いや、自分は一人でも大丈夫《だいじょうぶ》という人もいるでしょうし、なかにはシンガーソングライターや画家や彫刻家《ちょうこくか》のように、たった一人で何かをつくっている職人さんやアーティストもいますが、たいていは分業で成り立っているのです。多くのサブジェクト（主題）はそれを支える人びとや、いくつもの役割で組み立てられているのです。

しかもだんだんわかってきただろうと思いますが、「もの」や「こと」だけが分業になっているのではありません。そもそも情報がたくさんの人びとによる分業で支えられ、それが社会の中を流れているのです。これを情報分業といいます。

そのわかりやすい代表的なものは本やニュースでしょう。本は作家やライターさんとよばれる執筆者《しっぴつしゃ》がいて、その執筆者に原稿《げんこう》を書かせる編集者がいて、それをⅱインサツする人や電子メディアに乗せる人がいます。ニュースのことはすこしお話ししましたね。情報はそうしたさまざまな分業に①携わる人びとによって成り立っているのです。そうでないと情報は社会に流通しないのです。

②こういうことはいつごろからはじまっていたのでしょうか?

じつはずっと昔からはじまっています。そもそも本の歴史はパピルスや羊皮紙に葦《あし》のペンでカリカリと書いていたころからはじまっていますから、そのころから本を書く人と本を作る人はべつべつだったのです。［ 2 ］力をあわせてきたのです。

古代の時代から情報分業ははじまっていました。そのばあい、情報はたいていい③物語というかたちにまとめられました。

物語にはいろんなものがつまっていますよね。たくさんの人びと、たくさんの出来事、たくさんの気持ちがちりばめられていて、これらがシーンやストーリーやエピソードになっています。それが流れのある物語として一気に読めます。物語になっているとよくおぼえられるんですね。

物語は、たくさんの情報を保存したり伝達するには、たいへんべんりでとても有効な情報様式なんです。

そういう物語には、いくつもの特徴《とくちょう》があります。物語はしゃべれます。それを文字にして書きうつすことができます。そういう物語をいくつも集めて組みあわせることができます。物語は※１グリム兄弟のように編集できるんですね。

物語のつくりかたにも、いろいろあります。たとえば、海辺に住んでいる人たちの物語のつくりかた、山に住んでいる人の物語のつくりかた、都市に住んでいる人の物語のつくりかたには、それぞれの特徴や特色があるのです。山に海の魚はいませんし、町に山の獣《けもの》はいません。生活の環境《かんきょう》がちがうのだから当然です。だから海坊主《うみぼうず》が出てくる話は海の近くでつくられるし、※２山姥《やまんば》が出る物語は山の近くで生まれるのです。

こうした情報の持ちかたのちがいは、時代がたつにつれ、やがて仕事のちがいになってあらわれてきます。

物語という様式は、そこにふくまれる情報やそこでおこなわれる仕事がどういうものかを知るうえでも、とても重要なのです。仕事がさきで情報があとだと思ってしまうかもしれませんが、そうではなくて、④情報を分けもっていたことが仕事のちがいにつながってきたのです。おじいさんは山に柴刈《しばか》りに行き、おばあさんは川に洗濯《せんたく》に行ったのです。物語にはそういう仕事のちがいのこともたくさんつまっているのです。

このように考えていくと、じつは「⑤情報と仕事とは密接につながっているのだ」ということがわかってきます。

たとえば山の仕事や海の仕事は、それに携わっている人が帰ってくる家の情報とも関係しています。山の仕事をする人びとはその家でも山の情報が配置されています。だって山でつかった道具を家のどこかにおいておかなければなりませんからね。海で仕事をする人びとの家は、海の情報が配分されて、長靴《ながぐつ》のおき場や濡《ぬ》れたものをかわかすところが必要になっているのです。よく※3魚拓《ぎょたく》を家の中にかざっている漁師さんもいますね。

仕事の情報は家に特色を与《あた》えるだけではありません。どの仕事をしているかという情報はしだいに「職業」という情報になります。

職業は情報の分類をするうえでもたいへん重要です。イエローページ（電話帳）に職業欄《しょくぎょうらん》があるのはそのためです。職場をさがす人がハローワークに行くと「どんな仕事をしたいのですか？」「どんな職場がいいのですか？」とたずねられるのも、そのためです。イエローページやハローワークでは仕事や職業を情報の分類の単位として、これをⅲアンナイしたり管理しているのです。

[3]、仕事と情報の関係はじっとしていません。時代によって、⑥世相によっていろいろ変化したり、発展していきます。役割分担がふえたり、変わっていくのです。⑦役割にいろいろなものが出てくるのです。

日本では昔から、「駕籠《かご》に乗る人、かつぐ人、そのまた草鞋《わらじ》を作る人」ということわざがあります。江戸時代のことわざで、[X]という意味ですね。

でも、駕籠ならそのくらいかもしれませんが、これが自動車ならものすごく多くの人びとが役割分担をするわけです。自動車をデザインする人、工場で組み立てる人、そのための部品をつくる人、そのネジだけをつくる人、タイヤを用意する人、電気ivケイトウの回路を設計する人、塗装《とそう》をする人、いろいろです。

たいへんですね。役割がふえるということは、社会がだんだん複雑になっていくということなのです（情報は複雑なほうへvムかってふえていくのです）。そうするとどうなるかというと、身分が生まれ、組織がつくられていきます。

[4]江戸時代の身分は「士農工商」といいあらわされました。人びとの面倒《めんどう》を見る武士、土や畑にかかわる農民、建築や工芸に携わる職人、商品を売り買いする商人たち、おもにこの四つの身分に分けたのです。その武士にもいろいろ役割のちがいが生まれ、将軍、大名、旗本、

家老、若年寄、奉行《ぶぎょう》そのほかたくさんの役職がありました。
現代の会社だってそういうふうにできているのですよ。営業部・販売部・企画部・経理部といった部門ができ、社長・部長・課長・係長・平社員という肩書《かたがき》がついていったわけです。分業や役割がはっきりしていったということですね。

『わたしが情報について語るなら』松岡正剛

※1「グリム兄弟」―伝説を集めた『グリム童話』を書いた兄弟
※2「山姥」―山奥に住むという女の怪物《かいぶつ》
※3「魚拓」―魚の大きさや種類を示すために形を和紙や布に写したもの

問一　――部ⅰ～ⅴのカタカナを漢字に直しなさい。

問二　[1]～[4]を補うのに最も適当なものを次の中からそれぞれ一つずつ選び、記号で答えなさい。ただし同じ記号は二度使わないものとする。

ア　けれども
イ　そもそも
ウ　たとえば
エ　そして

問三　――部①「携わる」・⑥「世相」の本文中の意味として最も適当なものを次の中からそれぞれ一つずつ選び、記号で答えなさい。

①「携わる」
ア　関係する
イ　反対する
ウ　熟知する
エ　あこがれる

②「世相」
ア　物の価値
イ　人々の意思
ウ　社会のようす
エ　人々のうわさ

問四　――部②「こういうこと」とはどのようなことか。本文中から五字以内で探し、抜《ぬ》き出して答えなさい。

問五　――部③「物語」とあるが、筆者は「物語」をどういうものと捉《とら》えているか。最も適当なものを次の中から一つ選び、記号で答えなさい。

ア　物語は加工・編集することができるため情報としてあてにならないものと捉えている。

イ　情報を整理してまとめることができるので情報を残したり伝えるのに大変役立つものと捉えている。

ウ　たくさんの出来事や気持ちがちりばめられた人間生活には無くてならない楽しみの一つと捉えている。

エ　シーンやエピソードとしてイメージしやすくてよく覚えられるので勉強に欠かせないものと捉えている。

問六　――部④「情報を分けもっていたことが仕事のちがいにつながってきた」とあるが、これを説明したものとして最も適当なものを次の中から一つ選び、記号で答えなさい。

ア　多くの情報に触《ふ》れることで様々な仕事を選ぶ機会を得ることができるということ。

イ　情報を分けもっていることで一つの仕事にちがった角度から参加できるということ。

ウ　生活の環境のちがいによる情報の有無《うむ》がそれぞれの仕事につながっているということ。
エ　仕事をすることでそのことに詳《くわ》しくなり仕事へのやる気のちがいにつながるということ。

問七　――部⑤「情報と仕事とは密接につながっているのだ」とあるが、情報と仕事がつながっているといえるのはなぜか。最も適当なものを次の中から一つ選び、記号で答えなさい。
ア　仕事の情報はその人の家の様子に特色を与え、生活を彩《いろど》るものとなるから。
イ　情報化社会の到来《とうらい》によって、情報は商品として売り買いされるものになってきたから。
ウ　さまざまな情報を持っているということは、それだけで仕事をするときに有利に働くから。
エ　仕事の情報が生活の様子の中にあらわれるだけでなく、仕事自体が情報の一つとなるから。

問八　――部⑦「役割にいろいろなものが出てくる」とあるが、役割にいろいろなものが出てくると社会はどうなるのか。三十五字以内で答えなさい。

問九　X に補うべきことわざの意味として最も適当なものを次の中から一つ選び、記号で答えなさい。

ア　一つのモノには、いろいろな人がコトにあたってかかわっているのだ
イ　人にはそれぞれ役割があるので、その役割をやり遂《と》げなければならない
ウ　ものごとには専門家がいるので、どんなことも専門家に任せた方がよいのだ
エ　生まれたときから身分が決まっており、身分が上のものには従わなくてはならない

問十　本文の内容に合うものを次の中から一つ選び、記号で答えなさい。

ア　分業によって社会が成り立ち、情報によって経済が成り立っている。
イ　情報の有無によって役割が生まれ、役割に応じてそれぞれの良さが現れる。
ウ　分業は昔から行われていたが、情報の分業は情報化社会によってもたらされた。
エ　情報を分けもつことで仕事が生まれ、仕事の情報が職業という分類を生み出した。

入試問題①　解答例

問一　i＝協力　ii＝印刷　iii＝案内　iv＝系統　v＝向

問二　1＝ウ　2＝エ　3＝ア　4＝イ

問三　①＝ア　②＝ウ

問四　情報分業

問五　イ

問六　ウ

問七　エ

問八　社会がだんだん複雑になり、身分が生まれ、組織がつくられていく。（31字）

問九　ア

問十　エ

問八は
仮説の組み立てを
促しているんだね
いい問題だね

問題分析①

『わたしが情報について語るなら』開明中学校　二〇一四年（平成二六）

□解説─理数教育に力を入れる名門中高一貫校の問題

大阪都市部に位置し、関西圏の進学校として知られる中高一貫校。一九一四年（大正三）に大阪商業会議所が外国語教育のために設立した大阪貿易語学校を前身とする。中学校は一九九一年（平成三）に開設、二〇〇一年に男女共学となり、同時に「理数コース」を設置。教育目標に、「文系・理系を問わず、理数の素養を身に付け、二一世紀の情報化社会に対応できる人間の育成」を掲げており、二〇〇六年にはさらに「スーパー理数コース」を設置。生徒たちは入試の得点によって理数コースとスーパー理数コースに振り分けられる。高校二年生からは東大・京大・国公立医学部医学科、難関国公立文系、難関国公立理系にコースが分かれ、よりきめ細かな学習指導を実施している。国公立大学および関関同立（関西大学・関西学院大学・同志社大学・立命館大学）への進学はもちろん、京大の特色入試への強さに代表されるように、推薦・総合型入試への合格率の高さも誇る。

『わたしが情報について語るなら』はポプラ社の小学生向けのシリーズの一冊（二〇一一年刊行）。このシリーズはいずれも内容がたいへん高度で、「児童向け」と称して大人の読者もターゲットにしている。本書も「情報」をテーマにしながら、包括的に、しかもわかりやすく社会や文化の見方を説いているという点でなかなか類書がない。そのせいであろう、本書をつかった名門中学の入試問題が刊行から一〇年近く経た近年になってもつくられている。

この問題のために選ばれた文章は、「情報分業」というテーマで社会を読み解いたもので、平易な書き方でありながら、情報を主語にしながら歴史文化を読み解く松岡の方法的特徴がよく出ている。「二一世紀の情報化社会に対応できる人間の育成」に力を入れる開明中学校ならではの選定および設問の設計がなされているようである。

□各設問の松岡読み

全一〇問。問一・問三が知識問題（漢字の書きと語彙）、問二・問九が内容読解の手助けとなる問題（接続詞問題とことわざの意味解釈問題）、問四〜問八が読解問題。問八のみ記述問題で、これだけがやや難しい。問十は、文章全体の論旨についての選択問題。

読解設問は、素材の文章量に対して六つはやや多めだが、基本的には文章順送りで丁寧に読ませる、素直な設問になっている。設問箇所のバランスもよく、選択問題（問五〜七）については問うているポイントの深さや選択肢の作り方も、小学六年生に対して適切である。中学入試としてはやや難度の高い文章を難しく捉えさせすぎない配慮とともに、きちんとこの素材の内容を理解してもらいたいという意思を感じる。

問八

この問題のみ設問文がやや抽象的で、文章解釈から一歩踏み込んで考えさせる狙いがあるようだ。トライアル・メンバーからは、松岡の論旨を「推論」として捉え直したうえで、「if-then」型のQ（question）をたてているところがアナロジカルでおもしろいという感想があがった。手前の設問を順を追って解いていくことで、この問八に対するA（answer）はすでに察知できる状態になっていくはずであり、Aとしてあげるべきピッタリした言葉が見いだしやすくなる。うまく解けた受験者は、文章を推論的に捉えていくおもしろさにも目覚めることができるのではないか。

入試問題②

『日本という方法』

東京都立日比谷高等学校　二〇〇九年

次の文章を読んで、あとの各問に答えよ。（＊印のついている言葉には、本文のあとに〔注〕がある。）

「おもかげ」は、漢字では「面影」あるいは「俤」と綴《つづ》ります。とても美しい綴り文字です。「おも」は「面」とも「主」とも綴ります。また「母」と綴って「おも」とも読む。

一番多い用例は「面」でしょう。その「おも」がふうっと動いている。それが面影状態です。今日でも「おもむく」（赴く）、「おもむき」（趣き）、「おもしろい」（面白い）という言葉が使われていますが、そこにも「おも」が動こうとするニュアンスがよく出ています。実は「おもふ」（思う）という言葉も、この「おも」から派生したという語源説もある。

一方、「うつろい」は「移ろい」と綴るので見当がつくでしょうが、移行・変化・変転・転移などを意味しています。

いくつかの歌を紹介してみます。

まず「おもかげ」についての歌をあげます。『万葉集』に、「陸奥《みちのく》の真野《まの》の草原《かやはら》遠けども面影にして見ゆといふものを」という笠女郎《かさのいらつめ》の歌がある。大伴家持《おおとものやかもち》に贈った歌です。実際の陸奥の真野の草原はここから遠いから見えないけれど、それが面影として見えてくるという歌です。もう少し深読みすると、いや、遠ければ遠いほど、その面影が見えるのだとも解釈できる。「面影にして見ゆ」という言いかたにそうした強い意味あいがこもっています。

家持が女性に贈った歌にも面影が出てきます。「かくばかり面影にのみ思ほえばいかにかもせむ人目しげくて」。人目がいろいろあってなかなか会えないけれど、面影ではいつも会っていますよという恋歌です。

いま引いた歌は、目の前にはない風景や人物が、あたかもそこにあるかのように浮かんで見えるということをあらわしています。これは、突然に何かが幻想として出現したとか、*イリュージョンとして空中に現出したということではありません。その事やその人のことを、「思えば見える」という、そういう面影です。

これでややピンときたかと思いますが、吉田兼好《よしだけんこう》が『徒然草』に、「名を聞くより*やがて面影は推しはからるる心地する」と書いて、名前を聞くだけでもその人の顔や形が浮かぶものだと言っているように、(1)面影は何かの「思い」をもつことがきっかけになって浮かぶプロフィールの動向なのです。

プロフィールといっても人とはかぎらない。景色もあれば言葉もある。思い出や心境もある。それゆえこの面影は美しいこともあれば、苦しいこともあります。*『更級日記《さらしなにっき》』の作者は、「おもかげにおぼえて悲しければ、月の興もおぼえず、くんじ臥《ふ》しぬ」と、面影が見えることが悲しくて眠れない様子を綴っています。面影が辛《つら》いのです。

さらに「おもかげ」という言葉をよく見ると、そこには「かげ」（影）という言葉がくっついていることに気がつきます。「かげ」も日本文化が神々や聖なるものの出現をめぐって表現してきたとても大事なプロフィールでした。つまり「影」とは何かの具体的なシャドウなのではなくて、本体にくっついている影なのです。プロフィールそのもの、影像そのものなのです。同じく木陰や人影の「かげ」も、木や人そのものの本体であって、つまりプロフィールです。

のみならず、影はしばしば光を意味してさえいました。用例を見るとすぐに見当がつくと思いますが、『万葉集』の「渡る日のかげにきほひて尋ねてな清きその道またも遇《あ》はむため」の「かげ」は光のことです。日・月・星・火の光。これは「かげ」が「かがみ」（鏡）や「かがやく」（輝）と同根の言葉だったことからも察せられることでした。

次に「うつろい」の歌を見てみます。(2)「うつろい」は古くは「うつろひ」と表記します。

ふたたび『万葉集』を引きますが、「木の間よりうつろふ月のかげを惜しみ徘徊《たちもとおる》に*さ夜ふけにけり」という*作者未詳の歌があります。はやくも「月のかげ」という「かげ」が出てきました。歌の意味は、木々の間から洩《も》れる月影を見ているうちに、さ夜が更《ふ》けたということです。ここで「うつろふ」と言っているのは、月の居所《いどころ》が移っているということで、その移ろいに応じて自分の気分も移ろっているわけです。ではもうひとつ、また家持の歌。「紅《くれない》はうつろふものぞつるばみのなれにし衣《きぬ》になほしかめやも」。紅色というのは移ろいやすいものだけれど、橡《つるばみ》で染め出した地味な衣裳《いしょう》はどうだろうかというのです。ここでは「うつろい」は色の移ろいをあらわします。

このように「うつろい」は月影や花の色の変化の様子を示しています。ということは、もともとの「うつろい」の意味は日本人が「かげ」や「いろ」の本質とみなしたものと関係があるようなのです。すなわち、一定しないもの、ちょっと見落としているうちに変化してしまうもの、そういうものに対して「うつろい」という言葉が使われている。容易に*アイデンティティが見定めたい現象や出来事《できごと》、それが「うつろい」の対象なのです。

われわれもいまでもよく使いますが、「世のうつろい」と言います。これは「無常」という見方とつながっている言いかたで、「常ではない」という意味です。「いろは歌」は「色は匂《にお》へど散りぬるを」の次に、「わが世たれぞ常ならむ」とうたう。「たれぞ」とは「そりゃあ、誰《だれ》だって」という意味でしょう。誰にとってもこの世は常ならないほどに変転するものだ、移ろうものだという感想です。

すなわち「うつろい」は月にも色にも、また世にもあてはまっている。ということは万事万象が移ろっていることを表現するための言葉だろうということになる。(3)日本人は、この「うつろい」に独自の情報を感じ、それを歌や絵に編集してきたのです。

とりあえず「おもかげ」と「うつろい」という言葉が使われている場面や感覚の和歌を例示してみました。

これらの言葉の使われかたをよく見ていると、対象がその現場から離れているとき、また対象がそこにじっとしていないで動き出しているときに、わざわざ使われていることに気がつきます。すなわち面影が「ない」という状態と面影が「ある」という状態とをつなげているようなのです。つまりは「なる」というプロセスを重視しているようなのです。

私はそこに注目します。(4)この「面影になる」ということ、そこに「面影がうつろう」ということ、「ない」と「ある」を「なる」がつないでいることに注目するのです。そこに「日本という方法」が脈々とたちあらわれていると見るのです。

（松岡正剛「日本という方法」による）

〔注〕　イリュージョン——幻影。錯覚。
やがて——すぐに。ただちに。
『更級日記《さらしな》』——平安時代の文学作品の一つ。
さ夜——夜。
作者未詳——作者がまだ詳しく分かっていないこと。
アイデンティティ——ここでは、存在の独自性。

〈問1〉(1)面影は何かの「思い」をもつことがきっかけになって浮かぶプロフィールの動向なのです。とあるが、筆者の述べている「面影」とはどのようなものか。次のうちから最も適切なものを選べ。

ア　実際には目の前に見えていない物事に思いが及ぶことによって、そのものの印象がまるで見ているように感じられるもの。
イ　見えるようにと何度も願うことによって、一度も見たことのない物事の輪郭をだんだんと心に浮かび上がらせてくるもの。
ウ　かつて現実に目にした物事のありさまを心を凝らしてたどることによって、それ自体よりも鮮やかな形象でよみがえるもの。
エ　漠然と思いをめぐらすことによって、日々目にしている物事について以前見た時に感じたのと同様の感覚を抱かせるもの。

〈問2〉(2)木の間よりうつろふ月のかげを惜しみ徘徊《たちもとおる》に*さ夜ふけにけりについて、この歌は本文の筆者の考えによれば、どのような様子を詠《よ》んでいるか。次のうちから最も適切なものを選べ。

ア　月の動きにつれて様相を変えていく木々を見つめているうちに、我を忘れて夜もふけてしまった様子を詠んでいる。
イ　夜ごとに形を変えていく月を見上げているうちに、心も奪われて林の中をさまよってしまった様子を詠んでいる。
ウ　徐々に趣を増していく月を観察しているうちに、興味もさらに深まって夜明けを迎えてしまった様子を詠んでいる。
エ　刻々と移動していく月を眺めているうちに、気持ちも動かされて時がたつのも忘れてしまった様子を詠んでいる。

〔問3〕(3)日本人は、この「うつろい」に独自の情報を感じ、それを歌や絵に編集してきたのです。とあるが、筆者が考える「うつろい」とはどのようなものか。次のうちから最も適切なものを選べ。

ア　場所や明るさを際限なく動かし、「かげ」や「いろ」に移り変わりをもたらす現象で、見る者の心までも不安定にするもの。
イ　「かげ」や「いろ」をはじめ、あらゆる物事に見られる移り変わるという現象で、固定した姿を簡単には見極めがたいもの。

ウ　変化が見えにくい「かげ」や「いろ」について、移り変わるさまをはっきりさせるという現象で、人に無常の思いを抱かせるもの。

エ　「かげ」や「いろ」のように、季節の移り変わりを感じさせる現象で、恒常的であるものにも時の経過があることを気付かせるもの。

〔問4〕(4)この「面影になる」ということ、そこに「面影がうつろう」ということ、「ない」と「ある」を「なる」がつないでいることに注目するのです。とあるが、「『ない』と『ある』を『なる』がつないでいる」とはどのようなことを言っているのか。五十字以内で説明せよ。なお、、や。や「なども一字と数えよ。

（※編注：問題文、設問文とも2段組を1段組にした）

入試問題② 解答例

〔問1〕ア

〔問2〕エ

〔問3〕イ

〔問4〕目の前に「ない」風景や人物が面影に「なって」うつろうことで、あたかも「ある」ように浮んでくること。（49字）

問題分析②

『日本という方法』 東京都立日比谷高等学校　二〇〇九年（平成二一）

□解説──説明しがたいことを説明させる意欲的な問題

日本の中枢機関が集まる東京都永田町に位置する。一八七八年（明治一一）、本郷区元町に東京府第一中学として開校した。戦前は「東京帝国大学」の、戦後は「東大」の合格率を誇る名門校として名を馳せたが、一九六七年（昭和四二）の学校群制度の導入以降、長らく難関大学の合格実績などにおいて低迷が続いた。二〇〇一年（平成一三）に進学指導重点校の指定を受けるとともに、学校改革を進めた結果、再び東大合格者数で全国トップになるなど、新たな時代を築くにいたっている。また二〇〇一年には公立高校として初めて自校作成の問題（国語・数学・英語）を導入した。

文科省からスーパーサイエンスハイスクール（ＳＳＨ）指定、東京都からGlobal Education Network 20に指定されている。生徒の九割が部活動に加入し、関東大会やインターハイへの出場実績もある文武両道の雄。

『日本という方法』は、松岡の日本文化の方法論を集約した主著である。そのなかでも「面影」「うつろい」という最重要コンセプトを、和歌を例にしながら説明する本書の白眉とも呼べる箇所が選ばれている。日本文化のコンセプトのなかでとくに「面影」「うつろい」は抽象度が高くロジカルに説明しにくいものだが、例示を積み重ねてそのニュアンスを提示していく松岡の文章に選択問題を通してじっくり触れさせながら、説明しがたいものを説明するという難問に挑戦させようとする意欲が感じられる。

□各設問の松岡読み

設問は四つあり、すべて内容読解型。そのうち問1〜3は選択問題、問4のみ記述問題。選択問題はいずれも設問文に、問1「筆者の述べている」、問2「本文の筆者の考えによれば」、問3「筆者が考える」と注釈があり、作問者の解釈ではなく、あくまでも素材文の要旨、筆者である松岡の思想・主張の読解をねらった設問となっている。

問４

唯一の記述問題。「『ない』と『ある』を『なる』がつないでいる」という抽象度の高い文を意味解釈した上で、本文全体の内容を踏まえて、筆者の意思を五十字以内にまとめなければならない難問である。これほどコンパクトな文字数にまとめさせる形式になっているのは、本校には東大入試を視野に入れた、すなわち「東大に入れる」生徒を見極めるための作問傾向があるためかもしれない。

この手前の設問が段階的な意味解釈の手助けになるので、まずは問１〜３の内容を最低限しっかり踏まえることが重要である。言い換えると、そこができていないと問４ではポイントがずれたり、しっかりした記述ができなくなったりする可能性がある。

トライアル・メンバーからも「難問」との声があがりつつも、曰くいいがたいことを書こうとするからこそ「編集」が起動するという松岡の編集思想にもっともよく適うタイプの設問であると好評だった。なお、松岡の編集工学では「ある」ではなく「なる」を重視する。これには丸山眞男の古代日本論や、ホワイトヘッドの哲学からの影響もあるのだが、松岡の方法哲学を知るうえで重要な箇所が、このような形で高校入試問題に取り上げられていることにも驚かされる。

入試問題③

『日本流』

慶應義塾女子高等学校　二〇一一年

次の文章を読んで、あとの設問に答えなさい。

日本にはいつ地震がくるかわからないし、いつ台風や大雪がくるかわからない。日本史の大半は旱魃《かんばつ》と飢饉《ききん》の歴史です。しかもいったんきたらそれは全国ニュースです。中世でも近世でも全国ニュースだった。それは江戸の瓦《かわら》版がよく示しています。それくらい小さな国なのです。しかも資源にはかなり限界がある。季節も変化する。これが不安定でなくて、何でしょう。こういう国では一事が[1]万事です。もともと日本は危険な情報や[2]ドウコウを感じやすい国土の上に成り立っているのです。フラジャイル・カントリー（傷つきやすい国）、これが日本の真の姿です。

これは宿命としての、あるいは宿世《すくせ》としての不安定というもので、だからこそたえず安定のために何度も立ち向かうわけですが、阪神大震災がそうであったように、それでも一挙に災害はやってくる。しかもそれは繰り返しやってくるのです。

そうすると、そこには二つの工夫が生まれます。

ひとつは万やむをえず諦《あきら》めるという3カンネンを維持しようという立場です。これは4有為転変をみつめる無常観というものになります。「A有為の奥山今日越えて、浅き夢見じ酔ひもせず」の立場です。

もうひとつは講や座や組や連《れん》などといった、小さなネットワークで経済や文化を組み立てるという工夫です。小さめのモ*ジュールを超部分とし、その組み合わせで切り抜けていく。これは巨大コンクリート建築ではなくて、木組のもつ世界観です。

しかし、こうした宿世としての不安定を打破したい一団もいた。これを考えたのが明治維新の群像たちです。電信・電話・鉄道・トンネル・橋梁《きょうりょう》・ビルディング・工場群がこうして日本に導入されました。これが「近代化」というものです。

なぜ、かれらが大改革に乗り出したかというと、もともとのきっかけはペリー以来の不平等条約によって「国が外から5シバられる」ということがあることを知ったからです。すでに山片《やまがた》蟠桃《ばんとう》らが心配していたことでした。だからこれを撤廃しようとした。そして列強と同じことをしようとした。

ここまでは当然かもしれません。けれども、それだけでは足りなかった。不安定な経済工業力を軍事力で6オギナう必要もあると考えた。そこで日清日露戦争をおこして力を示す。さらに日韓《にっかん》併合を7企てる。

ところが、列強は容易にはそれを許しません。三国干渉もする。そこで抵抗をする。忍従もする。このあたりからおかしくなってきたのです。唐木順三が明治修養派とよんだのは、この時期以前に漢籍に親しみ江戸俗曲を味わった連中のことです。

加えて社会というものを官僚的なメカニズムで統制しようとしすぎました。明治政府は富国強兵と貿易に乗り出したから、列国とのバランスをとりつづけなければならなくなり、そのくせプライドだけは高いので我慢ができなくなると、いろいろ理屈をつけて海外コントロールをしようとするようにしてしまいました。また、そのために国内をコントロールした。それもあってもかまわないことですが、それを教育勅語や尋常《じんじょう》小学校唱歌や天皇行幸で統一をはかったのにはいかにもムリがありました。

こうして異様な昭和史へと突入するわけですが、その結果が、とどのつまりはアジアと欧米を相手にしての戦争と完敗ですから、もはやどんな主張も通らなくなってしまったわけでした。それだけではなくて、国土のすべてが他国に占領された。

そこで今度こそはと民主主義を根底にした社会を築くことにしたわけです。これは社会の仕組の根底を、それまで日本が体験していなかったイデアとルールで律するというわけですから、たいへんです。坂口安吾《さかぐちあんご》はそれならダラク[*8]を選ぶべきだと言いましたし、石川淳は江戸文化に逃げた。

しかし、大半の日本人はおおいに働くことになりました。

さすがに経済力と生活力をつけないかぎりはどうにもままならない。親分のアメリカに軍事をあずけ、数年前までは一億総玉砕だったのが、今度は一億総経済です。*安保の傘にも入ることになります。こうして一見、動揺をつづける国際状況を気にしないで経済[9]復興に集中するようになったのですが、気がつくとアメリカの意図のもと、国際舞台の片隅を動く従者の役柄になっていました。

それでも敗戦を〃 X 〃とみなせたのでしょうか、経済復興のためには、そうとうの知恵をしぼります。たとえば、かつての江戸商人の知恵もいかし、農村漁村の風習もいかし、これで高度成長に応える日本独自の仕組を作動させました。いわゆる〃日本的経営〃でした。が、これが批判されることになると、すぐに[10]終身雇用制をはずしたり、*時短を受け入れたり、*コンプライアンスに拘泥《こうでい》したり、ようするに今日でいう*グローバル・スタンダードに態勢を切り替えた。それでもそこで、もうすこしゆっくり熟慮していればよかったのですが、よせばよいのに「経済大国」を標榜《ひょうぼう》し、ついではさらには「生活大国」と言い出した。なぜ大国でありたいのでしょうか。

この歌いかたはいけません。

歌を忘れたカナリヤが忘れた歌を思い出したのではなくて、ちがった歌を唄《うた》いはじめていたのです。こうして、Bなんだか何もかもがおかしくなってきた。

いまはまだ、日本全体がこの延長線の上にあります。

地震や台風がいつくるかわからないだけでなく、いつ不景気がくるかわからないし、いつ原子力発電機能や産廃*機能がおかしくなるかもしれません。だいいちアメリカが変になればすぐ変になる。

けれども、このような状態であれ、そこにC本来の脆《もろ》い不安定が認識されているのなら、まだまだいろいろな可能性はあるでしょう。Dそれなりのサイズをもった文化的結晶も生まれうる。

小津安二郎の映画や小島信夫らの私小説、唐十郎や串田和美《くしだかずよし》や芸能花組の小劇場運動、萩尾《はぎお》望都《もと》や大島弓子や江國香織《えくにかおり》や吉本ばななの表現文化は、こうしたフラジャイルな認識から生まれたものでした。


（松岡正剛『日本流』より）


*モジュール…構成単位。

*イデア…理想。理念。

*安保…日米安全保障条約の略。

*時短…時間短縮の略。

*コンプライアンス…規範を守ること。

*グローバル・スタンダード…世界的な基準。

*産廃…産業廃棄の略。

慶應義塾女子高等学校　２０１１年

問一　本文中の〰〰（1～10）のカタカナを漢字で、漢字の読みをひらがなで書きなさい。

問二　本文には、次の一文が省略されています。どこに入れたらよいか、その箇所の直前の五字を記しなさい。ただし句読点は含みません。

「いずれも不安定を宿命と見ているところは同じです。」

問三　本文中の［Ｘ］に最もよくあてはまる語を、次の中から一つ選び、番号で答えなさい。

1　完敗　2　限界　3　災害　4　当然　5　文化

問四　本文中のＡ――は、ある歌から引用されています。その歌の最初の五字をひらがなで記しなさい。

問五　本文中のＢ――の一番大きな理由を、二〇字以内で説明しなさい。

問六　本文中のＣ――とは、どういうことですか、説明しなさい。

問七　本文中のD――とは、どのような「サイズ」ですか、本文中のことばを用いて説明しなさい。

問八　本文中の═══の部分を、例にならって品詞分解し、それぞれの品詞名を答えなさい。ただし、活用のあるものは文中での活用形も答えなさい。

（例）

名詞	助詞	名詞	助詞	名詞	助動詞 終止形
これ	は	今年	の	試験問題	です

（編注：問題文、設問文とも2段組を1段組にした）

入試問題③ 解答例

問一　1＝ばんじ　2＝動向　3＝観念　4＝ういてんぺん　5＝縛られる　6＝補う　7＝くわだてる　8＝堕落　9＝ふっこう　10＝しゅうしんこよう

問二　世界観です

問三　3

問四　いろはにほ

問五　熟慮せずに経済大国・生活大国を標榜した（19字）

問六　いつ地震や台風や大雪がくるかわからない、危険な情報や動向を感じやすい国土の上に成り立っている国であることが認識されていること

問七　講や座や組や連のような小さなネットワークや、超部分のような小さなモジュール

問八　しかも／いったん／き／たら

接続詞　副詞　動詞　助動詞

カ変・連用形　仮定形

さすが、
歴史観や社会観
そのものを
問うような
問題設計だ

問題分析③

『日本流』　慶應義塾女子高等学校　二〇一一年（平成二三）

□解説―スコープの広さを要する大学入試並みの難問

言わずと知れた首都圏トップクラスの私立高校。「慶應義塾」の付属校のひとつ。慶應義塾本体は、「智徳」とともに「気品」を重視し、社会の先導者にふさわしい人格形成を志す。創設者・福沢諭吉の『学問のすゝめ』にも書かれている「独立自尊」の精神を基本とする。付属校もこれらの精神に則り、一貫教育によって大学入試を目的にすることなく、個性を尊重した自由な雰囲気の中での教育に力を入れている。

付属校の歩みは、一八九八年（明治三一）幼稚舎とともに普通学科を設置、一貫教育体制が確立し中等教育もスタート、これが後に普通部（＝男子専科）となる。女子教育としては、戦後の一九四七年（昭和二二）に「中等部」として男女共学校を立ち上げ、三年後にこの受け皿として女子高等学校を創立（ちなみに一九四七年に幼稚舎も男女共学となった）。

女子高の教育理念としては「自由・開発・創造」を掲げる。特色ある教育として、国語科において二年次に原稿用紙八〇枚以上の小説を執筆する「八〇枚創作」、白居易の漢詩をそらんずる「長恨歌暗誦」、三年次には文学作品に関する論文を作成する「国語科レポート」などの課題があり、これらは、すべての基礎となる日本語力を高めることを目標にしている。

この入試問題では、『日本流』の最終章から、たえず天災にさらされてきた日本列島のなりたちをふまえて日本の来し方・行く末をダイナミックに、スピード感をもって論じる文章が選ばれている。文章量のわりに歴史的事例が多く取り上げられており、相当に幅広いスコープをもって読解しなければ振り落とされるような文章である。設問も、大学入試問題並みの難問で構成されている。

□各設問の松岡読み

問一、問四、問八が知識問題、問二は省略した一文を正しい場所に入れる設問。読解問題として難しいのが、問五、問六、問七であろう。

問五

近現代日本の「おかしな」ふるまいが次々と書き立てられているなかで、「なんだか何もかもがおかしくなってきた」ことの一番大きな理由を、二〇字という厳しい文字制限で書く問題。ヒントになるのは、二ブロック目の後ろから二行目「このあたりからおかしくなってきたのです」という同表現である。ここから傍線部分までをよく読み、戦後の日本が歌い出した「ちがった歌」を端的に指摘するところを抜き出すとよい。

問六

傍線部分「本来の脆い不安定が認識されている」の解釈も難しい上に、そこで表現されていることが「どういうことか」、すなわち著者の意図・意見も踏まえた意味解釈が求められる。さらに解答に際して、本文中の言葉を使うのかどうか、文字数制限はどうかといった制約もない。何をどこまで書けばよいのかという判断も解答者に委ねられる、厳しい問題である。

解答を組み立てるためには、このテキストの冒頭に書かれている日本列島の脆弱性や不安定さに立ち戻り、それを「宿世」と表現する著者の論旨や主張を高速に見極める必要がある。

問七

「それなりのサイズ」とはどのようなサイズなのか、「本文中のことばを用いて」記述する問題。物差しになるものは何か、ここで言いたい大きさはどれくらいかという二つの観点をふまえなければ解答できない。また問六と同様、この問七も、設問が指示している傍線の前後だけではなく、テキスト全体を掌握して答える必要があり、要約力とともに、輪郭化や焦点化の力も求められる。

総じて、『日本流』の最終章であるこのテキストには松岡が本書に込めた「負」の価値観や「弱さ」の重要性が集約されており、この入試問題に取り組むことで松岡の日本に対する考え方や思想の根幹を捉えることができるといっても過言ではない。おそらくこの問題作成者には、松岡の日本論への深い共感があるのではないか。受験者に対して、このようなテキストを通して日本や社会に対する透徹した問題意識を養ってほしいという願いが込められているのではないか。

入試問題④

『花鳥風月の科学』

三重大学　二〇〇六年

次の文章を読んで、後の設問に答えよ。

物語は「モノがかたる」（語る・騙《かた》る）ということで、そのモノというのは「物」であると同時に「霊《もの》」である。しかも「物」も「霊」も憑《つ》くものなのです。憑くものというのは本来はただよって漂流しているもので、あらゆるところにあまねく存在し、微粒子のようにまたニュートリノのように山河《さんが》の隙間《すきま》を埋めつくしているものです。それが「物」や「霊」としてさまざまな出来事を語るわけです。

こういうモノが動き出す世界をもった話が「物語」だったのです。おそらく今普通に物語を聞いて我々が感じる以上のことを、かつての人々は物語の世界に託し、感じとっていたはずです。

Ⅰ物語には、物語として成り立っていくためのいくつかの法則があります。

まずなんといっても、かつての物語はすべて口で語り伝えられていました。これを口承文芸といいます。そうした物語がどういうふうに語られたのかというと、ひとつには、語《かた》り部《べ》が各地を巡って語っています。時に中央の官邸にも呼ばれます。もうひとつには、この遍歴型の語り部の話が各地の伝承と組みあわさって、その土地独自の語りになる。それは村々の単位の物語です。Ⅱ村の語り部の物語は家々に成長します。家には囲炉裏《いろり》があって、そこにじいさんとばあさんが座り、家族たちがいて、そこへ近所の人たちがくる。じいさんが「じゃ、やるか」という雰囲気で物語が始まるというふうに口で伝承されていたのでしょう。

この「じゃ、やるか」は、その場の気配を察して発せられるわけです。そして、「昔々なあ」とか「わしがなあ」と始めた瞬間に、その場が一挙に現実の場からふわりと跳び上がり、村人たちの誰もが共有することのできる超越的で超常的な時空になっていく。

これが物語の世界に入るためのひとつのきっかけになります。あとはおじいさんやおばあさんが、得意そうに自分の体験に託したりホラを交えたりしながらおもしろおかしく語っていく。昔話の登場人物におじいさんやおばあさんが多いのはそのせいです。それは物語に欠かせない語り手（ナレーター）が話の中に割りこんできたことにあたります。

そもそも語り（ナレーション）の原型は専門の語り部が作ったものです。語り部は古代の王様がかかえていた語り部と、各地にいた語り部の両方があります。

中央がかかえていた語り部には『古事記』をそらんじていたという稗田阿礼《ひえだのあれ》などの例で見当がつくように、祝詞《のりと》などを専門的に奉じた一族がいたわけです。忌部《いんべ》氏や中臣《なかとみ》氏はそうした一族のひとつでした。彼らはフルコト（古事＝古言）を記憶していた一族です（『古事記』という名称はそのフルコトの記録という意味です）。

これらの専門の語り部とは別に、多くの芸能者や修験者《しゅげんしゃ》なども語り部としての役割を担っていきます。彼らが諸国をまわっていたネットワーカーであったということが語りの大きな条件になったからです。いろいろの話を仕入れやすい立場にいたわけです。彼らは遊行《ゆぎょう》の民です。そこには遊行僧もいれば山伏《やまぶし》もいて、また琵琶法師《びわほうし》や芸能集団もいた。

こうして物語は白拍子《しらびょうし》や遊女によっても語られていきます。また、そのような自発的な語りのための編集センターも各地にできます。岐阜の青墓とか箱根の足柄などはそうした物語が編集されるばあいの有名なセンターです。そこにはたいてい遊女の宿があり、遊行者たちや芸能者たちがそこに泊まっては諸国の物語を遊女に聞かせた。それを遊女たちが語り継いでゆく。それにはしばしば節まわしがともない、そこから今様などの流行歌も生まれています。

物語の多くにはたいてい「世界構造」というものが設定されています。これもひとつの法則です。世界構造は物語の舞台のことですが、物語のなかでいくつ舞台が変わっても、結局はその中心になるようなベーシック・アーキテクチャとしての舞台のことです。私はこれを「ワールド・モデル」というふうに呼んでいます。そこにはたいてい世界山や世界木、あるいは世界を大きく二分する世界川のようなシンボリックな設定があります。

その設定につづいて、昔話的な物語ではプロット（話の単位）の展開にさまざまな対構造が発動します。たとえば、じいさんとばあさん、美人と醜女、いじわるな姉といじらしい妹、山と里、天と地、光と闇、川のこちらとむこう、金持ちと貧乏、王様と乞食《こじき》、神と悪魔というような対構造です。多くの神話、伝説、教典、『シンデレラ』『オズの魔法つかい』『白雪姫』などの童話、さらに『赤と黒』『ノートルダム・ド・パリ』『カラマゾフの兄弟』『ジギルとハイド』などのおびただしい数の文学作品に、この対構造はいかされています。

また、昔話ではスイッチバックという手法が必ず使われます。最初はたいていのばあい「昔むかし、あるところに」というふうに始まり、そこで一挙に時空を変えてしまう。次におじいさんとおばあさんやアダムとイブなどがいて、おじいさんは山に芝刈りに、おばあさんは川に洗濯にいくというように、今度は対構造が提示される。それから「そのころ隣のじいさんは」というふうにスイッチバックが行われていくことがたいへんに多いのです。

これらは昔話の単純な構造ですが、現代にもじゅうぶん通用するノウハウです。たとえば、橋《はし》田寿賀子《だすがこ》さんの『おしん』はシンデレラ物語を踏襲していますし、ジョージ・ルーカスの『スターウォーズ』は各国の英雄伝説を研究したジョセフ・キャンベルの共通構造をまるごと借りたものです。

昔話や民話には、だいたい「例外性への憧《あこが》れ」ともいうべきものがひそんでいます。この例外性への憧れこそ、昔話を忘れがたいものにしている要素です。

その典型のひとつとして『三年寝太郎』という話があります。食っちゃ寝て、食っちゃ寝ている男が、三年たつと急に成長し、いい嫁さんをもらって幸せになる。普通では起こりえない例外的なことが起こるというパターンです。花咲か爺《じい》では、犬が小判のありかを知らせてくれるとか、臼をつくと小判がころがり出てくるとか、枯れ木に花が咲くという例外性が連続しています。

この例外性はしばしば残酷をともないます。ペローの童話やグリム童話に収録されている『赤ずきん』が有名ですが、日本にも舌切り雀やカチカチ山、あるいはぶんぶく茶釜《ちゃがま》など、子供に聞かせるには残酷すぎる話がけっこう多い。これも一種の例外性です。しかし、例外性のない物語なんてないといっていいでしょう。

花咲か爺の話のついでに、花咲か爺の「咲く」という言葉がたいへん象徴的であるということを指摘しておきたいと思います。「咲く」はサキという言葉から出ています。サキは、「先」「崎」「柵《さく》」「裂く」「割く」「咲く」「坂」「酒」などいろいろな言葉を作っています。エネルギーがいっぱいになり、これ以上は先に進めない状態がサキなのです。先も崎も柵もそういうイメージを表している。坂はこれ以上昇ろうとするとギリギリになるというイメージですし、酒はこれ以上飲むとおかしくなるギリギリの気分を示している言葉です。「咲く」という現象も、つぼみがこれ以上はじっとしていられない状態のことです。エネルギーが充満し、それが破れて先に出る——それが「咲く」ということです。おそらく「さくら」という言葉も「咲く」から出た言葉でしょう。

サキという日本語の概念は、インドのサンスクリット語の「スポータ」という言葉に似ています。スポータもつぼみという意味で、やはりエネルギーが充満している状態を表している。そのスポータから「スポーツ」という英語が派生しました。したがって本来のスポーツという言葉にはもともと「エネルギーが裂ける」というイメージがあるわけです。スポータ理論はインド五世紀のバルトリハリという言語学者がまとめています。

Ⅲ サキの観念はムスビの観念へと連結します。

そもそもムスビは「ムス・ヒ」のことで、ムスは「産《む》す」という意味、何かを産出することです。ヒは「霊」のことでスピリットのことですから、したがってムスビ（産霊）は霊力を生むものという意味になります。泉鏡花賞を受けた半村良の『産霊山秘録《むすびのやまひろく》』は、このようなムスビの秘宝を伝承したヒの一族の物語です。京都の比叡山《ひえいざん》のヒエも山王《さんおう》日枝《ひえ》（日吉）のヒエも、したがって日吉丸という名前も、ヒの力がこもるという意味をもっています。このムスビから「結び」という言葉が生まれ、さらに「結ぶもの」のあれこれ一般が重視されます。「神」の章で述べたヒモロギやシメナワに現れる綱や紐《ひも》や紙の結び方にも、こうした理由でムスビの形式が維持されてきました。その後は、髪飾りの結び方や着物の紐の結び方、包みものの結び方や馬のたづなの結び方、さらには「おむすび」という言い方まで、すべてムスビの観念がこもるものだと解釈されることになる。日本人はこういう形態共鳴が大好きなのです。

（松岡正剛『花鳥風月の科学』より）

問一　傍線部Ⅰに「物語には、物語として成り立っていくためのいくつかの法則があります。」とあるが、その法則をすべて列挙せよ。

問二　傍線部Ⅱに「村の語り部の物語は家々に成長します。」とあるが、ア、「村の語り部の物語は家々に成長」するとはどういうことか。五十字以内で答えよ。イ、なぜ「村の語り部の物語は家々に成長」するのか。六十字以内で答えよ。

問三　傍線部Ⅲに「サキの観念はムスビの観念へと連結します。」とあるが、なぜ「サキの観念はムスビの観念へと連結」するのか。二十字以内で答えよ。

入試問題④　解答例

問一　語り手がいること、世界構造が設定されていること、プロットの展開にさまざまな対構造が発動すること、スイッチバックという手法が使われること、例外性への憧れがひそんでいること

問二　ア：おじいさんやおばあさんの語る物語は、家族や近所の人びとが集まる囲炉裏端で伝承されていくということ（48字）

イ：おじいさんやおばあさんは、得意そうに自分の体験に託したりホラを交えたりしながら、物語をおもしろおかしく語っていくから（58字）

問三　エネルギーが充満したものは霊力を産むから（20字）

問題分析④

『花鳥風月の科学』

三重大学　二〇〇六年（平成一八）

□解説――古典文化の宝庫の地の大学にふさわしい問題

三重大学は、東海地方中堅の国立大学。アドミッション・ポリシーには、学術文化の発信・受信拠点として「人と自然の調和・共生」を大切にしながら、地域に根ざし、世界に誇れる独自性豊かな教育・研究成果を生み出すことを掲げている。国語の問題は過去にもおもしろいものが多い。本問は後述するようにやや難度が高かったが、従来は記述問題の規定文字数も少なく、おおむね素直なつくりとなっている。一方、素材となる文章は特徴的なものが多く取り上げられている。

この問題は二〇〇六年に医学部看護学科、人文学部、教育学部などで出されたもの。採用されたテキストは、『花鳥風月の科学』第六章「花」より、松岡の長年の研究テーマのひとつである古今東西の物語構造と、同じく研究テーマのひとつである日本の言語観念技術の両方が解説されるユニークな展開の箇所である。

三重の地は、古来日本人の信仰の一大拠点である伊勢と熊野を有し、古典文芸の宝庫でもある。そのような土地柄にある三重大学の教育ポリシー「地域からの視点」にまさに適った文章が選ばれている。

□各設問の松岡読み

知識問題はなく、すべて読解問題。設問数は三問と少なめだが、それぞれ素材テキストの本質的な部分を問う、深い内容読解を求める設問になっている。問一で文章全体を読ませ、問二によって前半部分、問三によって後半部分のポイントを深掘りさせる。まず全体を通読させてから部分の要点を問う「読み」のメソッドに適った設問構成であるが、問いの立て方には解答者を悩ませる巧妙さもある。

問一

文章全体を読んで「物語が成り立っていく法則」と読み取れるところを自分で判断しながら拾っていかなければならない。「すべて列挙せよ」と指示するのみで具体数の規定がないため、トライアル・メンバーからは「答えにくい」という声が多くあがった。「どこまで読みを広げられるか」「どこに焦点を当てて絞り込めるか」という両方の観点で受験生の読み取り力を測る問題なのであろう。

問二

二つの設問によって構成されており、それぞれ五十字／六十字の字数制限があるので、内容は本文から持ってこられると判断できる。ただし、二つの設問によって「村の語り部の物語は家々に成長」するということについて、「どういうことか」「なぜ」の二段階、つまり「How」と「Why」の書き分けを求めており、難度は高い。トライアル・メンバーも書き分けに苦慮したようで、「How」のほうで説明しすぎないという編集テクニックを要するのではないかという意見が出ていた。

問三

後半部分の要旨を踏まえて解答すればよい設問。ただし、後半部分は日本の古代の言語観念をめぐる松岡ならではのアナロジーが展開しているところであり、「なぜサキの観念はムスビの観念へと連結するのか」という設問の答えに当たる箇所が文章内にダイレクトに明示されているわけでもないため、正解を導き出すのは容易ではない。傍線箇所の前にある「サキ」の説明と後ろにある「ムスビ」の説明を自分なりにつなぐ編集力、それを二十字以内に絞り込んでまとめる要約力が試される。

入試問題⑤

『山水思想』

鎌倉女子大学　二〇一一年

次の文章を読んで、後の問いに答えなさい。

枯山水とは妙なものである。水がないのに、水がある。

平安中期に橘俊綱《たちばなのとしつな》が編集した造園術の秘伝書『作庭記』には、「池もなく遣水《やりみず》もなき所に、石を立つる事あり。これを枯山水と名づく」と説明されている。

水がないから枯山水。

そうであるのに、その枯山水に水を感じたい。滝の音を聞いてみたい。それが日本人の趣向というものだった。

枯山水における「枯」は必ずしも「乾いた」という意味ではなく、また「無味乾燥」でもないということである。西芳寺（苔寺《こけでら》）や龍安寺《りょうあんじ》や大徳寺の石庭を見ている鑑賞者たちを見ればわかるように、鑑賞者たちはそこに水がないから涸《か》れていると見たいのではなく、むしろそこから水を感じることを望んでいる。雲や水沫《まつ》をともなう山水を想う想像力をたのしんでいるようなのだ。

枯山水は庭である。

すべてが日本人の発明だとはしえないが、やはり日本独自の庭といってよい。しかしその①出自を問おうとすると、これがはなはだおぼつかない。

なぜ日本人は「枯れること」をこんなにも興味深くおもってきたのだろうか。いったい「枯れる」とか「凋れる」とは、そもそも日本人の美意識や生き方の何か本来的なことを告げている現象だったのか。

そこで、②言わなくてはならないことが、ある。

たとえば芭蕉が「旅に病んで夢は枯野をかけめぐる」と詠んだのは、芭蕉にして初めてなしえた「枯野の発見」ではなかったということだ。われわれはずうっと以前から枯野に夢を走らせてきたにちがいないということだ。

案の定、「枯野」はすでに王朝の襲《かさね》の色目の名にもなっていた。表は黄色で裏を薄青色にして、これを冬に着たときの色である。『狭衣物語』に枯野襲《かれのかさね》を着た斎院の姿が描写されている。そのように枯れたるものを愛《いと》しむ気分は、枯葉、枯木立、冬枯れ、枯れ積もる、枯れしのぶ、枯藻、枯木星、枯垣といった季語や歌語として多くの美意識をくすぐってきた。［　イ　］

たとえば「枯れはつる」とは、いかにも自然や時勢や人生の終息をこそ感じさせる言葉だが、すでに『源氏物語』御法には「かれはつる野べを憂しとや亡き人の秋に心をとどめざりけん」があって、われわれは必ずしも枯れはてた光景や現象を見捨てたりはしなかったことを知る。これは江戸期の話になるが、花見や月見のように冬景色を集って見に行く「枯野見」さえ流行っ

たのである。［ロ］

言わなければならないとは、このことだ。

われわれはどこかで蒼《そう》然として「枯れること」を救おうとする者なのだ。いやいや、救うだけではなく、それでもなお枯れざるをえないものたちを惜しんだのだ。だからわれわれは、枯れゆくものへの愛着から何かを発しようとしている者なのだ。枯れておしまいなのではなく、枯れてなおはじまるものを感得した。

歌舞伎《き》役者に対して、③「あの役者もやっと枯れてきましたね」と評価するのも、こういうところに根差していた。［ハ］

そもそも日本の歌語や縁語では、④「枯れる」は「離《か》れる」に通じていて、人が離れて恋しくなるときのことをあらわす言葉であった。それが、離れてこそ恋しい、離れれば惜しむ、寂しいほど惜しむ、というふうに変化した。これは枯れすさびの心というものだった。

それはまた、⑤定家の「余情《よせい》」や「幽玄」の心情を心敬《しんけい》が「冷え枯るる」とか「冷え寂び」と踏みこみ、かえって余情を徹底させたことにもつながっていた。また[注1]大原三寂や西行が「寂しさ」を重視し、世阿弥が複式に夢幻を観じようとしたことにもつながっていた。世阿弥の複式夢幻能は、まず最初に荒れはてて枯れた光景があって、そこから往時の夢が蘇《よみがえ》り、そしてまたもとの枯れた景色に戻っていく。［ニ］

さきほどは伏せておいたのだが、実は道元その人が日本における「冬の美」の発見者の一人だったのである。これは唐木順三の見解だった。

そういう「枯れる心」というものが、庭にも山水にもおよんでいったとき、われわれは枯山水に至ったのである。

枯山水は渇水を表現しているのではない。そこに水の流れを聞くための庭なのだ。ということは、そこには「涸れることによって水を得る」という引き算の思想が生まれていたということになる。

　ホ　

すなわち、⑥枯山水は「負の庭」なのである。

日本人は水のない枯山水によって山水の本来に向かったのだ。あえて「負」をつくることによって、そこにはない湿潤の現出させられる表現の秘密に至ったということである。

このようにして得た湿潤を、私は「負の湿潤」と言ったらいいかと思っている。水がないところに水を感じるとは、あえて枯れさせた山水の造型によって湿潤をおぼえるということである。私はこういう方法を⑦「負」をもって活かすという方法だとみなしている。「負の湿潤」とはそういう意味だ。

では、その枯山水における「負」をもう一度、水墨山水には映せないのだろうか。

きっとそういうことを試みたシステムがあるはずである。それがたとえば能や茶なのではあるまいか。また、その「負」の介在の効能にハッとした者もいたはずだ。それが珠光や禅竹ではあるまいか。

そして、このことを水墨山水として投写できるとみたのが、能阿弥の『三保松原図』であり、相阿弥の『四季山水図』であり、注2等伯の『松林図』であったのである。

日本人が古来どのように「山水的なるもの」をとらえてきたのかというと、その美意識や思索の変遷をたどるのはなかなか容易ではない。

しかし、あえて整えてみると、次のような順になるだろうと、私は見ている。

第一に、日本の山水は縮小されている。これは広大な中国の大地と比較すれば当然である。

第二に、浄土山水がそうであるように、それらの山水は彼岸の景色に同定された。すなわちヴァーチャルな想像力の対象となった。

第三に、道元の注3山水一如の思想がそうなのだが、そのような注4「而今《にこん》の山水」は「胸中の山水」にまで高められた。

第四に、その一方で想像力の対象としての山水に日本の実景が少しずつあてはめられた。垂《すい》迹曼荼羅《じゃくまんだら》にその発想があらわれた。

ところが第五に、禅林に水墨山水が芽生えると、その画境が庭園化して枯山水などのような消去的な「負の庭」としての山水模型をつくりあげた。

しかしながら第六には、その枯山水をもういっぺん画境に戻したときに、初めて日本の水墨山水が確立することになった。その画面には、かつて枯山水に流れた見えない水流が飛沫をあげて潤った。これが雪舟から等伯への道にあたる。

だいたいこういう順番だ。

そうだとすると、ここにはなにやら否定の介在というか、逆転の模写というのか、なんらかの「負の介在」のようなものがあると見えてくるのではないだろうか。

まず中国的な山水がある。これは当時の日本人から見れば、「真の山水」のモデルともいうべきものである。

それが日本に移行されるにしたがってサイズを変え、画境と心境の合致に進むにあたっては激しい消去と限界の精神をともなった。道元の思想の特色はそこにある。そこには実在の山水よりも「思えば山水」ともいうべき発想への転換がおこっている。⑧枯山水は「仮山水」でもあったのだ。

つまりは、どこかで「負の介在」がおこったとおもうべきなのである。

一見、枯山水は、あたかも山水の実在を否定するかのような〝無化〟をおこしているかに見える。けれども、そうではなかったのだ。〝無化〟をおこしていそうなのだが、それとともに、その石ばかりの石組に日本人は峨《が》々たる遠山と滔《とう》々たる水流を見た。それを見る心の中には水しぶきがあがっていた。〝無化〟ではなかったのだ。

ここには、どうも無から有への、あるいは半有への転位のようなものがある。いや、思索と作為の途中にのみ「半ばの無」がかわったようなのだ。したがってこのような事情については、私はこれを「無」と言わないで、「負」とよぶべきだと考えている。つまりは私があらかじめつかった用語でいえば、ここには「負の介在」があるということなのである。

その「負の介在」が、おそらくは中国的山水と日本的山水を決定的に別のものにした〝何か〟なのではあるまいか。けれどもここで、もう一度問うことがある。

いったいなぜにまた日本人は「負」に入る必要があったのか。なぜそんな転倒や転位の面倒が必要なのか、ということを。

――松岡正剛『山水思想 「負」の想像力』による。

なお、設問の関係上、省略したところがある。――

注1　大原三寂…「寂」を法号に付した平安末期の三人の兄弟歌人（寂念・寂超・寂然）。

注2　等伯…安土桃山時代の画家、長谷川等伯のこと。天文八年（一五三九）～慶長十五年（一六一〇）。

注3　山水一如…筆者によると「山を前にすると自分の身体は透体脱落していく。なのに山水が残っている。それがわたしである」とする道元の思想のこと。

注4　而今の山水…いま、ここに見えている山水。

問一　傍線部①「出自」の文章中での意味に最も近いものを次の中から選び、記号で答えなさい。

ア　独創　　イ　起源　　ウ　真偽　　エ　終焉《えん》

問二　傍線部②「言わなくてはならないこと」の内容に当たる部分を探し、初めと終わりの七字（句読点を含む）で答えなさい。

問三　傍線部③「あの役者もやっと枯れてきましたね」の意味として最も適切なものを選び、記号で答えなさい。

ア　あるべき実力が影をひそめ、まるで素人のような演技になってきた、という意味。

イ　前面に出ていた強さに代わって、観客が思わず同情してしまう弱さも演じられるようになってきた、という意味。

ウ　むだや気負いが省かれたことで、かえって深い味わいを持つ演技になってきた、という意味。

エ　一時の人気や名声が落ち着きを見せ、真のファンだけをひきつける演技になってきた、という意味。

問四　傍線部④「『枯れる』は『離れる』に通じていて」とあるが、このように一つの語に、同じ発音の二つの異なった語を重ね合わせる修辞法をなんというか。次の中から選び、記号で答えなさい。

ア　枕詞　イ　本歌取り　ウ　序詞　エ　掛詞

問五　傍線部⑤「定家の『余情』や『幽玄』の心情」とは、どのような趣のことであると考えられるか。次の中から一つ選び、記号で答えなさい。

ア　外見や言葉に表されない深い趣
イ　表面に表れる質素で落ち着いた趣
ウ　日常の事物に見いだされる懐かしい趣
エ　自然とうまくとけあっている優美な趣

問六　次の一文は文章中の［イ］～［ホ］のどこに戻せばよいか。［イ］～［ホ］の記号で答えなさい。

鎌倉女子大学　2011年

> それはまるで凍《い》てついた冬があればこそ、春が待ち遠しくなるという、あの日本人の好きな感覚の最初の舞台化だったと考えられる。

問七　傍線部⑥「枯山水は『負の庭』なのである」とは、どういうことか。次の中から適切と思われる説明を選び、記号で答えなさい。

ア　渇水を表現するために、あえて庭から水を抜き、石や砂だけで作庭したということ。
イ　渇水を表現するために、あえて庭から水を抜くとともに、影となる部分が多くなるように作庭したということ。
ウ　豊かな水をたたえる滝や湖を表現するために、逆に水を使わず、石や砂だけで作庭したということ。
エ　豊かな水をたたえる滝や湖を表現するために、水以外の山や谷などの要素を引き算して作庭したということ。

問八　傍線部⑦「『負』をもって活かすという方法」とはどのような方法のことか。次に挙げるAかBのどちらか一つの例を用いて、わかりやすく説明しなさい（解答欄にA・Bのどちらかを記すこと）。

A　無表情の能面を使用する能

B　十七文字で表現する俳諧《かい》

問九　傍線部⑧「枯山水は『仮山水』でもあったのだ」といえるのはなぜか。その理由を次の中から選び、記号で答えなさい。

ア　枯山水は、「真の山水」をモデルとしながら、その実在を否定するかのような表現方法をとっているから。

イ　枯山水は、今はすっかり涸れてしまった風景が、まだ豊かな水をたたえていた時代の姿を思い出させる表現方法をとっているから。

ウ　枯山水は、全てを実物で満たさず、仮のものを加えて、想像の力で理想の姿を見せようとする仮想空間のような表現方法をとっているから。

エ　枯山水は、「真の山水」を、現世にいるわれわれ人間の目にも見えるようにした仮の姿であるかのような表現方法をとっているから。

問十　二重傍線部「私はこれを『無』と言わないで、『負』とよぶべきだと考えている」とあるが、これはどういうことか。文章全体をふまえ、百五十字以内で説明しなさい。その際、次に挙げる言葉を必ず用いることとする。（用いる順番は自由とし、動詞は適宜活用させてもよい）

枯山水　水　石　引く　見る

入試問題⑤ 解答例

問一　イ

問二　われわれはどこ〜のを感得した。

問三　ウ

問四　エ

問五　ア

問六　ニ

問七　ウ

問十はキーワードによって思考の手すりを与えているんだね

問八　A）能は、表情のない能面を使うことで、喜怒哀楽のすべてを感じさせる。
B）俳句は、たった十七文字の省略的表現によって、豊かな余韻や情緒を感じさせる。

問九　ウ

問十　日本人は枯山水の石だけの石組に峨々たる遠山と滔々たる水流を見た。そこには「涸れることによって水を得る」という引き算の思想とともに、中国的な「真の山水」のモデルから「思えば山水」ともいうべき「仮の山水」への発想の転換がある。これは「無化」ではなく、そのどこかに「負」が介在したと考えるべきである。（147字）

『山水思想』　鎌倉女子大学　二〇一一（平成二三）

□解説――本格的な松岡日本論への案内を果たす問題

一九四三年（昭和一八）、京浜女子家政理学専門学校として横浜市に設立。大戦中の横浜大空襲により壊滅的被害を受け、戦後に鎌倉で再建を果たした。一九八九年（平成元）、校名を鎌倉女子大学と改め現在にいたる。「女性の科学的教養の向上と優雅な性情の涵養」を教育の目標に掲げる。幼稚部・初等部・中等部・高等部・短期大学部・大学・大学院の一貫教育で、大学は、家政学部・児童学部・教育学部で構成される。校門での「一礼の姿勢」や修養の鐘にあわせた「黙想の時間」を重視、学校理念として「ぞうきん（実践・行為）と辞書（理論や知識）をもって学ぶ」を実践している。地域との連携も強い。

本問のテキストのテーマ「負の介在」は、松岡の日本文化論においても編集的世界観においても、中核といえるほど重要なテーマである。『日本という方法』『日本流』『日本文化の核心』などいくつかの書籍でも展開しているテーマであるが、なかでも『山水思想』は日本の水墨山水画の系譜を追いながら「負の想像力」のはたらきを丹念に紹介したものである。おそらく、鎌倉という歴史文化の地層の厚みに根ざす学校ならではのテーマ性を重視して選んだのではないかと思われる。各設問の緻密な組み立ても含めて、本格的な松岡日本論への案内を果たしてくれているような問題である。

□各設問の松岡読み

全一〇問、いずれも手ごたえのある設問であるが、文章に対して前から順送りで確実に読みこませる組み立てになっている。

問一、問三、問四が知識寄りの設問だが、完全な知識問題は問四のみで、問一・問三は文章の読み取りのとっかかりを与える設問を兼ねている。全体を通して、松岡の「山水思想」の理解度を測ることができるような、丁寧な問題設計である。

問三

「あの役者もやっと枯れてきましたね」の意味を選択肢から選ばせるユニークな問題である。知識寄りの設問ながら、問われているのはたんなる知識ではなく、日本の芸能文化を捉えるセンスのようにも思われる。トライアル・メンバーには「おもしろい」と評判のよい問題だったが、正解であろうウではなく、迷ったあげくにイを選んだ者も若干名いた。

問五

「定家の『余情』や『幽玄』の心情」の意味を選択肢のなかから選ぶ。知識を問うている問題ではないが、「余情」や「幽玄」の意味をよく知らずにテキストだけを読み取って答えようとする者にはやや難問であるようだ。トライアル・メンバーの中にも、正解とおぼしきア「外見や言葉に表されない深い趣」ではなく、イ「表面に表れる質素で落ち着いた趣」を選ぶ者がいた。傍線のまわりの「枯れる」の例示に惑わされ、テキストの冒頭から展開している「水がないのに水がある」枯山水のことを見失ってしまうせいであろう。

問八

トライアル・メンバーではこれがもっとも難問という声が多かった。問七とセットで松岡の言う「負」の意味を捉えれば、アプローチの方法はつかめるはずである。また、能面が無表情であること、俳諧が十七文字であることが明示されていることも大きなヒントである。それでも、多少なりとも能や俳句に親しんでいなければ、具体的に要領よく説明することはかなり難しいのではないか。解答の文字数制限がないため、過不足なく「どのような方法か」に帰結する形で書き切る必要があり、そのこともいっそう難度をあげている。

問十

文章全体を踏まえての主題を問う設問であるが、「枯山水・水・石・引く・見る」という五つのキーワードがあらかじめ指定されていること、文字数が百五十字以内とそれほど多くないことから、難度を高くし過ぎない配慮が見られる。傍線の手前の「負」や「負の介在」についてのパラグラフをよく読み込めば解答できる。

ただし枯山水とはどういうものなのかを具体的に説明しつつ、なぜそれが「無」ではなく「負」なのかという設問に対して説得力をもって書くには、それなりに文章構成力を要する。どのような力を試そうとしているのかについての狙いが明確に設定された良問といえるだろう。

「負」と「方法」へのまなざしに学ぶ

三苫麻里

松岡正剛の文章が入試によく出題されているという。私はその文章に「ぞっこん」なので単純に嬉しいのだが、あらためて出題者の視点で松岡の文章の特徴をあげてみたい。

まず文章量に対して情報量が多い。そのなかにユニークな視点があり、概念設計があり、造語がある。また言いかえが多様で、例示が豊富である。対になるモノゴトをセットで取り上げ、対比しながら論を進めている。解いてみて良問と感じた問題は、こういった松岡文の特色をうまく利用しながら、問題を解くことによって本文の理解が深まる仕立てになっていた。

では、内容的にはどんな特徴があるだろうか。私が特に惹かれるのは次の二点だ。ひとつは必ず「方法」へのまなざしがあるということ。もうひとつは不足や欠如を抱えているといった「負」の状態に注目しているということだ。そしてこの二つが関係があると思っている。

「方法」へのまなざしは、正剛流に言えばリバースエンジニアリングとなる。なぜ時計が動いているのかを知るために分解して仕組みを調べるように、情報のおおもとのほうに遡っていくということだ。

歴史や文化のおおもとを探っていくと、そこには漂泊民や流民がかかわっていたり、不足や欠如を抱えた状態から新たな転換が起きていたりすることが多い。これは万全の状態でいるよりも、むしろ「負」に敏感なレセプターで情報に向かったほうが、創発が起きやすい場合がある、ということだと思う。この「方法」と「負」へのまなざしが、松岡正剛の文章の底流にいつもある。

翻っていまの世の中に目を向けると、災害、経済不安、ディスコミュニケーションによる疎外感、病気、紛争など、まさに「負」の要素が渦巻いている。時代の動きは速く、私たちはお互いに充分な意を注ぐ余裕もないままに、濁流に放り込まれている気分だ。この状況に立ち向かえるようにするためか、教育の世界では思考力や判断力の重視をうたい、入試で問われる内容も年々変化してきている。

近年、松岡正剛の文章が入試に多用されるのはなぜか。それは、文章の底流にある「負」と「方法」へのまなざしがいまこそ必要とされているからである。歴史のなかでさまざまな「苦」や「負」にさいなまれながらもそこから反転し、「方法」を紡いで新たな文化を編み出した先人たちに学ぶことと、そこに注目するまなざしが、いま困難をのり越えようとしている若い人への励ましになると思われ、選ばれているからだ。

「入試といっても結局は人と人とのコミュニケーションだよ」。これから試験を受ける生徒に私がよくかける言葉だ。選抜試験だから合否があるのは仕方ない。だからこそ、一期一会の入試というものは、学校と志望者双方の志と思いが取り交わされる場であってほしいと願っている。

※筆者略歴は401頁参照

第3章

松岡正剛に迫った小論文問題

〔入試問題／問題分析〕

①『**日本という方法**』県立広島大学　2009年

②『**17歳のための世界と日本の見方**』福岡女子大学　2012年

③『**知の編集術**』関西大学　2020年

④『**山水思想**』静岡県立大学大学院　2006年

工夫を凝らした設計の小論文問題

小論文問題といえば、一般入試はもちろん、学校推薦型選抜（推薦入試）、総合型選抜（ＡＯ入試）などで課され、論述する主題や設問が与えられるテーマ型、与えられたテキストに沿って文章を書く課題文型、図表やデータを読み取って論述するデータ型など、いくつかのタイプがある。

松岡の著作が使われる小論文問題はこの中の「課題文型」になるのだが、これまで実際に出題された問題を見ると、何をどのように書くのかを規定する設問のあり方は実に千差万別である。一口に小論文問題といっても、各校が工夫を凝らした問題を作成している様子がわかる。そこで、この章では、できるだけ多様な設問設計のあり方が見られるような小論文問題を選んで紹介する。

県立広島大学は設問に微妙なニュアンスが込められた良問、福岡女子大学は世界観を鷲掴みにさせるよく練られた設問、関西大学は試験問題に取り組む自分の思考を観察させる編集工学入門のような問題、静岡県立大学大学院は日本文化研究者を目指す学生向けのハイレベルな問題となっている。

これらの問題についても、本書で取り上げる他の入試問題同様にトライアル・メンバーに実際に取り組んでみてもらったが、各校の評価や採点の基準が不明であるため、それらの成果を解答例として掲載することは控えた。

入試問題①

『日本という方法』　県立広島大学　二〇〇九年

次の文章を読み、著者が述べようとしていることを六〇〇字以内で簡潔にまとめなさい。

日本の童謡は世界で類例のない子供を対象とした表現運動でした。大正期前半に始まって一挙に広がり、戦争の足音とともに消えていったものです。最初の童謡は大正七年（一九一八）に西条八十が「赤い鳥」に発表した『金糸雀《かなりあ》』（以下、カナリヤと表記）でした。成田為三が曲をつけた。

西条自身が『現代童謡講話』に書いているところによると、この詞は、少年時代に番町教会の天井にひとつだけ消えていた電球を思い出して書いたということです。よく知られていると思いますが、こういう詞です。

唄《うた》を忘れた金糸雀は　後の山に棄《す》てましょか
いえ　いえ　それはなりませぬ
唄を忘れた金糸雀は　背戸《せど》の小藪《こやぶ》に埋《い》けましょか
いえ　いえ　それはなりませぬ
唄を忘れた金糸雀は　柳の鞭《むち》でぶちましょか

いえ いいえ それはかわいそう
唄を忘れた金糸雀は 象牙《ぞうげ》の船に銀の櫂《かい》
月夜の海に浮べれば 忘れた唄をおもいだす

この年は、大正デモクラシーの旗手となった吉野作造が「黎明会《れいめいかい》」を結成し、有島武郎が自分の子に贈った『小さき者へ』を、島崎藤村は『新生』を書いた年で、年末からは竹久夢二の『宵待草《よいまちぐさ》』が大流行しています。(中略)

童謡運動をおこしたのは鈴木三重吉と三木露風でした。鈴木は自分の子が生まれたのをきっかけに子供の心に食いこむような歌が日本にないと思い、「赤い鳥」を創刊します。露風に相談して踏ん切りがついたのです。『カナリヤ』はその創刊号に載ります。楽譜も一緒に載った。その号には北原白秋の『雨』(雨がふります・雨がふる)なども入っています。

大正時代は十把一《じっぱひと》からげに大正デモクラシー時代と総称されてはいるものの、明治末年に石川啄木《たくぼく》が言い残したように「時代閉塞《へいそく》の現状」という病気に罹《かか》ったままのようなところがありました。つまりは日露戦争に勝った日本が満蒙《まんもう》*1を「生命線」とせざるをえなかった時代。日米が互いに互いを仮想敵国とみなした、先をばかり急ぐようになった時代です。

大逆事件*2の直後ということもあって、社会主義の黎明にめざめようとした青年たちも、その憤懣《ふんまん》をどこにぶつけていいのか、かなり鬱屈《うっくつ》していましたし、とくに子供たちの学習現場には「教育勅語」が縛りをかけていた。明治四十三年に制定された尋常小学唱歌は上からの修身教育の方針が投影されていて、ありきたりな「よい子主義」に毒されていたのです。

そこへ立ち上がったのが「赤い鳥」でした。鈴木三重吉は青年詩人たちの心を動かし、その呼びかけはたちまち燎原《りょうげん》の火のごとく広まって「金の船」「童話」「小学男生」「少女倶楽部《くらぶ》」といった幼童雑誌の創刊にも火をつけた。まさに時ならぬ表現運動でした。大正文化のなかで最も挑戦的で創造的な活動だといえるでしょう。

私はその童謡第一号が「唄を忘れたカナリヤ」だったということに象徴的な意義を感じます。カナリヤは歌を忘れてしまったのですが、でもいつかは思い出すにちがいないだろうから、そのカナリヤを捨てようとした、いや棄ててみたという歌です。カナリヤがいったん棄てられるという瀬戸際をもったことが、この歌の面目《めんぼく》なのです。

野口雨情は西条八十より少しだけ遅れて童謡運動に参加してきた詩人です。最初は本居長世《ながよ》とのコンビで『七つの子』『十五夜お月さん』『赤い靴』『青い眼のお人形』『俵はごろごろ』などを発表します。作曲家の本居長世は宣長の第六代の家系にあたります。

雨情については無政府主義との関係などいろいろ話したいことが多いのですが、ここではこれらの童謡が、いま、一般的に想定できる童謡とはあることが決定的に違っていたということだけを指摘しておきたいと思います。歌詞をちょっと思い浮かべてください。こうなっています。

雨情は、たとえばカラスは「なぜ啼《な》くの」と唄い出したのです。啼いているのは可愛《かわい》い七つの子をもっている親のカラスです。けれども「なぜ啼くの」かは「山の古巣」に行ってみなければわからない。赤い靴をはいてた女の子は「異人さんに連れられ」たのです。そのまま横浜の埠頭《ふとう》から外国に行ってしまったらしく、いまだに行方不明です。それで最後の四番は、「赤い靴　見るたび考える　異人さんに逢《あ》うたび　考える」というふうになります。「考える」なんて童謡の歌詞としては異様です。いったい赤い靴をはいていた女の子の消息不明をもって、雨情は何を訴えたのでしょうか。

青い目の人形も困ったものです。アメリカ生まれのセルロイド人形ですが、この人形は迷子になるかもしれず、おまけに「わたしは言葉がわからない」。だいたい「日本の港についたときいっぱい涙をうかべてた」のですから、すでに最初から何かの宿命を背負っているようなのです。いったい、こんな童謡があっていいのかというほどの、これは何かが欠けていたり、何かが失われていたり、何かがうまくいっていないという子供のための歌でした。

雨情はその後は今度は中山晋平と組んで、『雨降りお月さん』『あの町この町』『しゃぼん玉』などの名曲を次々につくった。いずれもすばらしい歌、いまでもかわいらしく歌われている。

しかしこれらの詞もまた、とんでもない。お嫁にゆくときは「ひとりで傘《からかさ》さしてゆく」のであって、傘がないと「シャラシャラシャンシャン鈴つけた、お馬にゆられて濡《ぬ》れてゆく」というのですから、飾った花嫁を賑《にぎ》やかに祝っているような歌詞ではまったくありません。子供や花嫁だって瀬戸を渡っていくことがあるという童謡です。蕗谷虹児《ふきやこうじ》という画家が同じころ（大正十一年）に『花嫁人形』という歌をつくりますが、そこにも「金襴緞子《どんす》の帯しめながら 花嫁ていた。御寮《ごりょう》はなぜ泣くのだろ」「泣けば鹿《か》の子のたもとがぬれる 涙で鹿の子の赤い紅《べに》にじむ」と責めていた。

雨情はさらに告げます。あの町もこの町も日が暮れると「お家《うち》がだんだん遠くなる」のです。だから「今きたこの道、帰りゃんせ」。子供にとっての町は遠くへ行けば帰れなくなるところでもあるのです。また、あんなにファンタジックなしゃぼん玉も、屋根まで飛んで、そこで「こわれて消え」る。それだけではない。「しゃぼん玉　消えた 飛ばずに消えた」でもあって、「うまれてすぐに　こわれて消えた」でもあるのです。いったい生まれてすぐに消えたり、飛ばないしゃぼん玉を歌うとは何事でしょう。

これらの童謡は異常なことばかりを歌おうとしているのでしょうか。そうではないと思います。どんなことも安全ではないし、予定通りとはかぎらないし、見た目ではないこともおこるし、有為転変があるのだということを告げているのです。それらはまさに子供に向かって「無常」を突きつけているのです。いや、大人にも突きつけた。

子供に道徳を説いているのではない。教育したいのでもない。雨情は道徳教育では伝わりっこないことを、もっと根底において見せたのです。世界も社会も家族も、町も人形もしゃぼん玉も壊れやすいものなのだということ、それらはすでに壊れていることもあるし、壊れたからといってそのことに感情をもてなくなってはもっと何かを失うだろうということを、告発していたのです。

かつて私はこのような「壊れやすさ」の問題を集中的に考えたくて、『フラジャイル』（ちくま学芸文庫）という本を書きました。フラジャイルとは「壊れもの注意！」という郵送用のタグにくっついている警告です。その本で私がのべたかったことは、「葛藤」や「欠如」や「負」「喪失」こそ存在の思想の発条《ばね》になるということです。また、多くの文化の表現がそこから生じてきたということです。そのことをさまざまな歴史や出来事や作品を通して伝えてみた。

しかし、その後、雨情のことを考えるようになってあらためて気がつかされたことがありました。それは雨情はつねに「はぐれる」とか「取り返しのつかないこと」という消息に研ぎ澄ました目を注いでいたということです。つまり「欠如」や「喪失」には、それ以前に何かを見失う、あるいは何かを見失わさせることが先行しているのです。ああ、これは雨情こそが瀬戸を渡りつづけているじゃないか。私はそう思うと居ても立ってもいられなかったものです。

今日の日本ではこんなふうに「はぐれること」や「取り返しのつかないこと」など、わざわざ童謡に書く者はいないでしょう。ましてそれを子供に歌わせたいと思う親もいないのではないか。なにしろ子供たちがちょっとでも傷ついたり見失われれば、いじめや誘拐や殺害や性的犯罪だということになってしまっているのです。

（松岡正剛『日本という方法』一部改変）

＊1　満州と蒙古（内蒙古）との併称。
＊2　明治天皇暗殺計画の発覚による弾圧。

問題分析①

『日本という方法』　県立広島大学　二〇〇九年（平成二一）

□解説―切実な問題意識を察知させる

一九二〇年（大正九）、広島県立広島高等女学校に専攻科が設置されたことをもって歴史が始まった。その後、広島女子短期大学、広島農業短期大学、広島女子大学などの開設を経て、一九八九年（平成元）に広島県立大学として経営学部と生物資源学部を開学。その後もいくつかの改組を重ねて、二〇〇五年（平成一七）に県立広島大学として開学。

県が設立した大学として、地域に貢献する「知」の創造・応用・蓄積を図り、「地域に根ざした、県民から信頼される大学」を目指す。さらに、全学の目標として「課題探求型地域創生人材」の育成を掲げる。主体的に考え、課題解決に向け行動できる実践力、多様性を尊重する国際感覚や豊かなコミュニケーション能力を身に付け、生涯学び続ける自律的な学修者のことを指す。

今回取り上げた問題は人間文化学部・国際文化学科の後期日程入学試験に使われたもの。当学科のアドミッション・ポリシーとして、英米文化・日本文化・東アジア文化のいずれかに強い関心を持ち、基礎的な知識・技能を身に付けている人、世界のさまざまな文化を複数の視点から相対的に捉えようとする意志を持ち、そうした自身の考えを適切に表現できる能力を身に付けている人、基礎的な学力を基盤として主体的に考察を深め、相互に協力して学修を進めていこうとする意欲を持っている人の三点が掲げられている。

素材文として取り上げられたのは、『日本という方法』の最終章「失われた面影を求めて」より、子供たちに向かって「無常」を突き付けた日本の童謡運動の切実な意図について述べたところ。鈴木三重吉、三木露風、野口雨情らが童謡運動を通して近代日本に刻印したことは、『日本流』以来松岡が繰り返し説いてきた。現代日本が「日本という方法」を取り戻すためには、かつての童謡運動に匹敵するムーブメントを起こしていく必要があるのではないかということも示唆しつづけてきた。

この入試問題では、かつての童謡の作者たちが志したような「瀬戸際」がつくれなくなった今日の日本への痛烈な言葉や、雨情のラディカリズムがうかがえる言葉の直前で引用を終えている。これはあまり急進的な主張に受験生を誘導しないようにしたいという作問者の配慮であろうが、それと同時に「著者が述べようとしていること」を自分なりに察知させるという設問の狙いにも適った判断であると言えよう。

ちなみに問題文の続きの文章は次のとおり。

教育勅語の時代よりも、さらに何かが決定的に悪化していると言わざるをえないでしょう。いまや子供が親に復讐をし、親もまた子供を殺したくなっているのです。

むろん当時の雨情にも不安があったにちがいありません。それでも雨情には断乎たる「日本という方法」を見せる決意をもっていた。こんなふうに書いています。「ほんとうの日本国民をつくりまするには、どうしても日本国民の魂、日本の国の土の匂ひに立脚した郷土童謡の力によらねばなりません」。

□問題の松岡読み

いわゆる要約問題であるが、単純な本文要約ではなく、「著者が述べようとしていることをまとめよ」という指示がポイントである。

「述べようとしていること」というのは編集学校で教えているコンテンツの３Ｍ（メッセージ、メソッド、メディア）のなかの「メッセージ」を捉えようということと同義と考えられる。このメッセージというのは必ずしも明文化されているものとは限らず、また文字情報だけがメッセージになるわけでもなく、映像でも音楽でも同じように３Ｍで捉えることができる。またメッセージはメソッドやメディアと不即不離のものであり、それらから独立して成立しているものではない。たとえば文章であれば、何が書かれているかということだけではなく、どのように書かれているかということまでを捉えて、表象されたメッセージを読み取っていくということを重視する。

この問題においても、たんに文意を正確に捉えて読みこなすだけではなく、松岡の書き方やスタイルをよく見て、松岡が深く思い考え込んでいる問題意識を感知したり察知したりしながら、それを自分の問題意識に重ねて表出していくことまでを求めていると考えられる。たいへん高度な要求が込められているのである。

そのうえ、それを六〇〇字というかなりコンパクトな文章にまとめていかなければならない。松岡のメッセージを芯で捉えながら簡潔に要約しつつ、自分の考えも端的に記述するという作文能力も試される。

入試問題②

『17歳のための世界と日本の見方』

福岡女子大学　二〇一二年

問題　次の文章を読んで、後の設問に答えなさい。

おもしろいことに、十六世紀という時代は、世界中に一斉に専制君主が出揃った時代だったんですね。なんといっても、イギリスのエリザベス女王と信長がほぼ同じ年、信長のほうが一歳年下の弟分です。

スペインはフェリペ二世の全盛期で、「太陽の沈まない帝国」と言われるほどの強大な力をもっていたし、オスマン・トルコのスレイマン大帝、ロシア帝国のイワン雷帝、インドのムガール帝国のアクバル大帝などが、かつてない権勢をもって君臨した。

こういう専制君主たちにはいずれも、権力を握ってまもなく宗教情報を完全に押さえコントロールした、という共通点があります。そのため、長らく人間文化を支配してきた宗教というものが大きく変貌していったのです。人間文化のすべてが全知全能の一人の神につながるという世界観が崩れ、中心からそれていく文化になり、新たにたくさんの中心をもつ文化が生まれていったのです。それがバロックだったわけですね。

バロックというのは結局、「もうひとつの世界」というものに人々が熱中していった時代だったともいえます。

かつては神の世界が「もうひとつの世界」であって、人間は信仰によってその世界に近づくことができると考えられていました。しかし、この時代の「もうひとつの世界」は、地球上に存在する未知の国々のことであり、あるいは想像力によって描くヴァーチャルな別世界のことというふうになっていったんですね。シェイクスピアも歌舞伎も、そういう別世界を見せたのです。

君主たちも新世界や別世界に強い関心を抱いた。だからこそ大航海をして次々に新しい新天地を発見し、そこを植民地化していくといったことがおこったわけです。あるいはエリザベス女王やドイツのルドルフ二世のように、神秘主義的な宇宙観によって、地上に「もうひとつの世界」を実現しようとするといったこともおこります。

しかしよくよく見てみると、「もうひとつの世界」は君主たちだけのものではなかったんです。民衆たちは民衆たちで、芸能者は芸能者たちで、現実の世の中とは別の、「もうひとつの世界」を持ちはじめていたのです。それがシェイクスピアの「世界劇場」であり、また江戸時代の民衆が熱中した歌舞伎小屋であり遊郭だったわけです。

歌舞伎では、毎年九月の特定の日に「世界定め」ということが行なわれていました。次の年の演目を、どの「世界」でやろうか、といったことを取り決めます。この場合の「世界」というのは、演目の背景となる時代や出来事や人物に関する「型」のことで、何の型でいくかということを決めました。この「世界」の設定によって、どんなに奇想天外なフィクショナルな物語を演じても、観客にはそれがどのような世界のことを描いているのかを、共有させることができたわけですね。

このように、人間文化の歴史は近世に入って、人々が自分たちの想像力によって世界というものを描き、選択し、それをモデルにしながら現実の世界とのかかわり方を決めていくということになっていきました。

これを言いかえれば、世界というものが町や都市の中でも見えるようになってきたということです。むろん世界のすべてというのではなく、「世界のモデル」というものが見えるわけです。その典型的なスペクタクルがシェイクスピアの「世界劇場」や歌舞伎の「世界定め」だったのです。

また、これを科学でいえば、ケプラーの惑星の法則やニュートンの万有引力の法則の確立だったということになります。

ニュートンの運動法則は三つでできていますね。一つは「慣性の法則」で、静止しているか一様な直線運動をしている物体は外から何もしなければずっとその状態を維持するというものです。二つめは、運動量の変化は力の作用に比例して、その方向におこっていくというもの。三つめは何ですか。「作用反作用」について、二つの物体が関係をもって相互に作用しあうときは、その作用しあう力の大きさは等しく、その向きは正反対になるというものです。思い出しましたか。

このニュートンの法則は、まさに「世界」というものの最も基本的な力学像を提示していまず。世界の運動の基本は、これ以上でもこれ以下でもない基準をもっているということを宣言したのです。

この基準は物質の運動を記述するための法則ですね。その法則によって火星や海王星の動きや、物体が落下したり衝突する動きのほとんどすべてが記述できるのですが、当時は、そのように世界が記述できれば、それを記述している人間の意識や精神も、その法則の中で確認できる、あるいは記述できると考えられたのです。まさにデカルトの「我思う、我あり」とはそのことです。

しかし、よく考えてみると、ここには「物質の世界」と「精神の世界」が二つに分断していて、その一方が他方を規制しているというふうになっています。これは「物心二元論」ですね。物心二元論で組み立てられた世界観、すなわちコスモロジーには、ひとつのめざましい特色があります。それは世界をメカニックに見ているということです。世界のどんな部分も、その動きをきちっと測定して構成していけば、世界の全体になるという確信でできているんです。そこがメカニックなところで、日本語でいえば機械論的な世界観だということになります。

こういう見方は合理的に世界を語るには便利ですね。科学はまさにこの見方で成立していった。しかし、そういう合理的な見方をした人間の精神や意識が、では合理的に構成されているかといえば、さて、どうですか。必ずしもそうとは言えませんね。

欲望や音楽表現や憎悪というようなものは、ちっとも合理的ではありません。心は合理的になりえないのです。デカルトは数学的合理性で精神も説明しようとしましたが、そこにはやっぱり限界があるのです。むしろパスカルのように、「人間は弱い葦である」と見たほうがいいという部分も、いっぱいあるはずです。

いや、大筋としてはデカルトの見方もパスカルの見方も、両方とも必要です。それらを適切につかっていくべきなんです。科学も文学も両方必要だし、技術と音楽も両方とも大事ですからね。

実際にも、十七世紀のニュートン、デカルト、パスカルの時代をすぎると、イギリスには経験を重視した思想が次々に生まれ、ドイツにも観念や理性を対象にする思想が次々に生まれます。こういう思想は、やがてニュートン＝デカルト的な機械論的世界観（これをメカニズムといいます）に対して、有機論的世界観（これをオーガニズムといいます）を形成していくんですね。

メカニックな思想は、科学体系や技術の発展には欠かせません。部分のひとつずつを記述して、それらの部分を組み立てていって全体としてのシステムを構成するのです。一方、オーガニックな思想は、脳や心や記憶のように、部分単位できっちり分けられないものに必要です。でも、どうでしょうか。一本の葦は、植物学的にはメカニックにも記述できるとともに、その風にゆらぐ風情や心に残る印象はとてもオーガニックでもあるのです。また、その葦の一種のパピルスから紙をつくる工程はメカニックですが、その紙に残響するもともとの葦の風情はオーガニックです。

私はメカニックな見方にはもっとオーガニックな見方を加え、オーガニックな見方だけでできている考え方には、それなりのメカニズムを入れる必要があると思います。とくに生命感あふれるものについては、できるだけオーガニックな目をもちたいものですね。

つまり、世界は「合理の中でも見えてくる」という必要もあったのですが、その一方で、世界は「心の中でも見えてくる」という必要もあったのです。バロックというものは、なんとかその二つを統合しようとしたものだったんです。

（松岡正剛『世界と日本の見方』より）

福岡女子大学　２０１２年

問一　十六世紀を境にして、筆者のいう「世界」がどのように変化したのかを、三〇〇字以内で具体的に述べなさい。ただし、解答にあたっては、次の語句を二つとも使いなさい。

■世界のモデル

■二元論

問二　筆者が指摘するニュートンやデカルトの機械論的世界観の限界をふまえて、今日の日本が直面している問題について五〇〇字以内で論じなさい。

『17歳のための世界と日本の見方』 福岡女子大学 二〇一二年（平成二四）

□解説──東西の世界モデルを俯瞰させるダイナミックな問題

一九二三年（大正一二）、大正デモクラシーの高まりの中、女性の地位の向上と教育の機会均等を目指した女子教育向上改革運動を背景に、全国で初の公立の女子専門学校として設立された。一九五〇年（昭和二五）、第二次世界大戦後の学制改革により、四年制の大学に昇格して福岡女子大学となる。

大学の基本理念は、次代の女性リーダー育成。「時代や社会の変化に柔軟に対応できる豊かな知識と確かな判断力、しなやかな適応力を持ち、アジアや世界の視点にたって、国内はもとより、海外の国や地域において、より良い社会づくりに貢献することのできる人材」の育成を掲げる。

文学部と家政学部（一九九五年に人間環境学部に改組）の二学部体制から、二〇一一年（平成二三）、に国際文理学部を開設、一学部三学科（国際教養学科、環境科学科、食・健康学科）に再編。

福岡女子大学　2012年

キャンパスの国際化を図り、主体的な学びと幅広い学びを重視した実践的な教育を行っている。国際文理学部は、その教育理念のもと、地域社会や国際社会への貢献という高い志と、何事にも挑戦する意欲、基本的な学力を有した優秀な学生を求める。小論文入試が課される一般型後期では、高等学校で得た基礎学力を前提に、理解力、論理的思考力、表現力をはかる。

問題文は『17歳のための世界と日本の見方』より、十六〜十七世紀の世界と日本の動向を俯瞰しながら両掴みするダイナミックな展開のところが選ばれている。とりわけ「バロック」は松岡の編集的世界観のなかで大きな位置を占めるもので、それをヨーロッパの「世界モデル」のあり方とともに端的に解説しているところが、この文章のポイントである。

松岡の大学講義を元にした著書であり、語り口調なのですらすらと読めるが、肝心の「世界モデル」についてはシェイクスピアの「世界劇場」や歌舞伎の「世界定め」、ケプラーやニュートンの法則との関係でしか解説されていないため、これらについて具体的な知識のない者にはなかなかイメージしにくいところだろう（固有名詞の注釈なども一切付されていない）。そこをあえて設問にしているところも含めて、意欲的な問題であるといえる。

□問題の松岡読み

世界モデルが劇的に変化した時代を捉えて三〇〇字でまとめる問一と、十七世紀の機械論的世界観の限界をふまえて現代日本の問題を五〇〇字で論じさせる問二の、二つの設問で構成されている。このテキストを使った小論文問題として申し分のない組み立てである。

問一

十六世紀後の「世界」の変化について、「世界のモデル」「二元論」という二つのキーワードを用いながら三〇〇字でまとめることで、著者の論旨・主張を確認させる問題。「世界のモデル」は統合型だが、「二元論」は分割型であり、この対照的な発想にもとづく理論を組み合わせて「世界の変化」を書かせるという狙いがよい。「世界観」というものの発生と派生を考察させる問題はイシス編集学校の専門コース［離］でも取り入れているが、この設問は広く編集学校学衆たちにも体験してもらいたいものだ。

問二

ニュートンやデカルトの機械論的世界観の限界をふまえて、現代日本の抱える問題を考察させる問題。引用した文章では、松岡は機械論的世界観の有用性も説いている。そこをあえて「限界」と言いきって、今日の日本が直面する問題について書かせるという設問設計には、作問者の問題意識が強く反映されているのであろう。

二つの設問を通して、地域社会とともに国際社会への貢献という志をもつ人材育成を掲げる本大学が、あえて西洋的な二元論的・機械論的世界観の功罪をしっかり見極めさせるような入試問題を出題していることに瞠目する。このような入試問題を通して、若い世代が一人でも二人でも、松岡の「世界と日本の見方」に触れてなんらかの刺戟を受け、問題意識を養ってくれることに、おおいに期待したい。

入試問題③

『知の編集術』

関西大学　二〇二〇年

次の文章を読んで、以下の問いに答えなさい。

【問1】　傍線部の「ここ」とは、どういったことか。文章中から、適切な箇所を90字以内で答えなさい。

【問2】　あなたはこの問題を選択して解答するという行動をおこしたことになっている。その中でおきている編集的連続性について、600字程度で述べなさい。

ここに五分間ほどの時間があり、それを一人の男が費やしたとする。そのときどういうことがおこったのかということを想定してみよう。

男は机の前に坐っているとする。そしてとりあえずは机の上の消しゴムを見たことにする。そこで、どういうことがおこっているのか、またおこっていくのか。ちょっと観察してみたい。

まず、その消しゴムを見ているということは「そこに注意を向けた」ということだ。注意とは、消しゴムなら消しゴムという区切りに知覚のカーソルをあてたということで、それによって自分のイメージの領域のどこかで消しゴムが措かれたアドレス（位置）をちょっとだけ設定したということである。むろん消しゴムから注意をそらすことも可能だ。机の上の消しゴムの隣りに鉛筆立てがあるなら、それをちょっと見て、ふーん、鉛筆立てだとおもえば、それで注意はそちらに移ったことになる。

しかし、消しゴムを見ているときに、なぜそれを消しゴムだと判断できたのだろうか。ぶよぶよのものとか、でかいものとおもわなかったのはどうしてか。またそれをバナナとか絵画とか国家だとおもわなかったのはどうしてか。男にはすでに消しゴムに関する知識があったからである。したがって、もし必要ならば、消しゴムは文房具であるとか、消しゴムの大きさは筆箱に入る程度のものだとか、この消しゴムはだいたい百円程度の商品だといったことをイメージすることもできるし、考えることもできる。ということは、消しゴムに注意のカーソルが動いただけでも、そこには消しゴムに関するある程度の知識のネットワークが動きうるということだ。

また、消しゴムから、たとえばデビッド・リンチの『イレイザーヘッド』の一場面をふと思い出したとすると、アタマの中にストレージ（記憶）されていた映画に関する情報をちょっと引き出したことになる。このとき誰かがそこに来て、「なんで、ぼうっと消しゴムなんか見ているの」と訊ねたとする。男が「いやあ、ちょっとデビッド・リンチの映画を思い出していたんだけどね、そういえばリンチの新作は見た？」などと言うばあいもあるだろう。そうすると、これは男に思索や表現がおこっていることになる。たったひとつの消しゴムをちょっとだけ見ていても、いろいろなことがおこっているものなのだ。

つまり、われわれはたったの五分間で、注意・観察・知覚・認知・認識・連想・表現といった行為を、あるいはまた、記憶の再生・知識の喚起・判断の変換・表現の試み・発話の決断などという一連の行為をしつづけているのである。それは切れ目なく続いている何かの連続である。ただ、そのいちいちを取り出してはいないし、それが何の行為であるかということを覗こうともしないだけなのだ。

ここに「編集的連続性」というものがある。何かがつねに、すばやく編集されつづけているのだ。

しかも、もしそこにおこっていることを外部に取り出してマッピングをしたとすれば、そこには膨大なイメージや意味の連鎖がおきていることに気がつくはずである。それを適当に切り出せば、どこからどこまでが認識で、どこからどこまでが思索で、どこからどこまでが表現というふうに切断できなくはない。また、あえて原稿用紙やワープロに向かって何かをしているときを「表現」とよぶこともできなくはない。けれども、原稿用紙やワープロに向かっているときのアタマの中の五分間も、実はさきほどの男の五分間と本質的に変わりはないのである。

出典：松岡正剛「知《ち》の編集術　発想・思考を生み出す技法」講談社　2000年（出題の都合上一部改変）

問題分析③

『知の編集術』

関西大学　二〇二〇年（令和二）

□解説―編集工学入門そのもののような問題

関西大学は、一八八六年（明治一九）に大阪西区京町堀の願宗寺に設立された関西法律学校を前身とする。フランス人法学者ボアソナードの教えをうけた井上操、小倉久、堀田正忠らの司法官と自由民権運動家・吉田一士の連携によってつくられた。一九二二年（大正一一）、法学部と商学部の二学部をもつ大学に昇格した際、当時の総理事兼学長である山岡順太郎が理念として「学の実化（がくのじつげ）」を提唱。以降、不確実性の高まる社会の中で困難を克服し未来を切り拓こうとする強い意志と、多様性を尊重し新たな価値を創造することができる力を有する人材の育成を目指す。

戦後の教育復興期の一九四八年（昭和二三）、第一部・第二部とも法・文・経済・商の四学部（男女共学）を有する新制大学に転換。現在は、それらに加えて社会・政策創造・外国語・人間健康・総合情報・社会安全・システム理工・環境都市工・化学生命工の一三学部を有する総合大学となっている。
アドミッション・ポリシーとして、基礎的な知識・技能の習得、主体的な取り組み意欲とともに、高等学校の正課及び正課外での学習を通じて、柔軟な思考力、旺盛な知的好奇心、社会に貢献しようとする高い目的意識など、「考動力」の基盤を培っていることを挙げているのが特徴。

紹介する入試問題は、帰国生徒向けに行われたものである。松岡の編集工学の入門書である『知の編集術』から、誰もが無意識におこなっている脳のなかの編集行為について説明したところが使われている。事前知識がまったくいらない、理解の難度もそれほど高くない文章が選ばれているようであるが、設問はたいへんユニークであり、この素材を使わなければ成立しないような、ずばり編集工学的な狙いが込められているように見受けられる。

作問者は、かなり松岡の編集工学に関心をもっている人物なのではないか。

□問題の松岡読み

文章中の「編集的連続性」の意味を捉えさせる問1と、この問題を選択して解答している自分の「編集的連続性」を内部観察して書かせる問2の、二段階の組み立て。

問1

「編集的連続性」とは何を指しているのかを九〇字で答える。「ここに」という指示語からして、すぐ直前の文章に注目すればよいことは明らかであり、なおかつ「適切な箇所」をずばり抜き出せばよいので、迷うことはない。メインである問2のための事前準備をさせることだけを目的とする設問であろう。

問2

「この問題を選択して解答するという行動をおこした」自分自身の「編集的連続性」について六〇〇字で述べるというメタ的な設問になっている。松岡の著作をつかった問題では他にはまったく類例がないほど、ユニークである。しかも、何をどのように書けばよいのか、なかなか判断がつきにくい難問である。

引用文のなかで、「五分ほど」のあいだにできる思考のプロセスを細かくトレースした部分が約九〇〇字ほどある。おそらくその微に入り細を穿つような書き方を編集的に「模擬」しながら、問1で解答する「編集的連続性」、すなわち注意・観察・知覚・認知・認識・連想・表現を自分がどのように発動していくかを意識して書くことを求めているのであろう。

ちなみに編集学校関係者であるトライアル・メンバーはこの問題のような内部観察アプローチに

は慣れていることもあり、五感を総動員して「連想」に遊ぶ者もいた。編集学校であれば「連想」によって知識や意識の枠組を破っていく解答は高い評価を得られるのだが、この作問者ならどういう評価をしただろう。

（※編注：問題文、設問文ともヨコ組をタテ組にした）

入試問題④

『山水思想』

静岡県立大学大学院　文化・思想領域希望者向け　二〇〇六年

次の文章（資料1）は庭という空間を取り上げてその観察を示したものです。この例を参考にして（直接に依拠しなさいということではありません）、「空間」という視点から日本の文化について考えるところを一二〇〇字以内で述べなさい。

（資料1）

枯山水とは妙なものである。水がないのに、水がある。

平安中期に橘俊綱が編集した造園術の秘伝書『作庭記』には、「池もなく遣水《やりみず》もなき所に、石を立つる事あり。これを枯山水と名づく」と説明されている。

水がないから枯山水。

そうであるのに、その枯山水に水を感じたい。滝の音を聞いてみたい。それが日本人の趣向というものだった。（注）前章に夢窓疎石の作庭感覚としてのべたとおりである。

ということは、枯山水における「枯」は必ずしも「乾いた」という意味ではなく、また「無味乾燥」でもないということである。西芳寺（苔寺）や龍安寺や大徳寺の石庭を見ている鑑賞者たちを見ればわかるように、鑑賞者たちはそこに水がないから涸れていると見たいのではなく、むしろそこから水を感じることを望んでいる。まるで雲や水沫をともなっている山水を想う想像力を試されているようなのだ。

枯山水は庭である。

すべてが日本人の発明だとはしえないが、やはり日本独自の庭といってよい。しかし、その出自を問おうとすると、これがはなはだおぼつかない。

ひとまずはっきりしていることは、一般に枯山水といえば龍安寺のような禅寺の石庭だと思われているのはまちがいだということだ。枯山水的なものはすでに寝殿造りの一部に登場していたし、だいたい『作庭記』の記述に従った枯山水と禅院の石庭とは直接にはつながらない。夢窓以前にそういう前例があったのである。『北野天神縁起絵巻』にある階前の小庭区のような庭、あのようなものが『作庭記』にもとづいた庭の例だった。

したがって橘俊綱の『作庭記』にいう枯山水は、庭の全域すべてが枯山水になるというのではなくて、庭の一部にそのように石組だけをするところがつくられるということだった。たとえば毛越寺の池の西南にある築山である。石立僧《いしだてそう》が作庭にあたっていた。

これは日本流の庭というものが、蘇我馬子の「島」とか斉明天皇の絡繰《からくり》池泉などを別として、寝殿に採り入れられてからの約束事をみるかぎり、そもそもは儀式用のために白砂をもって何かのために〝開けられていた場〟であったことに関係がある。『作庭記』でさえも、寝殿の南庭は六、七丈、禁裏では八、九丈を開け、そこには石を立てても前栽を植えてもいけないと誡《いまし》めていた。

禅寺でもそれは同じことで、禅宗寺院のスペースに鑑賞用の作庭をすることはきびしく禁じられていて、南庭は仏教儀式のための「余白」でなければならなかったのだ。

私の見解では、そもそも日本の庭は「神庭《こうにわ》」「斎庭《いつきのにわ》」「市庭《いちば》」の三つを母型として発達してきたものである。庭といえば、そこには神が降りるか（神庭）、そこで白州で裁きをするか（斎庭）、そこに市が立って交易をするか交合をする場（市庭）のことだった。

それ以上の庭があるとすれば、そこは神奈備の山中か山上の磐境《いわさか》あるいは磐坐《いわくら》である。したがって、枯山水はそういう場ではないところから出自したと考えたほうがよい。しかもそれは、当初は禅の心とは関係のないところから生まれ、そのうち禅の本来無一物の心とも結びついていく。

では、われわれがよく知る龍安寺や大徳寺大仙院のような枯山水を手がけた直接のルーツはどこからかというと、その嚆矢を放ったのは夢窓疎石であったろう。

夢窓は「白楽天の庭」から「胸中の庭」への転換をはっきり試みていた。しかし、そこには職人がいたはずである。石を動かし樹を植えるのは、絵を描くのとはちがって禅僧一人ではままならない。ここにその職人群として脚光を浴びてくるのが虎菊や善阿弥らの山水河原者《さんすいかわらもの》なのである。

虎菊は『看聞御記』の永享八年（一四三六）の条に、後崇光院によって用いられたこと、足利義教の命をうけて室町第や蔭涼軒の作庭にあたったことが見えている河原者で、しばしば「庭者《にわもの》」ともよばれた。河原者の呼称は、南北朝のころから祇園社の支配下にあった四条河原に「河原細工丸《さいくまる》」という職能集団がいたことに由来する。

善阿弥についてはある程度の資料があって、義政に重視され、しばしば登用されたことがわかっている。『蔭涼軒日録』や『鹿苑日録』には『泉石之妙手』『天下第一』『奇絶』などの言葉をもって、その作庭術がかなり絶賛されている。

実際のデザインがどのようなものであったかは、正確なことはわからない。それを窺い知れるのは、相国寺鹿苑院の住職がつけていた『鹿苑日録』に、善阿弥の孫の又四郎が大胆な作庭をしたという記述が見えていることから推量できる程度のことで、それによると、方庭に木を植えれば『困』となるため、当時はそれを避けるのが常識だったこと、そこで又四郎がその常識を陰陽思想の活用をもって破り、かつまた遣水の流れる方向を『法東漸之義』をもって西から東に変えたこと、ようするに従来の慣行を破った造園が出現したことが話題になっていたというだけである。しかしこれこそ夢窓の日本流を継ぐものだったのだろう。

（松岡正剛『山水思想』五月書房刊より）

（注）引用書の「17　場面の山水　中国風から日本流へ」を指す。

問題分析④

『山水思想』静岡県立大学大学院　二〇〇六年（平成一八）

□解説─日本文化研究を志す学生向けの高度な問題

一九八七年（昭和六二）、県立三大学（静岡薬科大学、静岡女子大学、静岡女子短期大学）を改組・統合し、総合大学として開校。薬学部、食品栄養科学部、国際関係学部、経営情報学部、看護学部を有する。

特色としては、地域に根付いた教育・研究活動、特に学部の特徴を活かした健康食イノベーション推進事業への取り組みや、文科省主催の自治体連携プログラム「地（知）の拠点整備事業（大学COC事業）」に『ふじのくに「からだ・こころ・地域」の健康を担う人材育成拠点』が平成二六年度に採択されたことが挙げられる（大学COC事業は、自治体と連携し、全学的に地域を志向した教育・研究・地域貢献を進める大学を支援するもので、静岡県では同校が唯一の採択）。

今回紹介する問題は、国際関係学研究科の日本文化研究分野の希望者に対して出題されたもの。枯山水がどのように生まれたのか、松岡が仮説をまじえて推論的に解説した一文である。日本文化に関する知識はもちろんのこと、文章中にあげられている例示のヴィジュアルイメージも当然のようにもっていて、「夢窓疎石」と聞くだけで何事かを了解できるような学生でなければ、とうてい太刀打ちできないレベルである。

国際関係学研究科は、超地域的な方法論を軸とした専門領域と、確かな語学力に基づく地域研究を中核にした専門領域から構成されており、学生のグローバルな視野と、具体的な地域や生身の人間社会・文化への深い洞察力の育成を目標とする。国家間の関係を踏まえつつ、国境や文化の壁を越えて人と人を結び、国際社会と地域社会の課題に取り組むことのできる課題発見・解決型人材の育成を目指している。

□問題の松岡読み

松岡の文章を「参考に」しながら、「空間」を切り口に独自に日本文化論を書くことを求めている。松岡の文章には「直接に依拠する必要はない」とわざわざ指示することで、「空間」を切り口としながら「庭」以外の例示を自分で持ち出し、自分なりの意見を展開するところまでを求めていると考えられる。

トライアル・メンバーは、「参考に」という条件にとまどったようである。イシス編集学校であればこういう場合、「方法を真似よ」というふうに読み替えさせる。けれどもここで使われている松岡のテキストの「方法」を真似ることは並大抵ではない。最低限、日本の空間のいくつかの作例を出しながら、それぞれ日本の「負」の想像力が表象されていると思われる点を指摘しなければならないし、できればそれぞれの母型にあたるものを考察するか、もしくはそれらの造形の普及に貢献した代表的な人物を二〜三人ほどあげながら、空間における「日本流」の具体性までを説いてみてほしくなる。が、これではあまりにも要求度が高くなりすぎる。

作問者がはたしてどこまでを「参考」にすることを求めているのかは不明だが、松岡の「負」の思想と「日本」の見方が緻密に重ね合わされたこのテキストを日本文化研究志望者に対して用いる以上、ぜひともその松岡の方法に「倣う」ということを重視してほしいものである。

結び目を切らない未知への案内人

加藤達彦

ゴージアン・ノット――夏目漱石『虞美人草』に出てくる言葉である。京都に泊まっている宗近君と甲野さんが「謎」に触れて会話を続けるなか、ふいにこの言葉が持ち出される。何気ない二人のやりとりだが、妙に印象に残る場面である。

日本語では「ゴージアン・ノット」は「ゴルディオスの結び目」と訳される。「難問」「難題」という意味で使われるが、「古代フリギアの王ゴルディオスが結んだ結び目を解いた者はアジアを支配する」という予言に対して「アレクサンダー大王が剣で両断し、アジアを征服した」という伝説がもとになっている。

松岡正剛の著書は入試でよく使われる。その理由は様々に考えられようが、なにより内容が面白く、中高生にとっても読みやすいからだろう。その面白さの秘密はいったいどこにあるのか。それは松岡が決して「ゴージアン・ノット」をぶった切ったりしないからである。

松岡が提唱する編集工学では「分ける」「分類する」ことが重視されるが、同時に「合わせる」「結合する」ことも尊重される。特に「日本文化」を論じる際、松岡は後者の方法を力説する。〝方法日本〟の最大の特色は「アワセ・キソイ・ソロエ」にあり、「ムスビ」には威力がこもる。「ムスビ」は漢字で「産霊」(ムス・ヒ)と綴り、それを独特の印であらわしたのが「結び目」となる。だからいくら解けないからといって「結び目」を一刀両断するなんてもってのほかである。松岡の日本論では「ムスビ」は横綱の「結びの一番」、国歌の「苔のむすまで」、「ムス・コ」(彦)と「ムス・メ」(姫)の誕生に繋がり、「結び目」は注連縄や標飾り・水引・チョンマゲなどに転成していったと説かれる。

この連結力(アルス・コンビナトリア)こそが松岡の真骨頂である。日本の風習やしきたりに慣れ親しんできたはずなのに、私たちにはほとんど

「日本」が見えていない。知っているつもりが、まるでわかっていなかった……松岡の著書はこういう心地よい驚きと新鮮な発見を読者に誘発する。「既知」の事柄から出立してやがてそれが「未知」へと変わり、その「未知」が新たな「既知」へと更新される。

ここには「読書」そのものの楽しみがあるといってよい。「読書」の逸楽は「旅」の感興に似ている。松岡に案内されながら、私たちは近所から遥か遠方へと旅立つことができる。読書の旅は、空間はもとより時間をも超越する。そうして私たちは自分を振り返り、時代を振り返り、日本を振り返る。ただ単に振り返るばかりでなく、振り返った先の時空は「今」の自分と繋がって一緒くたになる。己の小事が時代や国を左右する大事と繋がり、他人事が自分事になっていく。

受験生諸君！「入試」なんていう一時を軽々と乗り越え、松岡正剛にならって「過去」「現在」「未来」を行き来する自由な旅人になろう。

※筆者略歴は401頁参照

第4章

松岡正剛を試験問題にするポイント

〔問題／解答例／出題者インタビュー〕

①『**知の編集術**』光塩女子学院中等科　2014年

インタビュー：佐野摩美（光塩女子学院中等科・高等科　前校長）

②『**日本文化の核心**』浜島書店『思考の論理スイッチ』2022年

インタビュー：中村圭吾、北角尚治（浜島書店）

問題の作り手の狙いや思いを聞く

この章では、松岡の著書を使ったすぐれた問題を紹介するとともに、実際に問題を作成した方々へのインタビューをお届けする。

一人は、光塩女子学院の佐野摩美先生である。

光塩女子学院は一九三一年に女子高等学校として設立されたカトリック系の学校で、一九四七年に高等科・中等科・初等科を設置し、現在にいたる。「光塩」の校名は聖書の言葉「あなたがたは地の塩である。……あなたがたは世の光である」に由来し、ありのままの存在を肯定しつつ、その個性を他者のために活かす〝Woman for Others〟へと成長していくことを目指としている。

光塩女子学院中等科の二〇一四年（平成二六）の入試問題が松岡の『知の編集術』を用いており、本書のトライアル・メンバーや研究チームのあいだで「素晴らしい良問」と話題になったことから、インタビューを申し込んだところ、幸いにも当時の問題作成者である佐野先生が自ら応じてくださることになった。佐野先生はベテランの国語教師であり、インタビュー実施時は中等科・高等科の校長となられていた。聞けば長年にわたり松岡の熱心な読者であったとのこと。どういう思いを込めて松岡の著書を用いた入試問題を組み立てたのか、また国語教育や国語問題のあるべき姿について、たいへん熱の籠もった話をうかがうことができた。

じつは佐野先生はそのとき末期癌に冒され抗がん剤治療を受けていた。インタビューでは疲れも見せず熱心に話をしてくださったが、残念ながらそれから一か月ほどで亡くなられてしまった。この本の完成をご報告することができなかったことがかえすがえすも悔やまれるが、佐野先生はこのインタビュー依頼を「生きる希望が湧いた」とたいへん喜んでくださっていたと聞く。本書に先生の思いを残すことができたことだけでも大きな意義があったと思いたい。

もう一つ、本章では浜島書店の高校向けの現代文教材「思考の論理スイッチ」で松岡の『日本文化の核心』を取り上げた方々へのインタビューも紹介する。浜島書店は小・中・高校向けの学習教材を扱う名古屋の出版社である。「思考の論理スイッチ」は入試対策用ではなく、高校一・二年生が日常の学習のなかで論理的な思考力を養うためにつくられた問題集である。それぞれの出題文の主旨をふまえて問題構成がよく練られていることに加え、文章をよりよく読み解くための手順のヒントなども充実している。

インタビューに応じてくださった中村圭吾さんは担当編集者で、北角尚治さんは元愛知県立高校の国語教員、校長も務めた方だ。入試問題というものはその性格上、また守秘義務があるために、なかなか作問者に直接話を聞く機会はもちにくい。その点お二人から、松岡の文章を選んだ理由、問題構成の考え方、『日本文化の核心』がなぜ入試問題でよく取り上げられているのかということまで、国語教育の現場を知り教材づくりに携わってきた方たちならではのさまざまな話をうかがえたことは貴重な機会となった。本書のためのヒントもいただくことができた。改めて、感謝の意をささげたい。

入試問題

『知の編集術』

光塩女子学院中等科　二〇一四年

次の文章を読んで後の問いに答えなさい。

ふつうは、新聞や雑誌や映像の編集者がしている仕事を「編集」というのですが、ここではそういう狭《せま》い見方をしていません。編集をうんと広くとらえている。

どう広いかというと、人間が言葉や図形や動作をおぼえ、それらをつかって意味を組み立て、人々とコミュニケーションをすること、そのすべてに編集方法がいろいろ生きているとみなします。だからふだんの会話にも編集があるし、学問にも編集が動いているし、芸能や料理もスポーツも編集されているというふうに見るわけです。

[A]、そのような編集の方法はふだんは(あ)ジカクされていないことが多い。われわれは①歴史が培《つちか》ってきた編集の成果に※甘《あま》んじていて、それを※享受《きょうじゅ》するばかりになってしまっているからでしょう。それはそれで便利なのですから、そうやって生活していたり仕事をしていてもかまわないのですが、けれども、いったん何かことがおきると、そうもいっていられません。

たとえば、われわれは日々の中で自分の体の※メカニズムなど気にもしていないのですが、ちょっと病気にかかったりすると、急に腕《うで》の肘《ひじ》のつくられかたや膵臓《すいぞう》の(い)ヤククワリを知りたくなります。また、ふだんは法律のことなど気にしていないのに、家を買ったり相続問題がおきたりすると、本屋で入門書を買ってきてでも、なんとかその事情を知りたくなる。そうすると、そこにはいろいろな「しくみ」があることがわかってきます。

そういう「しくみ」は、これまで長い時間をかけて編集されてきたものです。そして、それらの多くは専門化されてきました。

だから、病気や法律のことならば医者や弁護士のところへ行けばいいともいえるのですが、そうもいかないことも少なくありません。手紙を書いたり、スピーチをしたり、交渉《こうしょう》をしたり、部下を育てたり、さらには自分の進路を決定したり、俳句をつくったり、恋《こい》に落ちて悩《なや》んだり、自分で編集しなければならないこともたくさんあるのです。それには情報に②歯向かうことも必要になります。

たとえば、海外旅行。旅行代理店にいっさいをまかせるならともかく、友達と一緒《いっしょ》にパリやニューヨークに初めて行くとなると、いろいろ情報を集め、現地の事情を調べ、コースを組み立て、時間割から費用配分まで自分たちでやってみることになります。そうすると、だいたいのことがアタマに入ります。これが「編集」なのです。そしてケネディ空港に降り立ったときから、一人ずつの生きた編集が始まっていきます。

われわれはつねに情報にとりかこまれて生活をしています。

その情報には、「あれが鰯雲《いわしぐも》、これがシダ植物、それはキリギリス」というふうに、自然界で目に見えているものもあれば、(う)ハガキの文面、新聞の紙面、※学位論文、※複式簿記《ぼき》、楽譜《がくふ》、数学の方程式のように、いったん何かの言語や記号におきかえられていて、それを読みこまなければならないものもある。

古代ローマ遺跡《いせき》や※ボッティチェリの絵や宇宙ロケットといったものも情報のカプセルです。また、ベートーベンの交響曲《こうきょうきょく》、三島由紀夫の小説、ドリームズ・カム・トゥルーの曲も情報です。これらにはすでにいろいろな情報が組み立てられ、仕込《しこ》まれています。つまり編集されている。だから、これを見たり聞いたり読んだりするには、その情報を逆にたどって③〝解凍《かいとう》〟することも必要になってきます。

歴史も情報です。古代や中世のことなど見た人はいません。しかし、当時の記録には出来事やその感想が綴《つづ》られている。それも当時の人々による編集でした。それをさらに歴史家が編集してきた。そのくりかえしです。

人間の「しぐさ」もりっぱな情報です。誰《だれ》かと話をしていて、相手がうれしい顔をしたか、いやな顔をしたかということは、会話の進行にとって大きなはずみですし、それによって会話の内容がどんどん進んだり、停滞《ていたい》したり、打ち切られることにもなる。そういうしぐさによる情報的な暗示性を最初から仕組んでつくられたのが、演劇や映画やマンガというものです。これらはいずれも編集術の(え)ホウコです。

このように、われわれのまわりにはさまざまな情報がいっぱい満ちていて、その情報がハダカのままにいることなく編集されているのですが、では、どのように編集されているかというと、これがなかなか取り出せません。

そこで、これらをいくつかまとめて取り出して、その取り出した方法をさまざまな場面や局面にいかすようにしてみようというのが、「編集術」になります。また、そのようなことをあれこれ研究して、そのプロセス※を公開することを「編集工学」（エディトリアル・エンジニアリング）といいます。

[B]すべての情報はなんらかのかたちに編集されています。法のかたち、スポーツ・ルールのかたち、音楽のかたち、テレビ・ニュースのかたち、学校教育のかたち、科学法則のかたち。われわれは編集世界というものの中で生きているのです。しかし、このような情報を、われわれにとって必要なものとするには、それなりの方法が獲得《かくとく》されなければなりません。

このように、あれこれの情報が「われわれにとって必要な情報」になることを、ふつうは「知」といいます。④情報をそのような「知」にしていくことが編集なのです。新聞や雑誌や映画の編集者がしていることも、そういうことです。

実は、二十一世紀を前にして⑤社会全体は大きな再編集時代をむかえています。いまや銀行はかつての銀行ではなく、テレビとコンピュータはだんだん相乗りにむかい、学校教育にすら総合学習が求められている。そこへもってきて、スーパーやコンビニが普及《ふきゅう》し、携帯《けいたい》電話が子供におよび、インターネットが広がっている今日では、いよいよ⑥一人一人による各自の編集力が急速に※要請《ようせい》されるようになってきているのです。

たとえばゴミの分別を各自がしなければならないということは、これまではたんに「ゴミ」とよんできたものからひとつひとつ「情報」を読みとらなければならないということであり、それを専門家や代理店にまかすのではなくて、自分で情報編集をするということなのです。こういうことを政治家たちはまとめて「自己責任」といっていますが、むしろ「自己［C］」といったほうがいいでしょう。

（松岡正剛《まつおかせいごう》の文章による）

※
甘んじて…しかたなく納得《なっとく》して。
享受《きょうじゅ》する…受容して自分のものにする。
メカニズム…しくみ。
学位論文…学位を得るために提出する論文。
複式簿記《ぼき》…経済活動を記録・計算する技術の一つ。
ボッティチェリ…十五～十六世紀のイタリアの画家。
プロセス…過程。
要請《ようせい》…必要として求められること。

光塩女子学院中等科　２０１４年

問一 (1)〰〰(あ)「ジカク」・(い)「ヤクワリ」・(う)「ハガキ」・(え)「ホウコ」を漢字に直して答えなさい。

(2) A 、 B に最もよくあてはまる語を次からそれぞれ選び、記号で答えなさい。

ア もし　イ たとえば　ウ そもそも　エ つまり　オ すなわち　カ ただし

問二 ――①「歴史が培《つちか》ってきた編集の成果」とはどのようなことですか。最も適切なものを次から選び、記号で答えなさい。

ア 長い時間をかけて作りあげられた物事や事柄《ことがら》のとらえ方。

イ 過去に活躍《かつやく》した人物や英雄《えいゆう》たちの行動を記録した物語。

ウ 歴史上の事件を後世に伝えるために残された書物。

エ 将来に語りつがれるような日常における印象深いできごと。

問三 ――②「歯向かう」、――③「〝解凍《かいとう》〟する」をそれぞれわかりやすく言い換《か》えなさい。

問四 ――④「情報をそのような『知』にしていくことが編集なのです」とありますが、

(1)「『知』にする」とはどのようにすることですか。

(2)筆者は「情報」を「知」にして編集するものの例としていくつかの例を挙げています

が、その中から二例挙げなさい。

問五　――⑤「社会全体は大きな再編集時代をむかえています」とありますが、「再編集時代」とはどのような時代のことですか。最も適切なものを次から選び、記号で答えなさい。

ア　電子書籍《しょせき》などの新しい技術の発達により、古いものが失われていく時代。
イ　情報量が増え、さまざまな情報を組み合わせて考えてゆく必要がある時代。
ウ　複数の技術が合わさって急速に人々の考え方が深まっていく時代。
エ　情報・経済・技術・教育などのさまざまな分野がそれぞれ発展する時代。

問六　――⑥「一人一人による各自の編集力が急速に要請《ようせい》されるようになってきている」のはなぜですか。次の文の空欄《くうらん》に本文中から適切な言葉（［ア］は二字の熟語、［イ］は十字程度）を抜《ぬ》き出し、説明を完成させなさい。

・自分の携帯《けいたい》電話を子供の頃《ころ》から持ったり、インターネットで［ア］を検索《けんさく》したりする機会の多い現代では、一人一人が手にした［ア］を主体的に［イ］から。

問七　［C］に最もよくあてはまる語を本文中から抜《ぬ》き出しなさい。

問八　――「ふだんの会話にも編集があるし、学問にも編集が動いているし、芸能や料理もスポーツも編集されている」とありますが、「ふだんの会話」、「学問」、「芸能」、「料理」、「スポーツ」にはどのように「編集」が活《い》かされていますか。一つを選び、本文の内容をふまえて、具体的に百字以内で説明しなさい。

入試問題 解答例

問一 (1) (あ)自覚 (い)役割 (う)葉書 (え)宝庫

(2) A＝カ B＝ウ

問二 ア

問三 ②「歯向かう」 うのみにせずに自分で立ち向かう

③「解凍する」 おおもとにある情報を探り当てて取り出す

問四 (1) あれこれの情報の編集方法を取り出し、それをさまざまな場面や局面にいかすことで、われわれにとって必要な情報にしていくこと

(2) 芸能 新聞

問五 イ

問六　ア　情報　　イ　読みとらなければいけない

問七　編集

問八　料理では、食べる人の好みや体調や栄養のバランスなどを考えて、食材や調味料の組み合わせを編集している。また食卓に出すタイミングを考えて調理の段取りを決めることも、おいしそうに盛り付けることも編集である。（一〇〇字）

入試国語を一期一会のひらめきにしたい

Interview
01
出題者インタビュー

光塩女子学院
中等科・高等科　前校長
佐野摩美

インタビュアー
イシス編集学校　太田香保
東京書籍編集部（東書）

小学6年生に松岡正剛を読ませる

太田　2000年以降、松岡の文章が試験問題として中学・高校・大学と約90校で取りあげられてきました。松岡が編集を教えている学校の教え子に解いてもらい感想を募ったところ、佐野先生が手掛けられた光塩女子学院中等科の問題に感銘を受けたという意見が多くて、こういう問題を中学生にさせるというのはどういう心積もりなのだろうかと話題になりました。そこで今回、お話を伺う機会をつくっていただきました。ありがとうございます。

佐野　私はかねがね松岡先生の大ファンでして。20代のころから工作舎の『遊』を古本屋に頼んで購入し、私淑していました。一番好きなのは黄色い表紙の『日本流』です。「歌を忘れたカナリア」の話から始まる本です。

私がこんなことをいうのは本当に失礼なのですけど、松岡さんは『フラジャイル』もそうなのですが、文化史の研究者でもないのにいろいろな意味で日本文化の深いところ、私どもの気づかないところを指摘してくださっており、ずっと愛読しておりました。入試問題にもずっと出したいと思っておりましたが、私どもは中高一貫なので中学入試だけなのですね。高校入試をしないわけで、言い換えれば小学校6年生が試験を解くことになります。松岡先生の文章の細かな具体例や論法を考えると、小学生にとってとても難しいところがあります。

今回出題した『知の編集術』については、前から出させていただきたいとあたためていました。本編は具体例の難しさや全体がつながっているため問題には持ってこられず、いろいろ考えた末に、「まえがき」部分なら一番コンパクトに先生の方針がまとめられており、問題にできるのではと考えました。日常会話とか新聞とか雑誌といった具体的な例示や、自然の描写など、わかっていることをイメージしながら、小学6年生でも解けるのではないかと考えて選びました。

太田　確かに、このまえがきは一冊の入り口であるだけでなく、松岡の考え方や文章の組み立て方の一番特徴的なものがコンパクトにギュッと詰まっているところです。よくこの部分を小学生であるお子さんたちに一期一会でわずかな時間にであう文章として選んでいただいたなと思いました。

佐野　本当に勇気が要りました。入試というのは、入学する生徒を選ばせていただく大事な試験なのですけれども、それだけでなく、試験を受けた生徒にとって気づきがあって、「この本を読んでみたいな」「この著者いいな」「こういう考えってこれから使えるな」みたいなひらめきを受けて、中学、高校、大学、そして生涯にわたって思考を展開していく、大きなスプリングボードになると私は思っています。入試問題は一回の判定のためだけでなくて、ほんの一握りでも、一人でも二人でもその文章との一期一会によってひらめきを受けて、考えるチャンスを得ることができたら、成長につなげることができたら、と考えて問題を作っています。

その意味で、編集を雑誌や新聞の割付などと狭くとらえるのではなく、編集とは今の時代の中で溢れた情報をその時々の問題発見や問題解決に合うように組み合わせていくことであって、こうした方法があるということを、この松岡先生の新しい発想による文章によって知らせるのはとても大事なことだと思いました。

今はインターネットを見れば情報は山ほどあり、覚えなくても調べればわかるという人もたくさんいますけれど、私は違うと思っています。私たち人間一人ひとりの中にちゃんとインプットして、再構築して、つなげることが大切です。松岡先生の素晴らしいところは「つなげる」ということだと思います。いろいろな情報があざやかに連鎖してつながっていくというのが松岡先生の随一のことで、その「つなげる」という思考法を生徒にわかってもらいたいなという思いがありました。『知の編集術』のまえがきで、そのことを小学生にも伝えることができるのではないかと考えたのです。

太田　ちなみに中学入試問題として他校で使われている本は、『わたしが情報について語るなら』というポプラ社の小・中学生向けのシリーズの1冊なんです。唯一佐野先生だけが『知の編集術』を選んで中学入試で使ってくださっている。松岡も驚いております。

東書　『知の編集術』は2000年頃に書かれた本で、実際に出題されたのは2014年ですから時

光塩女子学院中等科　2014年

間が隔たっていますよね。入試問題を検討される中で国語科の先生から「古いのではないか」という議論はありませんでしたか。

佐野　そういった議論はなかったです。なぜかというと、「古くて新しい」からだと思います。不易流行とでもいいましょうか、本質的なものや根本的なものは、おそらく時間が経っても変わらないと思います。その意味でこのまえがきの部分は、たとえば「われわれのまわりにはさまざまな情報がいっぱい満ちていて」という一文を見ただけでも、先見の明というか、今の状況をそのまま映し出していますよね。

私は論旨をきちんと読むこと、きちんとした読解に導かれて、自分の考えを自分の言葉で表現できることがとても大事だと思っています。そのため、必ず最後に記述問題を出しています。それも単に要旨をまとめるだけではなく、論旨を理解したうえで自分の具体例を書いてもらう。具体例が出せて初めて本当に理解したことになると思っています。それってまさに編集だと思うのですね。そうした編集を試験でもやっていくことを課題として取り組んでまいりました。

太田　おっしゃるように、問八で「ふだんの会話にも編集があるし、学問にも編集が動いているし、芸能や料理もスポーツも編集されている」と書いてあるところに注目させて、「ふだんの会話」、「学問」、「芸能」、「料理」、「スポーツ」にはどのように「編集」が活かされていますかと、一つ選んで具体的に説明をさせていますね。まだ小学6年生の子に、わずかに生きてきた期間の体験から該当することを拾い出して書けということのお題はとても高度ですが、素晴らしいです。よくぞ松岡の編集思想を汲み取ってくれたと思います。問八に実際に取り組んだお子さんたちの解答をご覧になっていかがでしたか。

佐野　「料理」ではたとえば「インドカレーのスパイスにも組み合わせがいろいろあり、カレーと一言でいっても、いろいろな味があり家庭によっても違う。これも一つの編集なのではないか」というものがありました。「会話」もけっこう多かったです。「会話の中で相手の様子を見ながら、応答や表情を見て、それによって行動を変えていく。つまり臨機応変にその時々に応じて変化させながら対応していくのが一つの編集といえるのではないか」など。「学問」はあまりありませんでしたが、「勉強」という切り口では「すべての教科はつながってきていて、それをいろいろな方向から勉強していくことも大事なのでは」といった解答もありました。「芸能」はピアノのレッスンのことなどがありました。

太田　お子さんなりにそれぞれの経験を思い巡らしながら、しっかり書いてくださったのですね。

佐野　でもこの問いはやはり結構ハードで、ハードルが高かったと思います。

太田　もちろん、入学試験というのは、こうした文章とであう場であると同時に、全員100点とはいかないので、ある程度は難度の高い問題も必要になりますよね。

理解のプロセスをどう作るか

太田　全体の設計という点では、私どものチームが解答してみて、設問に一連の流れがあり、とってもよく手順を考えられているという声もありました。

佐野　問題の作り方の方針として、「問題を解きながら理解していくプロセスを作ること」を大事にしています。もちろん接続詞や漢字は普通に問うけれど、他の問いについては流れを作っていって、最後にメインディッシュの記述問題にもっていけるように、つながりをもって流れを作っていく。ですから、入試問題がうまくいったかどうかは、流れをうまく作れたかどうかにかかっていると思います。まさに歌集と同じですよね。『新古今和歌集』に、桜が二分咲き三分咲きとなり満開になり葉桜になって……という流れがあります。入試問題も同じように一つひとつの問題にも流れがあり、一番もっていきたいところまで生徒さんを高めていくために出題者が頑張らないといけません。そうしないと解く人はもっとしんどくなってしまいますから。解答者がその流れに乗って理解できる設問を作りたいとずっと心がけてきました。

太田　私たちもチームを分けて、松岡の著書が使われた入試問題をすべて解いたのですが、そういう「流れ」を感じられる入試問題は決して多くはなかった。入試問題について国語教員や作問経験者と一緒に議論したときも、佐野先生の意図は伝わっていたようで、段取りを踏まえてよく練られていると口々に言っていました。

佐野　松岡先生の文章はね、傍線がいっぱい引けるんです。入試問題にしたいなと思う文章でも、実際に作ろうと思うと傍線が引けないものがたくさんあります。いい内容だけれど同じ内容がくり返されるパラフレーズだけでは発展がありません。具体例もないと、傍線を引いても2、3本だけで終わって問題にはなりません。一方で、松岡先生の文章は、大学入試問題ならさらにいろいろなところに引けると思うのですが、非常にダイナミックで傍線の引ける箇所がたくさんあります。それだけたくさんの情報や要素をはらんでいるからこそ、いろいろな箇所が問いになる。その問いをつなげていったら入試問題としてまとめられる、という連想がしやすい文章であると思います。特に今回の『知の編集術』の文章はその意味で流れがとても素晴らしいと思いました。

太田　今のお話は「なぜ松岡の文章は試験によくでるのか」のヒントになりそうです。

佐野　傍線が引けるということは、そこに疑問点やフック、ひっかかりがあるということですから、生徒にとっても問題発見や課題発見につながります。要するに、今の新しい教育のポイントになっている問題発見・問題解決、課題発見・課題解決のいろんなプロセスをうまく扱えるのが、松岡先生の文章じゃないかと思っています。

太田　松岡本人は「『Q&A』とよく言うが、実は『A&Q』なんだ」ということを言います。つまりAをもちながらQをどう作るかが編集においても非常に大事で、自分の文章でもQの組み立てによってどうやって読み手を運んでいくかを緻密に考えると常々言っています。佐野先生はまさにそこをよく読み解いてくださっているのですね。

佐野　今は正解がない時代ですよね。みんな正解がなくて困っているのだけれど、正解を得るためには問いを作ってそれを解決しないといけないから、まずは問いを作ることが大切です。問いさえあれば、変な言い方をすればＡＩが答えを出してくれることだってあるわけです。正解のない時代に松岡先生がいつも問いかけてくださるサジェスチョンがありがたいと思いながら拝読しています。
太田　それからさきほどの問八でも触れてくださったように、松岡の文章であまり多くの人が言及されないことが「例示」です。松岡の文章は特に例示が豊富で、例示をどう選ぶかに松岡もすべてをかけてやっているところもあるのですが、割と世の中で評論をよく読む人は例示をあまり重視せず、あえて議論してくれることは多くありません。佐野先生が、そういう例示を引っ張り出しながら、もう一度自分で思い浮かべさせるという組み立てを入試問題でしてくださっているのは、本当に編集のポイントをよく掴んでくださっていると驚きました。
佐野　そうおっしゃっていただけると嬉しいです。私は松岡先生の全部の本を読ませていただいたわけではないですが、角川ソフィア文庫のエディションシリーズの『デザイン知』で、たとえば杉浦康平さんのことを例に書かれている部分は目に浮かぶようです。論説とか主張とか考えを述べるときは、もちろん考えを述べる本質も大事なのですが、その人の個性やその人らしさが出てくるのは具体例と例示だと思っています。具体例があるからこそ、その方の息吹が伝わりその人にしかあらわせないものが出てきます。松岡先生の文章はそこがとても生き生きしていますね。
　一般論や概説や評論は、もちろん最後の結論も大事かもしれませんが、結局みんな誰でも似たような意見があるわけです。ですが、そこに至るプロセスや論証するための根拠は、具体例からしか説得力を持ち得ないと考えています。そのあたりも先生のご著書でとても共感できるところです。

思考するための言語力を鍛錬する

東書　入試問題はいったん試験が終わった後に振り返りはなされますか。

佐野　はい。生徒の答案を見ながら分析して次の年の入試問題に活かす取り組みを毎年やっています。もちろん反省点も多々あります。どうやら私の問題は難しいことが多いみたいで。

太田　その「難しさ」は、採点の難しさという意味も含めてですか。

佐野　はい。採点も記述が多いので大変ということもありますが、小学生にとって難しくてかわいそうだったかなという反省もあります。なぜかというと、これまで何回か出題箇所が大学入試とかぶったことがあったからです。私は高校の授業にも対応しているため大学の入試問題も自分で分析をしますが、たとえばある年の福岡伸一先生の出題箇所は、某大学と全く同じでした。しかも私のほうはコテコテの記述式なのに対して、大学のほうはすべて選択式でツルッと出していて。

太田　マークシートを採用している大学は選択問題のため作問の制限がとても強いようですが、佐野先生の『知の編集術』のような問題こそ、むしろ高校生に解いてもらいたいと思います。

東書　同感です。解答のプロセスを大事にされる佐野先生の問題づくりに共感します。

光塩女子学院中等科　２０１４年

一方で、中学入試でも、やたら設問だけが多く短時間でこれだけの問題を答えさせるのかという学校もあります。振り分けをしなければならないために、割り切って作問している学校もあるのではという印象を受けました。

佐野　それは難しいところです。私どもの学校は規模も１学年１５０人ほどと非常に小さく倍率も２倍ほどなので、今のスタイルで採点が間に合っています。ただ、１月下旬に入試をするような大規模校や人気校では同じようなスタイルの問題は採点も判定も難しいと思います。

ですが、国語力ってなんだろうと考えたときに、選択肢を選ぶだけの形ではやはり能力の一部分だけしか判定できないと思います。私は、文章の理解や読解だけでなく、自分が読み解いた内容を自分の言葉で表現するところまでを国語力ととらえています。

国語力って、いろんな要素があると思っています。文章を正確に読解する、自分の言葉で語り表現することはもちろんですが、おそらくこのことと松岡さんの背景がつながってくると思うのですけど、要するに国語の背景に文化があるんです。日本文化とか、文化の背景も含めて国語だととらえています。

文章にはたとえば近代や科学、身体、国民国家などのテーマがあって、そのテーマがわかっていないと読めないわけですから、科目横断も含めた深い思考が、読み解く上で絶対に必要だと思います。そういう背景を読み取れる深い思考力や総合力みたいなものも国語力の一環ですし、それが結局読解力につながっていく。きちんと読めたら、自分でも書けるようになると思います。

そういうことを考えると、国語力の根幹にあるのは「言語力」だと私は考えています。評論家の加藤周一さんは「言語の危機はアイデンティティの危機である」とおっしゃっています。言語は思考を司っていて、言語力が脆弱になると思考力も弱くなってしまう。人間は「考える葦」だし、「我思う故に我あり」だから、要するに、考える私がいることで自分は存在しているという存在証明になるわけですよね。だから考えることが揺らぐということは存在価値が揺らぐことであり、存在価値が揺らがないためには思考することで、思考するためには言語力が必要です。その意味で、言語をきちんと鍛錬していくことはどうしても疎かにできない国語科の最重要課題だと思っています。

太田　先生が作られた記述式の問八はどのような採点になるのでしょうか。

佐野　松岡さんが示されている編集についての理解度を示す「定義」、それに関する「具体例」、文章の「表記」の3つの観点です。表記については、漢字の間違いや主述のずれなどを見ています。

太田　それぞれのポイントごとに点数配分はあるのでしょうか。

佐野　定義4点、具体例4点、表記2点くらいで、光る表現などがあると加点したりもしています。

太田　私たちのチームが解いてみた結果、問八に向かうために実は問三の「歯向かう」と「解凍する」をわかりやすく言い換えなさいという設問がすごいぞ、という意見がありました。松岡が淡々と書きながらも心に引っかかるように選んだ言葉について、ぴったり照準をあわせて言い換えなさいと問うている。作問者は只者ではないというのが、うちのチームの見解でした。

佐野　問三も難しいのではという意見がありましたけれど、どうしても外せないのよと言いました。

太田　松岡ならではの編集の考え方を掴むため、綿密な組み立ての中で、問三のような設問を入れているのが、ラディカルというと言い過ぎなのですけれど、そういう印象でした。

佐野　情報をすぐに鵜呑みにするのではなく、自分で読み解いていく、そのプロセスを大事にする。小学校6年生だから、「ここ、気をつけて」と言わないと素通りしてしまい、掴めないと思ったのです。だから問三はどうしても聞きたくてあえて問いにしました。

東書　入試問題の名作集があったら載せたいくらいですね。

読むこと、書くこと、考えること

東書　最後に、中学入試の国語というのは今後どう変わっていくのか、ざっくばらんにお聞かせください。

佐野　私どもは10年前から総合入試を始めています。それは、まず国語と算数の基礎が50点、50点であります。これは記述式問題ではなく、語彙や漢字や簡単な読解など本当に基礎的なものです。一方、総合のほうは100点で、一つのテーマの文章をバッチリ書いてもらう。たとえば、去年は新型コロナウイルスについて上橋菜穂子さんが新聞に書いた文章を読んでもらったのですが、グラフなど理科的な発想を求めるというもので、社会と国語を重ねた問題を記述で書いてもらう構成になっています。

なぜ総合入試を始めたかというと、21世紀型のコンピテンシーとでもいうのでしょうか。学習指導要領も変わって、情報や言語を扱って表現、思考、分析力、問題発見力などを問う探究学習が出てきたりする。そうすると、すぐには起こらないとは思いますけれど、10年20年というスパンで教科や科目がだんだん別のものに代わっていくと思うんです。たとえば、国語力が「言語力」になったり、数学と理科が「数量」になったり。

今まで日本独自の「教科」としてあったものが、「能力」というか「コンピテンシー」に代わる時期がいずれくるのではないかと考えます。そうなると国語の入試問題もただの読解や選択式ではなく、別のスタイルに大きく変わっていくのではないかと思います。

今まで日本は教科にこだわりすぎたのでしょうね。でも、ほかの国々、たとえばヨーロッパのバカロレアにしても、国語などではなく読解力や計算力、グラフの読解といった能力的なものをやってきたわけです。日本型を脱して世界標準になっていくのが課題だと思います。

大学の共通テストの記述式導入も失敗して、まだ日本型が強く残ってますが、だんだんと変わっていくのではないでしょうか。ただ、そのときに「文章」という土俵でそこにある「情報」を読み解いて自分の言葉で「表現」する。そういう能力を鍛錬することを怠ってはいけないと思っています。

太田　私は松岡が校長を務めるイシス編集学校で文章などを指南もしています。編集学校の受講者は10代から80代まで、全国、海外にもいます。最近とくに感じるのは、大人たちも著しく言葉の力が弱くなっているということです。なかでも長文が読めない、書けないということが大人たちのすべての世代で起こっている。教科書や入試が変わる一方で、社会全体で底支えする何かがないと日本の言語力は非常に危うい気がします。

佐野　「紙媒体」をなくしてはいけないと思います。『スマホ脳』を書いたアンデシュ・ハンセンさんが、とある対談の中で「紙の本でないと頭に残らないことが多い。とくに難しい内容に関しては紙でないと無理」という話をされています。私もちゃんとした内容の文章を読むときは必ずプリントアウトします。パソコンだとどうしても読みきれないんですよね。もちろん、デジタル教科書やデジタル化で便利になったものは使うけれど、紙でないと読めないものは紙を残す。紙の本は絶対になくしてはいけないと思います。

太田　おっしゃるとおりだと思います。松岡も断然「紙の本」派ですし、本は汚すようにマーキングして、読みながら書くつもりで自分のものにしろと常々指導しています。

佐野　「読むこと」と「書くこと」と「考えること」は全部つながっているのですよね。

太田　ここまできっちりと意図をもって国語の問題を組み立てされてきた先生のような方にお会いできて、この本を企画してよかったと救われたような思いをしております。

東書　数多の入試問題本は、解き方のノウハウや選択肢の考え方ばかりを伝えています。問題作成中の思考過程や背景は私たちにいっさい伝わってこないので、試験問題が単に「簡単だった」「難しかった」だけで評価が済まされてしまっていることを常々残念に思っていました。入試問題にこのような切り口で切り込む書籍はおそらくこの本が初めてになるので、問題を作成された佐野先生と出会えたことをとても嬉しく思っております。ありがとうございました。

佐野摩美先生　光塩女子学院中等科・高等科　前校長（二〇二二年二月二一日逝去）

※このインタビューは二〇二二年一月に行われました。佐野先生のご冥福をお祈りします。

教材問題

『日本文化の核心』思考の論理スイッチ（浜島書店）二〇二二年

[1] 「大」という字を音読みすると「ダイ」になるのは、もともと中国でこの字を「ダイ」と発音していたことにもとづいています。①近似音でダイにした。しかし日本人は「大」を自分たちの古来の言葉であった「おお」「おおし」「おおき」などの言葉に適用するために訓読みもするようになり、さらに音読みと訓読みを a平然と使いわけるようにさえなっていったのです。「生」はショウ（一生）ともセイ（生活）ともキ（生蕎麦《きそば》）とも読み、かつ「いきる」「うまれる」「なま」（生ビール）などとも読んだのです。1まことに驚くべきことです。

[2] 自分たちの発明した漢字をこのように使えることは、中国人にとっては予想もつかないことでした。私たちは中国という*グローバルスタンダードを導入し、学び始めたその最初の時点で早くもリミックスを始めていたのです。

[3] かくて、ここに登場してきたのが日本独自の「仮名」でした。万葉仮名は真仮名《まかな》、真名仮名《まなかな》、男仮名というふうに発展し、ここで女たちがこれらを学びつつ変化させて、いわゆる「女文字《おんなもじ》」として②柔らかな仮名にしました。「安」は「あ」に、「波」は「は」に、「呂」は「ろ」になったのです。

[4] いったん仮名になると、「あ」には「安い」という意味はなく、「は」には「波」という意

義はありません。日本人はオリジナルの表音文字をもったのです。そして、これによって「漢字仮名まじり文」という発明をしでかした。まるで英文の中に漢字や仮名をまぜたような文章をつくりだしたのです。

[5] まことに③ダイタンで、かつ繊細なジャパン・フィルターが作動したものです。できあがった仮名文字は真仮名に対して「平仮名」とも呼ばれます。晩年に日本国籍をとった*ドナルド・キーンは2「仮名の出現が日本文化の確立を促した最大の事件だ」と述べました。その通りです。

[6] 中国のオリジナルに倣《なら》い、それらを学びながらも、自在なリミックスを行うという日本に特有なグローバルスタンダードの受け入れ方は、七世紀から九世紀にかけて行われた遣唐使においてとくに④ケンチョにあらわれます。

[7] 日本は唐に使節を派遣することで、グローバルスタンダードの数々の制度や文物を持ち帰り、それによって建築技術、仏像技術、造船技術などをマスターします。けれども、いつしか建具や仏像などにおける組み木細工や寄木造りなどを⑤アみ出すことになった。3もしそうでなかったら、日本の家屋はみんなチャイニーズ・レストランのようになっていたでしょう。技法だけではない。太秦《うずまさ》広隆寺《こうりゅうじ》の優雅でアンニュイな弥勒《みろく》菩薩《ぼさつ》像に見られるように、中国的な仏像のイメージを離れることもやってのけた。イメージにもジャパン・フィルターが機能していったのです。

[8] もちろん中国のグローバルスタンダードをそのまま使うこともあります。*大極殿《だいごくでん》や禅宗建

築はそれに近い。大極殿は朝廷の公式裁定をするところですが、これは瓦屋根でスレート敷きで、柱には朱色などの極彩色をほどこし、*沓《くつ》を履いたまま登壇します。けれども朝廷は大内裏《だいだいり》の中に大極殿や*朝堂院《ちょうどういん》を建造するとともに、その敷地内に必ず和風の*紫宸殿《ししんでん》や清涼殿《せいりょうでん》もつくったのです。4併設したのです。こちらは*檜皮葺《ひわだぶ》きの白木造りで高床式《たかゆかしき》、沓を脱いで上がります。

9　すなわち内裏では「漢」と「和」が両立していたのです。これは*ダブル・スタンダードとも言えますが、私は「デュアル・スタンダード」を⑥イトしたと考えています。デュアルとは「行ったり来たりできる」ということ、また「双対性《デュアリティ》」を活かすということです。日本人はこのことをとても重視したのですが、それがどんなものであったかは、のちにいろいろ説明します。

10　ともかくもこうして、5和漢の相違の共存と変換を仕組んだことが漢風文化と国風文化という対比を形作っていくことになるのです。

〈語注〉グローバルスタンダード　世界で通用する基準。
ドナルド・キーン　一九二二〜二〇一九。アメリカ合衆国出身の日本文学者。
大極殿・朝堂院　大内裏の中にある、天皇が政務や儀式を行った場所。
沓　履き物の一つ。靴。　紫宸殿や清涼殿　内裏の中にある、天皇が日常居住する場所。
檜皮葺き　ヒノキの皮で屋根をふいたもの。日本古来の伝統的な手法。
ダブル・スタンダード　二重の基準。対象によって異なる基準を使い分けること。

問一　――線1「まことに驚くべきことです」とあるが、どのようなことが「驚くべきこと」なのか。最も適当なものを、次から選べ。

ア　世界で通用していた中国の文字を、そのまま取り入れたこと。
イ　中国で生まれた文字を、日本流にすべて作り変えたこと。
ウ　中国の文字を導入するだけでなく、日本風に加工したこと。
エ　中国と日本の文字を混ぜて、まったく別のものを作ったこと。

問二　――線2「仮名の出現が日本文化の確立を促した」とあるが、どういうことか。それを説明した次の文の□に入る言葉を、本文中から十字で抜き出せ。

仮名という□をもったことによって、日本文化が確立したということ。

問三　――線3「もしそうでなかったら、日本の家屋はみんなチャイニーズ・レストランのようになっていたでしょう。」とはどういうことか。その説明として最も適当なものを、次から一つ選べ。

ア　中国のオリジナルに倣うだけで、リミックスという日本特有の受け入れ方をしなかったら、日本の家屋すべてが中国風の模倣になっていたということ。
イ　中国のオリジナルに倣うだけで、日本発信のグローバルスタンダードが確立しなかったら、日本の家屋すべてが、中国風の建物の造りになっていたということ。
ウ　グローバルスタンダードを取り入れるだけで、中国のオリジナルのイメージを打破できなかったら、日本の家屋すべてが中国風の建物のイメージを打破できなかったということ。
エ　グローバルスタンダードを取り入れるだけで、日本独自のフィルターが作動しなかったら、日本の家屋すべてが中国風の建物と共存していたということ。

問四　――線４「併設した」とあるが、具体的にどうしたことか。二十五字以内で書け。

問五　――線５「和漢の相違の共存と変換」とあるが、文字の場合における「共存」と「変換」とはどのようなことか。三十五字以内で具体的に説明せよ。

問六　本文の論の進め方について説明したものとして最も適当なものを、次から選べ。

ア　中国のスタンダードと日本のスタンダードの両方を具体的に提示し、双方の文化の在り方をまとめている。

イ　日本文化から徐々に中国文化の影響が薄れていく過程について、具体例を挙げながら説明している。

ウ　各時代の文化を例として示すことによって、日本独自の文化が確立していく過程を順を追って説明している。

エ　日本文化の形成と中国文化との関係を、具体例を示すことで説得力をもたせながら説明している。

（編注：――線①～⑥の漢字の問題、-----線aの語句の問題は省略した）

教材問題　解答例

※作問者による解答

問一　ウ

問二　オリジナルの表音文字

問三　ア

問四　大内裏の中に「和」と「漢」の建物を両立させたこと。（二五字）

問五　漢字の音読みと訓読みを使いわけ、さらに漢字から仮名をつくりだしたこと。（三五字）。

問六　エ

AIにできない力を国語力に求めたい

Interview 02

出題者インタビュー

北角尚治（問題作成）
中村圭吾（浜島書店）

インタビュアー
イシス編集学校　太田香保
東京書籍編集部（東書）

現代文読解のための教材づくり

東書　まず、この『日本文化の核心』の問題が掲載されている教材名と読者対象を教えていただけますか。

中村　『思考の論理スイッチ』シリーズの一冊目になります。テキストに「現代文」とありますが、新課程にはいると文学国語や論理国語になり、「現代文」という表記が消えるので、のちのち改良しやすいように小さく表記しています。

東書　現代文の基本的理解のための本であって、入試対策の本ではないということでしょうか。

中村　はい、高校一年生を中心に、二年生も含めて、日常の家庭学習や補習で使ってもらうことを想定しています。文章のレベルは、私たちが何種類か作っている教材の中では高いほうだと認識しています。

東書　今回は比較的レベルの高いタイプの選定でこの問題を作られていたということですね。題材

浜島書店　２０２２年

を選ばれるときに、「出題されやすいここ2～3年の間に刊行された新しい本」を概ね出典とされているとのことですが、膨大な新刊が出版される中での選定基準を教えていただけますか。たとえば「単行本ではなく新書」「まず話題の人物やテーマをおさえる」など。

中村　やはり話題として新しいほうが今の社会にマッチしているので、そういうものを使うことが多いです。

北角　私は社員ではなく教員としてずっと浜島書店さんと付き合いがあり、題材は浜島さんのほうから提供される場合もあれば、私からの提案もあります。

　自分自身が現代文に関わる中で、問題集というのはただ問題を解くだけでなくて、問題を解くことによって現代の抱えている課題や問題意識にも触れることができるものと考えています。そのため、これをきっかけに生徒が現代のものに関心を持ってくれたらいいなということも含めて、話題になっているものを選びます。

　あとは、私自身が、全く個人的な感覚で読んだ本の中で使えるものを提供させてもらっています。

東書　今回の『日本文化の核心』はどちらからの提案でしょうか。

中村　私から提案しました。本を探しているときに、入試を想定して当たる中で、この本は日本文化関係のものの中で一番興味深いことを書いていらっしゃいました。また松岡先生ご自身、知識があるだけでなく視点も独特で、このような新しい視点をくれる文章は気づきがあっておもしろいと思いました。仮名文字について著者が述べていることに加えて、その論旨のプロセスをたどっていくような問題構成ができることも理由の一つのポイントでした。

太田　私どもも驚いているのですが、去年の入試で松岡のこの本が8校で使われまして、東京の戸山高校のような屈指の進学校の入試にも使われています。一年でこれだけの学校に一冊が使われているのは初めてで松岡本人も驚いているのですが、これほど入試に使われたのはご存知でしたか。

中村　そこまで知りませんでしたが、入試関係でよくお名前を聞くなという認識はありました。ただ、どこの学校かまではわかっていなかったので、詳しく資料をいただいて私たちも驚いています。大学入試・高校入試を問わず、出題しやすい本はあるかと思います。『日本文化の核心』も多くの学校から使いやすい文章と思われたのではないでしょうか。

東書　今回の本で、仮名文字の出題箇所を選ばれたのはどなたでしょうか。

中村　私どもで選んで、これで問題を作ってくださいと先生に依頼しました。今回の問題集は、本全体の問題数が多かったものですから、こちらの問題については、まず現場で知り合った北角先生とは別の先生に作ってもらい、最終的に北角先生に一冊を通した統一感が出るようにブラッシュアップしていただきました。

東書　北角先生が事前にお送りくださった分析の中にも「問いを解いていくことで著者の主張を理解できるようにしていきたい」と書かれていたとおり、高校生のみなさんに伝わるように順序立てて作られていて素晴らしい発想だと思っています。この「単に問題を解くのではなく順序立てた問題にしていく」というのは、編集部の方針の一つでしょうか。

浜島書店　２０２２年

北角　はい。それはこの国語問題集に限らず、浜島書店さんの他の問題集もそうです。学校の授業の中でも使えるよう、まずは本文の理解をさせようということで、段落ごとの意味を理解できるようにすることをさせ、なおかつ筆者が何を言おうとしているかという「主題」について必ず問いを設けています。そして、生徒が解きながら筆者の言いたいことを理解できるような構成でずっとやっています。

東書　教科書の準拠品ということではなく、一つの教材として補習や予習として使っていただきたいという想定で作られているのですね。

中村　はい。教科書とは別の「副教材」という位置づけです。

北角　現場の感覚では、「生徒が自学自習用に使えるもの」「補習授業の副教材」として使われている学校が多いと思います。

太田　実際の教材では問題文の下に、「構成メモ」がつけられていますよね。生徒が記入していくと文章の構造が取り出していけるいい方法だと思いました。構成メモの中で、「筆者の主張」以外にも「具体例の紹介」「具体例による考察」というふうに、各段落の意味づけをとらえる促しをされていますけれど、こういう構造のつかみ方はこの教材のポイントなのでしょうか。

北角　そうです。実際に生徒が文章を読んでいくときに、「何を書いているか」「どこに書いているか」をつかんでもらいたいという思いから、継続してやっています。しかも読んでいて比較的埋めやすいものを用意し、まとめの言葉も入れています。そうすることで文章全体が何を言っているのかをざっくりとつかめるようにしています。

太田　この方法がわかればどの現代文も読みやすくなるというコツの提示のように思いました。

問題にしやすい文章とは

太田　松岡の問題の最後に、「本文の論の進め方について説明したものとして最も適当なものを、次から選べ」という設問がありました。「日本文化の形成と中国文化との関係を、具体例を示すことで説得力をもたせながら説明している」という解答のように、松岡の文章の特徴を本当に正確に読み取っていただいた上に、設問にも使っていただいています。

別の中学入試の問題の作問者にもお話をうかがったときも、松岡の文章の特徴は「具体例」が豊富なことで、そこがおもしろいと力説してくださいました。松岡の文章の特徴として、そのあたりを感じ取っていただいたのでしょうか。

中村　はい。実際に文章自体に具体例が多いので理解しやすいということと、さらに具体例の中でまた発展していって別のところに結びつけているというのがおもしろいですね。具体例を出してそれで終わりではなく、ここから違うことにも応用できるという視点の切り替えがおもしろいと思いました。視点の切り替えがおこると「例同士の関係」を問うたり、もしくは話がここで切り替わっているという「論の進め方」を意識できるので、出題する者としては出しどころが多い文章となり

浜島書店　２０２２年

ます。
太田　『日本文化の核心』の中でも、特に展開の仕方にスピード感もほどよくあり、展開の幅もある箇所を選ばれているということでしょうか。
中村　はい。まず素材が仮名文字で皆の生徒がわかる内容であったことです。観念だけのものは難しいものですから。この文章は、生徒がわかるテーマに対して「筆者はこう考えているんだ」というふうに、筆者が生徒と一緒に進んでいける感じがしました。こうした論の進め方が選んだポイントです。
北角　おもしろい例もいっぱいあってワイドに展開されているのですが、もう一つのポイントとして「分量」もあります。問題集を作るときは決まった分量で収めなければならず、たとえおもしろくても長すぎてはいけないし、カットもしたくない。そうしたときにある決まった分量の中で、始まりと例とまとまりのある展開がコンパクトに切り取られている点も大きいです。
太田　確かに曲がりくねった論旨ではほとんど使えないでしょうし、ロジックの展開のある種の素直さもきっと大事になるかなと思います。
北角　そうなのです。問題を作る観点からすると、一つのテーマから派生していろいろ飛んでいく。そうするといろいろな問題が作りやすくてとてもいいんです。問題集を作っていると、どこをとっても同じような問題しか作れないケースもありますから。『日本文化の核心』のように展開してもらっていると問題集を作る観点ではすごくありがたいですね。

太田　聞けば聞くほど松岡の文章の特徴が入試問題の作りやすさにハマったのだなと思います。

東書　おそらく用例に富んでいて、いろんな言葉が出てくることが、読者にとってのおもしろさであり、出題者としても入試にも展開しやすいポイントなのですね。結果として読者にとっても飽きさせないおもしろさを提示しつつ、作問の観点からも問題を作りやすい文章になっているのかなとお話をうかがいながら思いました。

北角　「見慣れない言葉」が出たら、まさにそこは問題を作るチャンスです。今回でいえば「ジャパン・フィルター」とか「デュアル・スタンダード」といった言葉は、本文を読めばわかるけどパッと見るだけではわからない。そういう見かけない言葉は、まさに問題を作るいい切り口としておもしろいところです。

太田　松岡の文章にはあえて造語を多用するという特徴があります。「ジャパン・フィルター」といった横文字の造語があまり入ると敬遠する方もいますが、それがむしろお題のキーになるとおっしゃっていただけるのは、非常に興味深いと思います。出版社やエディターによってはそういうものを嫌がるのですが、松岡はむしろ逆で、造語を使いながらフックを掛けていくほうなのです。

中村　今回の文章は、話題がワイドになってくるときにその飛躍感がわかるのがすごくいいですね。問題としては、このつながりが見えることが非常によいことかなと思います。独善的に論を展開するのではなく、きちんと結びつきがこうなっているとわかるのもおもしろい。問

太田　もう一つ。最初に「まことに驚くべきことです」というところを問いにされています。こう

いう実感的なことをあえて強調して差し挟むのも松岡の手なのですけれど、それを設問にしてくださるところも、かゆいところに手が届く感じがしておもしろかったです。

中村　そうしたところも作家さんの特徴になってくるものですから。そこに着眼すると「ここに大事なところがあるのだな」と思えるし、着眼点がより明確になっていることもあり、私たちとしては問題にしがいのあるところですね。

北角　ここでは、冒頭でこう書いているので、この文章がこれから何を話そうとしているのかということをまず生徒につかまえさせたい。そういう視点で問うている設問になっています。

太田　この本に限らず、松岡の文章の中で問題になる頻度がものすごく高い箇所が、「漢字から仮名がうまれた」というくだりです。出題側で日本語や日本の文字のおおもとを学んでもらいたいという思いが強いのかなと思っていたのですが、それについてはいかがでしょうか。

北角　ぼくの感覚ですと、問題を作るときに作家さんや評論家の方なりの一番の核心というか、中心のところを採りたいと考えています。その人の中心ではないおまけの文章を選ぶとつまらなくなってしまいます。一番力を入れているところを採ることで、この筆者はこういうことを言っているのだというのが残ると思うんですね。ぼくはその感覚で選んでいます。

太田　なるほど、松岡が力を入れているところを出題者側が読み取ってくださる相思相愛のような関係があるのですね。

中村　偶然かもしれませんが、これまでに自分の選んだ文章とある入試の文章がかぶっていたり、北角先生が選んだ引用箇所と全く同じものが使われていたこともありました。これは、作家さんのパターンや文章で力があると感じる部分を自然に選んだからなのかなという印象があります。松岡さんの場合は、「漢字から仮名へ」という生徒がつかみやすい内容に加えて、松岡さんならではの視点が入っているということもあり、他でも作問に用いられやすいのだと思います。

現代短歌・俳句の生かし方

東書　「国語力」についてうかがいます。北角先生が「ＡＩにできない力」を国語力には求めたいと書かれています。具体的にはどのようなイメージなのでしょうか。

北角　ポンとは答えにくいのですが、文章では行間を読む力ですよね。会話の中では、言葉にできないけれども意図を汲む力です。裏返すとスマホやＬＩＮＥでトラブルの原因や背景になるような部分は、言葉には直接出したくないけれど気持ちを汲んでほしいことが多く、面と向かっていたらわかるものだと思っています。ＬＩＮＥでは言葉しか残らず背景がわからないからトラブルになるわけです。そこを考えさせるためにも、教材を使いながらそこを汲み取らせていくことを授業でやらないといけないと思います。

小説のような文章でも評論でも、「筆者がこういうことを言いたかったのではないか」だけでなく「筆者がどういうことをこの先考えてほしいと思っているのか」というところまで突っ込んでやらなければと思ってはいますが、それだと解答にならず問題集にはなりません。ただ、そういうふうに考えさせるところまでやってこその高校の授業だと思うのです。

親子でいえば、お母さんの考えは、子供からみたらいちいちすべて言わなくても汲み取れる。そういうところじゃないかなと思います。現代の世の中では、そうしたことに「気」が向かず、「気」が使えなくなっているのではないかと思います。

東書　俳句や短歌などの短詩型ならば、言いたいことをたとえば五七五で表現することでしかおさめられないぶん、より深い鑑賞が求められると思います。最近の傾向として、あまり俳句の鑑賞や短歌の深読みの問題を見かけない気がするのですが、そのあたりはいかがでしょうか。

北角　まず、共通テストで漢詩が二年続けて出題されました。さらに２０２２年には、小説の問題文に俳句が使われていました。これは今までのセンター試験にはなかったことです。このように共通テストのスタイルになって、短詩型の文学が使いやすくなりました。たとえば二つの文章を提示して、その一つに鑑賞文を出すこともできます。ですから、これからの授業では「試験に出ない」といわれていたところが出るようになってくると思います。このあたりは授業で追っていかないといけないと感じています。

ただ、指導要領の改訂によってその部分が薄くなってしまった。そこをどうやっていくのかが課題であり、たとえば評論の中に詩歌の人を扱うといったことに取り組む必要があるのではないでしょうか。特に現代短歌とか現代俳句の分野については教科書では全く触れられていません。そのため自主的な教材を使うこともあります。一例ですが、現代短歌をいくつかもってきて、そこから400字の小説を生徒に書かせる試みをしました。短歌は解釈が自由でいいため、いろいろな物語が作れます。そうして400字で小説を書いた上で、最後にオチのように短歌を入れるようにしたら生徒もとてもおもしろがっていました。

太田　それは想像力を刺激する楽しい授業ですね。

北角　その小説の中で一番おもしろかったのは、与謝野晶子の黒髪の歌を、現代のヘアードネーションか何かに結びつけた生徒の話です。ぼくらにはできないような発想を生徒はできます。解釈は違うかもしれないけれど、非常におもしろいことだと思いました。

東書　今の先生の話を伺いながら私はオー・ヘンリーの『賢者の贈り物』を思い出しました。夫のために妻は髪の毛を切ってきて、妻のために夫は櫛を持ってきたという。

太田　普通はまっとうな読み解きに導くタイプの現代文の教育が多いと思うのですが、外れてもいいから解釈やイメージを広げていく方に持っていってあげるのはおもしろい試みですね。子供たちも生き生きするのではないでしょうか。

北角　いま求められているのはまさにそこですよね。

浜島書店　２０２２年

著者が解けない国語問題？

東書　今回（二〇二二年）現代文の共通テストについては賛否両論あったそうですね。第1問の評論では「食と生命」についての二種類の文章があり、それぞれの文章からの出題に加え、二つの文章の関係について答える新傾向の問題がありました。北角先生の率直なご印象はいかがでしょうか。

北角　まず、昨年とあまり変わらなかったということが一つ。それほど目を引くような驚く問題はありませんでした。さらにいえば、ぼくらの目線でいえば答えやすくわかりやすい問いが多かった。ただ、「間違った選択肢がわかりやすい」という感じで、正しい選択肢は「これが残ったけれど本当に正解なのか」という感じのするものが多かったです。そこが去年と違った点です。

問題の傾向も、ノートを作ってある点などは同じようなものです。ただ、第2問の小説問題で問いの文章中に俳句を三句も引用してきて考えさせるのは、全く新しいおもしろい問題だと思います。問題は難しくないけれどよく考えたなという感じはしました。

本文自体の文字数は今までに比べると減っているかと思いますが、それ以外の情報量は増えているので、トータルすると情報処理能力の速さが求められているのかなという印象を受けました。

東書　あの分量を80分で解くのは大変じゃないかと思います。評論と小説の平均点は54点くらいになるのではという某予備校の調査もあり、それくらい時間が足らなかったのではないか。

北角　時間との戦いでしょうね。そのため、生徒にどう短縮して問題を解けるかを教えています。

「まず最後の問いをみて全体を把握しておいてから解くこと」「素直に頭から解くのはだめ」といったことです。要はテクニックですね。

太田　記述式の問題は中学や高校の入試問題に多く、工夫も多くておもしろいのですが、大学入試は選択問題が圧倒的に多くて、松岡の文章が使われた問題も、中・高入試のほうが良問が多い印象です。

実は今回こういう本を作ったらおもしろいと思ったきっかけが、著者の松岡本人が選択問題を解けなかったことなのです。「どれも正しいと思うのだけど正解あるの?」ときょとんとしているのがすごくおもしろくて。著者本人が戸惑う入試問題ってどういうことだろう、というところから始まりました。

北角　生徒に伝えているのは「本文に書いていないことはバツ」「本文から想像できることは正解ではない」「本文にズバッと書いてあることだけが正解」ということです。「おそらくそういうこともあるよな」という選択肢は、たとえそうだとしても本文には書いていないから不正解となるわけです。

太田　もっともらしい選択肢などは「なぜバツなのか」と著者は思うけれど、振り分けのためには、はねなければいけない。このような独特の不文律のようなものがあることをどうやら著者は納得できない。書き手からすれば、入試問題の不思議というふうになりますね。

北角　ただ、いい問題はすぐ伝わりますし、練られていないものは悪いとすぐわかります。共通テ

浜島書店　2022年

ストはいい問題だなと思いますが、私立は大学によってかなり差があります。

太田　私どももいろんな学校の問題を複数名に解かせて議論させましたが、特に大学は変な問題がありますね。「この問題を解かせられている生徒がかわいそう」という意見の出るものも結構ありました。

北角　その点でいえば、関西大学の問題を解いてもらうとおもしろいと思います。ここの問題には傍線部がないんです。そのぶん、著者の考えを問う設問には長い選択肢があります。もちろんちゃんと文章を読むと答えはすぐわかるようになっていて、古文もおなじような形式になっており、すごくおもしろい問題です。

太田　傍線がないのは画期的ですね。

東書　この問題集は一年生を中心とした教材というお話だと思うのですが、それ以上の学年向けの教材にも松岡さんの文章が登場するところはあるのでしょうか。

中村　今は私たちも文章を探しているところです。今回、松岡さんの文章に触れたことで、このシリーズ以外でも使える機会が出てきたのかなと思っています。一度採用して「この著者の文章は使いやすい」ということがわかると、それ以降もついそういう目線で本を見がちになりますので。

東書　よく入試で出る著者というと、福岡伸一さんや内田樹さん、鷲田清一さんなどが挙げられますが、やはりよく出題される先生のものは問題集にも入れたほうがいいものなのでしょうか。

中村　そうですね。よく選ばれる著者の問題を入れたほうが国語の先生にとっても「この人が入っているのか」と受け止めていただけて、先生が学校で教材を選ぶ際にも選びやすいようです。もちろん、実際に問題としても使いやすい文章であると思うところもいっぱいあります。

東書　いろいろとご意見をありがとうございました。

北角尚治　愛知県立高校の教員、校長をへて、現在、愛知大学教職課程非常勤講師

中村圭吾　株式会社浜島書店　編集部

※このインタビューは二〇二二年一月に行われました。

作問者も解答者も試される文章

小濱有紀子

すべての学問の源としての国語、生きる力としての国語の重要さを、たびたび考える。「読み書き算盤」という標語の通り、国語は、「読み解き（インプット）」と「書き（アウトプット）」を意識し、出入りする「方法」や「型」を通じて、「ものの見方」を学ぶべき学問である。

一方、その理解度を測るための「テスト」として提示された瞬間、意外と原作者が解けない……という話が、まことしやかに囁かれているが、これはあながち間違いではない。なぜなら「テスト」になった瞬間から、読み解くべきは「筆者の思想」ではなく、「作問者の思想」であり「作問者の読み筋」となるからだ。よって、本来は、その「方法」や「思想」そのものをきちんと測れる問題・テストが「良問」であり、定期テストの問題にも入試問題にも、その意図を込められる作問者こそ、「いい作問者」だと言える。

例えば、定期テストにおいて、授業で使った素材や教科書素材を取り上げるのは、まったくもってナンセンス。授業で手に入れた「方法」や「型」を、初見の文章で試すことではじめて、解答者本来の力をはかることができる。「定期テストでは点が取れるのに、模試だと点が取れない」のは、そもそも国語の勉強法が間違っているからだし、「国語の模試や入試に対策することは難しい」ことはまったくなく、むしろ日々の読解トレーニングの積み重ねや、事後の振り返りこそが、生徒にとって最大の学びの機会なのだ。

私が思うに、「問題」とは、作問者からのラブレターなのである。

作問者が問題文を分母あるいは地に据え、分子・図を描く。この作問者ならではの「読み」を紐解くのが、受験生の役割だ。いやむしろ、作問者と解答者は、共同作業で、素材文を読み解いているのかもしれない。それなら吊り橋効果よろしく、より深く愛を確かめ、絆をつなぐには、わかりやすい素材文より、難解なもの、とっつきにくいものの方が向いている。

この点、松岡正剛の著作は、うってつけである。一見、柔らかな文章で迎えてくれても、奥に入れば入るほど、共同知で戦わなければ、とても太刀打ちできない。作問者と解答者、両方の技量が切ないほどに試される。

著者が自著の問題を解けない、すなわち「作問者の読み筋」が、本来の著者の素材文の意図とまったく違うところにあるのは、作問者の側が読み手として質が悪いという残念な事実の裏返しなのかもしれない。

筆者も唸る「読み筋」が設問によって提示され、読み手（＝解答者）が、その設問をたどっていけば、元の素材文の理解が深まり、さらには解答者の読解力が伸長するような、理想的な問題に巡りあえた時は、試験中にもかかわらず、思わず立ち上がって快哉を叫びたくなるのである。

※筆者略歴は４０１頁参照

第5章

国語力の鍛え方

日本語による言葉と意味の編集へ

松岡正剛

国語の「なり・ふり」

日本語の「おもう」は、日本人がふだん使う言葉の使用頻度ベスト3に入るほどの日用的な動詞だ。万葉古今時代すでに頻繁に使われていた。ただし、これは「思う」と綴ればそれですむというものではない。「おもう」には「感じている」「考える」「思慮する」「願う」「念ずる」「想う」など、いろいろの意味がある。漢字もそれなりに変えたほうがいいはずだ。

たとえば「おもんぱかる」は「慮る」だし、「あれは五年前のことだとおもう」は「憶う」だろうし、「あの事件の犯人は叔父だとおもうね」は「推う」がふさわしい。漢字学者の白川静《しずか》はデカルトの『方法序説』に有名な「コギト・エルゴ・スム」というラテン語の箴言《しんげん》は、一般には「我思う　故に我有り」と訳されることが多いけれど、真意は「念《おも》う」に近いと述べ、ついでに「あり」は「在り」のほうだと付け加えた。

どういう漢字をあてるかということがあるように、日本語の場合はどんな仮名をあてるかということもある。旧仮名づかいの時代では、同じ「い」という発音の言葉でも、たとえば石は「いし」だが、井戸は「ゐど」、恋は「こひ」と表記した。

国語力とは日本語を理解する能力のことであって、それとともに日本語をどのようにあらわすかという表現技能のことでもある。国語をおもしろがるにはもちろん「理解」が大事だが、文字表記を含めた「表現」をどうしていくかも大事なのだ。漢字や平仮名をどう使うかなんて些末な文字づかいのことじゃないかと感じるかもしれないが、そうではない。これは国語の「なり・ふり」の問題なのだ。「なり・ふり」はどうでもいいわけではない。できれば歴史も由来も含めて、時代ごとの使い勝手を知っておいたほうがいい。

かんたんな表現のほうがいい、わかりやすくしたほうがいいと思ってばかりいると、すべては平均的な言い方しかできなくなって、そのうち理解力も薄まってきて、国語は国語でなくなっていく。ツルツルになる。ツルツルは「なり・ふり」が見えない。最近の新聞の表記はそんなふうになっているのだが、「拉致問題の解決を」は「ら致」では困るのだし、「泥土の浚渫にとりかかる」が「浚せつ」では、伝えたい意図の半分以下しか伝わらない。

これから、私が考えてきた国語力についての特色や、国語力を実感するためのヒントを紹介したい。紹介する前にあらかじめ申し述べておきたいことがある。三つ、ある。

第一に、本書は私が書いた文章がお題になった国語の試験問題を素材にした内容で構成されているというめずらしい内容なので（それだけ面はゆいのでもあるが）、そういう文章では、私がどんなふうに「国語文化」と接してきたかということを下敷きにしているケースが多いということだ。そのため、こういうことを書くのは初めてなのだが、ここではやや詳しく私の学校時代の思い出を綴っておいた。

第二に、国語力とはずばり日本語力ということだから、日本語の特色をかいつまんでちりばめておいたので、できれば参考にしてほしいということだ。必ずしも言語学としての日本語に詳しくなる必要はないけれど、日本語がもつ特色の要訣をおさえられるかどうかということは、やはり国語力の発揮のためには欠かせない。

第三に、どんな民族の、どんな国語力においても、読み書きの能力（すなわちリテラシー）がスプリングボードになっているのは言うを俟たないけれど、その読み書きにはいわゆる解釈力や要約力だけではなく、私たちの知覚力や推理力、また連想力や想像力のすべてがかかわってくるということを、少し強調しておいたということだ。そのぶん、私が培ってきた編集工学の考え方がときどき援用されている。そのつもりで読んでいただきたい。

国語への愛着と不安

では、始めよう。私は国語がめっぽう好きだ。母国語、つまり日本語が大好きなのである。そう言うと「松岡さんは京都の生まれ育ちだから」と返されることがよくあるけれど、最初からそうだったのではない。三十代になってからだった。

実は十年間ほど、ブリタニカ日本支社の出版部長だった木幡和枝が立ち上げた同時通訳グループの面倒をみたことがあったのだが、そのとき主要な各国語のさまざまな表現を日本語にするとどうなるかという作業に、いろいろ付き合った。まずは単語や文法や文体に関する各国語それぞれに関する「理解」を深めていくのだが、それ以上にチームのメンバーとともに学びあったのは、各国語の言い回しや比喩やジャーゴンなどの「表現」がどんな特色をもっているかということだった。その場のスピーチや会話を即座に通訳するという特異な役割をはたすには、言葉の「理解」と「表現」の両方がうまく嚙み合ってこないと、通訳のスキルが上がらないからだった。

そんな作業に付き合っているうち、いったい母国語とは何なのかという問題をけっこう深く考えるようになり、あらためて母国語としての日本語に愛着をもつようになったのである。そうなってやっと、自分が京都に育ったことも活きてきた。


愛着をもつようになってから、少し心配するようにもなった。どうも日本人は国語力を維持することについて淡泊になりすぎたのではないか、また日本語の特色を世界に向けて発信することに躊躇《ためらい》がありすぎるのではないかという危惧だ。

そのため母国語についての自信をなくしてきたのではないか。とくに敗戦後は経済復興のために、その後はグローバリズムの波に乗るために、日本語のもつ魅力や特性を看過しすぎたのではないか。そういう心配だ。

私だけの危惧ではなさそうだった。言語学者の田中克彦は戦後日本には「母語ペシミズム」が蔓延していると指摘し、鈴木孝夫は「日本人は深層意識の中で日本語を呪っている」と書いていた。作家の丸谷才一や井上ひさしは「日本語の低迷は亡国の危機だ」という警鐘を鳴らしていたし、のちのことになるが、学生時代にアメリカの学校にいた水村美苗は『日本語が亡びるとき』を世に問うて、明治文学を読むことが苦手になった体たらくを嘆いた。

そのころからである。私は私なりに国語力のことを考えていこうと決めたのだ。積極的な愛着をもとうと決心したのだ。愛国心のせいでも、保守のためでもない。このままでは学校教育や企業活動の場で、ふだんの会話や日本語リテラシーを磨くべきメディアの場で、さまざまな支障をきたしていくのではないかと慮《おもんぱか》るようになったのだ。

しかし、国語力は維持しようとするだけでは豊かなものにはならない。「理解と表現の両輪」が動いていくような現場をつくっていったり、国語教育に斬新な手法を採り入れたり、日本語を通した世界観や社会観を提案していく必要がある。一人でなんとかなるものでもない。とはいえ、まずは私は私なりに国語力が胎動するような文章を自分でも書いていかなければならないと、自分に言い聞かせた。

さて、さきほども書いたように、国語には「なり・ふり」がある。「なり・ふり」は「成り・振り」だ。「成り」は言葉の由来のことを、「振り」は言葉のふるまいのことをいう。「なり」と「ふり」の二つが言語文化や国語文化の様相をつくってきたとみればいいだろう。

国語の「なり・ふり」は時代とともに変化してきた。どんな民族の、どんな国の国語も、時代社会とともに変化してきたのだから、これは当然だ。日本の国語文化のばあい、神話の言葉は漢字の流入と仮名の登場とともに変質し、王朝の言葉は和歌と「付句《つけく》」によって練磨され、武家社会の登場と神仏習合文化の普及とともに地方化し、変化しながら各地で方言化していったのである。続く江戸社会では、キリシタン禁制や海禁（鎖国）によって独自の国語文化が多様に開花した。上方《かみがた》の言葉から西鶴や近松が生まれ、大江戸を中心に「洒落」や「粋」や「通」をおもしろがる国語が誕生したのは、そうした多様性をあらわしていた。

けれどもそうした江戸語は文明開化によって明治の近代語に塗り替えられ、当時の口語文化が前面に躍り出た。そのことを前提に、明治政府は日本語改革に乗り出し、上田万年《かずとし》や保科孝一らの国語学者によって近代国家のための標準語的な国語を準備し、そのことと相俟って列強文化に伍する富国強兵社会に見合う言語文化が確立していった。中江兆民や福沢諭吉の努力や工夫があったとはいえ、そこに本来の母国語のニュアンスと新たな翻訳語の合理力がうまく融合したり躍動したりしていたかといえば、いささか怪しい。鴎外や露伴や漱石は、そのことをかなり悩んでいた。

明治以降の学問には欧米の科学がまるごと入ってきたのだが、そのことをあらわす科学用語はほぼ直訳に近く、漱石門下の寺田寅彦はそれらと俳諧の言葉を融合させようとして、苦心したものだった。そうした漱石から寅彦に及ぶ悩みが明治文学の基調をつくっていったのだが、水村美苗はそういう明治文学すら現代日本人が苦手になったと嘆いたのである。

世の中にはソシュールやチョムスキーやエーコのようにユニヴァーサル・ランゲージ（普遍言語）を探求する言語学の先駆者たちが少なくない。これはグローバル派の活躍だ。しかし私はむしろ時代や土地に根差した言葉に可能性が秘められていると見る。柳田国男、折口信夫、宮本常一らの民俗学が昔話などに見いだした国語力だ。こちらはローカル派である。

言葉というものは、風土や気候や食べものに関係があるし、お辞儀の仕方や挨拶の仕方がすでにして言語文化的なのだ。そこが「なり・ふり」である。ということは国語の特色はかなりパフォーマティブ（行為的）で、すこぶるシチュエイテッド（状況依存的）であるところに、何かが発揚されてきたはずなのである。同時通訳のスタッフたちといろいろの仕事をしていて、グローバルな展望の中でローカルな特色を発揮するにはどうしたらいいか、そこをいろいろ考えるようになったのだった。

とはいえ三十代の私が感じた国語のおもしろさは、日本語がこうした大きな歴史的近代の変動をくぐりぬける試練に堪えられるかどうかということを考えたうえでのものではなく、私自身が実感してきた日本語のおもしろさを、まずは存分に把握しなおしておこうという決断から始まったものだった。とくに私の生い立ちのなかで、言葉はいつも多重で多義的な幅をもって動いていたということに気付いたことが大きかった。その体験と同時通訳の苦心から気づかされたことが、だんだんまじっていったのだ。

そこで、私が育った時代や私の境遇に即して、そこから貰い受けた国語力のおもしろさについての話を少ししておきたい。国語力についてのヒントもいろいろ出入りしていると想《おも》う。

少年時代の国語体験

京都に生まれて、すぐに尾鷲《おわせ》や鵠沼《くげぬま》など数ヵ所に疎開して、焼け跡の東京で幼稚園と小学校低学年を過ごし、それから京都で中学卒業まで暮らした。昭和十九（一九四四）年の戦中生まれだから、慌ただしくも変化の激しい幼少年期をおくることになった。

小学二年半ばに京都に戻って、最初に連れられたのは親戚のおばあちゃんの家だった。庭で採れたてのイチジクがお皿に盛ってあった。おばあちゃんが「おいどからおむきやす」と言った。それまで東京で育っていたので、何を言われているのかさっぱりわからない。母が笑って「イチジクのお尻から皮をむくといいと言われたのよ」と教えてくれた。柔らかすぎてうっかり

日本語による言葉と意味の編集へ

押すと中身が出てきそうな京都弁にびっくりした。担任の先生も京都弁まるだしだった。

こうしてクラスの中では、アタマの中にある東京弁をとっさにほやほやの京都弁に移さないとみんなから笑われるのだということを知った。あとでも説明するが、国語力というものは、こうした「言い換え」の訓練で準備されていく。

その一方、わが家では両親が俳句を嗜《たしな》んでいたので、セイゴオも詠みなさいと言われて、俳句を日々遊んだ。句会にも引っぱり出され、「京鹿子《きょうかのこ》」という同人誌に投稿させられた。こちらはいかに情景や心境を手短かにまとめるかということだった。富安風生《とみやすふうせい》や川端茅舎《かわばたぼうしゃ》になったつもりで、「赤い色のこして泳ぐ金魚かな」とか「木の箱に苺の色ののこりけり」などと生意気に詠んだ。五七五になるばかりがいいわけではないけれど、国語力は圧縮や濃縮との出会いによって鍛えられていく。

こうした京都の日々で言葉にめざめたのか、国語にめざめたのか、文化にめざめたのかはわからない。父は近江長浜の出身、母は生粋《きっすい》の京都育ちなので、両親の中に生きていた日本語のおもしろさもじわじわ伝わってきたのだろうが、それだけではなかった。もっとダイレクトに突き動かされたこともあったはずである。そのことを考えるには、敗戦直後のわが昭和時代の学校で気付かされた話をしなければならない。三人の先生について紹介する。

小学四年から吉見先生が担任になった。斬新きわまりない先生で、いろいろ刺戟をうけたのだが、ある日「明日から学級文庫をつくるで」と前置きすると、「あんなあ、烏丸《からすま》松原に大喜《だいき》書店があるやろ、あそこで好きな本を選んで持ってきなさい。おまえらが選んだ本を少しずつためて学級文庫にするさかいな」と、先生が言った。烏丸松原は電停名でもあって、私が通学するために市電を乗り降りするところだった。

張りきった私は、さっそく大喜書店で絵本やら探偵ものやら図鑑を選んで教室に持ち帰った。代金は先生が学級ナントカ費で払ったようだ。ある日、或る本を持ち帰ったところ、「松岡、これは図書室にある本やで。よう見てみい」と言われた。すぐに三階の図書室で探しまわったら、その本が本棚の一隅にちゃんとある。先生は「おまえ、明日から図書委員せえや」と命じた。かくて私の「本びたり」がスタートした。このような本との出会いが、ゆくゆく私の国語力の下支えになったのである。

中学校で二人の国語の先生に出会えた。一人は富永先生で啄木《たくぼく》やゲーテを教えてくれた。富永先生はじっくり派で、教科書片手にピカピカの革靴をコツコツ鳴らして生徒の机のあいだをゆっくり歩きながら、ウェルテルとシャルロッテを、ファウスト博士とメフィストフェレスを諄々と語った。もう一人は藤原先生で、山村暮鳥《ぼちょう》や中原中也を教えてくれた。難聴者の藤原先生は大声で昭和の詩人たちの大胆な表現を誉め上げ、「ここやなあ、この一行が春をノックアウトしとるな」と吠えた。

あるとき、その藤原先生が「おまえたちの日記ですばらしいものがあった」と言い出して、私の日記帖をバタバタと振り上げながらその一節を読み上げた。ある時期から日記を提出して、それを先生が読んで返却してくれていたのだが、突如として公開に踏み切ったのである。

びっくりした。どうしようかと思った。急に「自分が知らない自分」を攫《さら》われたような気もした。しかしこれは「京鹿子」に俳句が選ばれるより、ずっと何かをわくわくさせた。拙い日記の文章ではあったけれど、自分が書いた文章が誰かの感想を引き出せるということは、とても新しい刺激になった。

藤原先生には卒業のときに、感謝の気持ちを言いたくて家にお邪魔した。帰りぎわ、おい、ちょっと待ったと言って書庫から本を取り出して「これが卒業記念や」と言って上下本を渡してくれた。伊藤整が訳したロレンスの『チャタレイ夫人の恋人』の発禁本だ。後ろ見返しに当時のチャタレイ裁判の新聞記事の切り抜きが丁寧に貼ってあった。中学を卒業する者に発禁本を贈る恩師がいたわけである。「おまえ、跳んでみいや」と言われたと感じた。どんな成人式よりも濃い一瞬だった。

高校新聞部と大学の三クラブ

三人の先生は私の幼い未熟な国語力に火を付けた堂々たる犯人だったのである。かけがえのない恩師であった。本と身近で親しむこと、自分が書いた文章を批評してもらうこと、翻訳文にも慣れること、いろいろ教わった。

こんなことがあって、高校では「言葉に関係する活動」をしようかなという気になった。父が呉服屋を潰して借金をかかえたので急遽横浜に引っ越したのだが、そのあおりを食って東京の九段高校に行くことになり、すぐに新聞部に入った。

九段高校新聞部では、小さな部屋に上級生がカッコつけて屯《たむろ》していた。先輩たちのちょっぴりジャーナリスティックで生意気な言説を浴びるのは、その七面倒くさい言い回しに面食らうことを含めて、すこぶるおもしろかった。

三年生に鈴木慎二がいた。のちの「宝島社」の創設者だ。ミステリーとハードボイルドの醍醐味のあれこれや、大新聞の記事の読み方を教わった。社会党の浅沼書記長が演壇上で刺殺された記事は、三度ほど声を挙げて読まされた。言葉は力をもつが、力を奪うことにもなることを教わった。

二年生に山田勝利がいた。のちの有名な弁護士で、紀尾井坂テーミス総合法律事務所の立役者だ。徹底的に合理と人情を叩きこまれた。山田先輩の亀戸の家に泊まりにいくと、一晩目はチャイコフスキーを、二晩目は森繁久彌のレコードを聴かされ、松岡、一緒に歌おうと煽《あお》られた。このときの「人を恋ふる唄」と「銀座の雀」はそのときのLPのモリシゲ節そのままに、いまでも体の経穴《けいけつ》のようなところに滲みこんでいる。声によって言葉のニュアンスを感じるようになることも、国語力なのである。

九段新聞では「活字」にやたらめったら惚れることになった。印刷所で棒ゲラを組んでもらい、赤鉛筆や赤ペンで校正をするのだが、活版が組み上がっていく不思議なプロセスに惹き付けられたのだ。書き上げたばかりの記事を原稿用紙の枡目に鉛筆や万年筆で埋めて、それが印刷所で棒ゲラになって出てくるのを校正室で待っているのだが、待ちきれない。工場に降りて自分の原稿が文選《ぶんせん》（原稿に合わせて活字を順に拾い並べていくこと）され、組み上がっていくのを覗きこんでいた。

こうして「言葉は文字である」ということが徹底してアタマに叩きこまれていったのだと憶《おも》

う。活版印刷のおかげ、ゲラ校正のおかげだが、原稿用紙の枡目に書くことを通して、自分で一文字ずつを綴る官能をおぼえるようにしたのが大きい。これは書道などで感じる官能ではなく、自分の手や筆記用具が「意味」を生成していく官能だった。

以上のことは、のちにアンドレ・ルロワ＝グーランの『身ぶりと言葉』やマクルーハンの『グーテンベルクの銀河系』などで、あらためて身に滲みることになる。言葉というものが「声や身ぶりや活字や歌い方」とともに動いてきたこと、すなわち「なり・ふり」を伴っていることを実感しておくことは、国語力についての強力なバネを用意してくれるのだ。今日なら商品名のロゴデザイン、宇多田ヒカルやキングヌーの唄いっぷり、スポーツの実況放送などに注目してみることが、案外、国語力に近づくことになるはずなのである。

言葉や文章に親しむには、たんに読み書きをマスターしようとするよりも、自分のサイズにあわせた身体知とともに付き合ったほうが、高速に理解しやすくなるにちがいない。

もう少し、私の若いころの話を続けるが、大学に入って三つのクラブ活動に向かった。高校同様に早稲田大学新聞会に入って新聞の編集制作をしつづけたこと、素描座という劇団で戯曲や照明や演出助手にかかわったこと、松田寿男先生のアジア学会で黄河やシルクロードや西域や長安などの歴史的現在に立ってみようとしたことだ。

これらは国語力のスキルにあまり関係ないんじゃないかと思われるかもしれないが、そんなことはない。新聞編集は「見る、聞く、書く、伝える」を毎日エクササイズするようなものだから、いたってわかりやすい鍛錬だろうが、演劇や地域の歴史にかかわることも充分に国語的なのである。

演劇では、当時はチェホフ、サルトル、カミュ、イヨネスコらの翻訳劇と、安部公房、寺山修司、宮本研、福田善之らの日本語戯曲が踵《きびす》を接して並列し、そこへ唐十郎や別役実や野田秀樹の斬新きわまりないアンダーグラウンドな構成力が登場しつつあったので、これらの見聞を通してやってくる言葉と身体のあいだの「ずれ」と「ゆらぎ」がたいへん刺戟的だった。このことは、このあとすぐに鈴木忠志が早稲田小劇場をおこして、白石加代子にギリシア悲劇のセリフを喋りながら包丁を研がせたりタクアンを食べさせたりする演出として有名になったように、われわれの日常にひそむ「言葉と状況の関係」を根本から問いなおすことになり、私に「Aという言葉の群」を「BやCという状況」でどのように編集していけばいいのかという課題を、新たに思いつかせることになった。このことについては、あとでもう一度ふれたい。

アジア学会でアジアの歴史にかかわったことは、日本人の国語力を相対的な視野で学ぶうえでも大事な作業であったが、もっと根本的には漢字文化圏というものが東アジアにもたらしたものと日本にもたらしたものの違いを実感できたことが大きかった。本書に収録されている私の著書『日本文化の核心』にまつわる入試問題の例でおわかりのように、日本語は「和漢をまたぐ」という事情を背景に形成されてきたものであったからだ。

大学時代の三つのクラブ活動とのかかわりは、私の国語力鍛錬の基礎をつくるに大いに役立った。言語文化のパフォーマティブでシチュエイテッドな背景をくっつけてくれたのだ。

しかし大学以降の日々において国語力を拡充していったのは、なんといっても「読書力」によるものだった。私の国語力は本とどのくらい付き合えるかということによって、根本的に鍛えられたのである。

本との交際

本とは何だろうか。本は「もの」であり、「こと」である。情報であって、物語である。コンテンツであって、メディアである。多くはテキストだが、地図でもあり、クロニクルでもあって、絵本や図鑑などにもなる。プラトンも信長もナポレオンも本になる。進化論も哲学も本になる。数式も楽譜も本になり、裁縫や園芸も本になり、写真や日記が本となり、たくさんの事件や告白が本になる。本の中に入らなかったものはなかったのではないか。

そうした本にはたくさんの本能と機関と技術がかかわっている。著者がいて、版元がいて編集者がいる。挿絵画家や写真家やブックデザイナーもかかわる。印刷屋さんや本屋さんも欠かせないし、校正さんも欠かせない。本は売りものであるのだから市場や職場や学校に流通しなければならず、その本を読者が見いだして入手しやすくするための書棚や店舗も大事な役割をはたす。ときにはチラシもポスターも必要だ。

とくに図書館は古代からずうっと用意されてきた。本は複製物なのである。最初は写本として、次に印刷物として、いまでは電子テキストとして広がってきた。

印刷本にはたくさんの構造と中身が配列されている。カバー、表紙、背表紙、見返し、帯があり、表題、サブタイトル、著者名、目次、章立て、見出し、写真、図版、註、解説、あとがき、索引がつく。読書というと本文の文章を読むことだけがもっぱら重視されているようだけれど、それはよくない。このような「本の構成要素」のあれこれを見たり読んだりするのも、れっきとした読書なのである。いや、そのように読んだほうが、たんなるテキスト・リーディングをしているよりずっと充実する。その本が放つたくさんの情報の気配や意味のアクセサリーが汲みとれる。

読書の本来の愉しみは「本と交際してみる」ということにある。テキストや収録図版を克明に読んで学ぶばかりが読書とはかぎらない。もっと自由でよろしい。むりやり読み込む努力をしなくともいい。自分がノリに入っていける勘どころに気がつくことが、より大事なのだ。畢竟《ひっきょう》、「読書は交際」なのだから、これから読もうとする本との相性がいいかどうかを気にしてかまわない。付き合いたいと思えば五分でもいいから本の中を覗いてみることだ。これは小説や随筆を読むことを考えればすぐわかる。小説や随筆はノリで読む。つまらなければ途中でやめてもいいのだし、いつか読みたくなるまでほったらかしにしておいてもいい。

相性というもの、そこそこ付き合ってみなければわからないこともあるけれど、なんとなくピンとくることも少なくない。その本がどんな感じの本かは、タイトルや装丁やちょっとした目次構成でも、けっこう大事なことが摑めるはずなのである。この「なんとなく摑める」ということが、読書の愉快が身につくためのコツになる。

たとえば、引っ越ししたばかりの街はよそよそしく感じるだろうけれど、郵便局やコンビニやおいしい行きつけの店が決まれば、あるいは並木や植え込みが気持ちよくなれば、街の景色はたちまち摑めてくる。この、どこで街に親しみをもてるようになったのかということ、すなわち自分の中で街が親しいものに転化していく臨界値に気づくことが、本と付き合っているときでも重要なのだ。

ＺＰＤと埒《らち》の発見

幼児の学習にはＺＰＤ（Zone of Proximal Development）という臨界値を示す閾値《いきち》があると想定されている。ＺＰＤは、私が気に入っているレフ・ヴィゴツキーという天才的な学習心理の研究者が発見したもので、「発達の最近接領域」と訳される。

ふつう、幼児は二歳半から三歳に向かって発達段階的に知覚領域と認識を広め、ある段階で「自己」を獲得して、そのうえで他者や世界を理解するのだとみなされてきた。ジャン・ピアジェがこうした見方を代表する。

しかしヴィゴツキーはそうではなく、幼児はかなり初期の段階で他者や未知の領域を適宜観察していて、そのランダムウォーク的な観察がある臨界値に達したとき、一挙果敢に「自己」を確立するのだとみなした。つまり幼児は、自分から一番遠そうな他者や未知の世界と交わることによって、初めて「自己」に到達できたわけなのだ。そのためには、少しムダかもしれないようなランダムウォークが必要なのである。「かわいい子には旅をさせよ」と言われてきたように、こうした母親からすれば心配でムダに見えるランダムウォークこそが、自己発見に至る領域にあたるのだ。それがＺＰＤである。自己の景色を確立するための探検領域だ。

いいかえれば、ＺＰＤはいわば「埒《らち》の発見」なのである。何かが理解できないことを「埒があかない」と言うけれど、その逆に、埒があけられる領域がどこかに隠れていて、幼児にはその埒としてのＺＰＤがどこかで感知できていたから自己世界をつくることができたのだった。見知らぬ街が突如として親しみを発揮する「埒」をもっていたということなのである。

このことは幼児だけではなく、われわれにもまるごとあてはまる。したがって、どんな本であれどんな文章であれ、そこからはそれなりのＺＰＤや埒を感じることができるはずで、とくに国語力においては「意味の町並み」や「意味の埒」が成立する範囲に気づくようになることが、かなり効果的なのだ。

いずれにしても、「意味の埒」にピンとくるかどうかという能力は幼児に備わっているのだから、青少年や大人にも効果をもたらしてくれるはずである。怠慢にならないかぎり誰にだって自分なりのＺＰＤが感知できる。ついでながら、国語の授業にあっても、生徒たちにＺＰＤや埒を弄《まさぐ》るように仕向けるのが、きっと効果的な授業になるだろう。

こんなふうに私はＺＰＤを実感するようにして読書の機会と体験をふやしていったわけである。一、二ヵ月ごとに数十冊ずつの本を相手にした。洋の東西は問わない。専門書も新書も、歴史も科学も、図鑑も小説もまじらせた。それらに次々に接していくのだが、できるだけ町並みの起伏を感知するように、本がもたらす町並みを読むことを心掛ける。

理解が深いか浅いかはとりあえず二の次でいい、できるかぎりさまざまな本に接しながら他者（書き手）から自己（読み手）を感じ、既知（著書がもつ知識）が未知（自分という白地図）を彩色していくプロセスを、そのつど摑めるようにしていく。この作業は学生時代から二十代後半まで、ほぼずうっと継続させた。

ノートもとったし、本の中にたくさんのマーキングをするようにもした。声に出して読むとか、いったん読んだ本をその直後に猛スピードで二度読みするとか、次の数十冊のかたまりに過去の既読本をわざと入れておくとか、ときには将棋や囲碁の多面指しのように二、三冊を同時に並べて読むとか、さまざまな工夫をした。

バッティングの練習をするようなものだと想像してもらえばいい。短時間に次から次へとピッチングマシーンが投げこんでくる言葉ボールや文節ボールを、少しずつフォームを変えながら打ち返していくわけだ。もちろん空振りもあるし、へなちょこにしか打ち返せないときもある。それでも気にしないで、バッティングの埒をあけていく。こうして腕の振り、腰の回転の仕方、体軸の開きを、ボールの球種やスピードやコースに応じて確かめていく。

これに近いことを本を相手に練習するわけだ。本は一冊ずつがけっこう長いから、私が試したように数十冊ずつを相手にするのはたいへんだろうと想うかもしれないが、当時の私には本を相手にするほうがうんと与《くみ》しやすかった。本はテーマや文体や趣向がそれぞれちがうので、それらを相手にしてみるというのは、数十人のピッチャーの違いを体験できるようなものだったからだ。

このことを、たんに「読書術を磨いたんですね」というふうには受け取らないでほしい。私も高校のころに読書術の指南書を何冊か手にしたことがあったけれど、速読術であれ、読解術であれ、あまり役に立たなかった。むしろかえって邪魔になるとさえ感じた（だから、その後は手にとっていない）。それよりも「言葉の群」や「意味の街」を次から次へと通り抜けていくことこそが、すばらしいエクササイズになる。

日本語のありかたと編集力

さて二十代後半をすぎて、私が自分で始めたい仕事としてとりくんだのは「編集」である。「遊」という雑誌を創刊し、工作舎という小さな版元をおこし、翻訳書を含めたさまざまな書物を刊行した。この作業の途中に同時通訳グループとのコラボレーションを試したことになる。雑誌の編集はほぼ十年ほど続けて、いったん切り上げた。

何をめざして「編集」にとりくんだのか。高校新聞や大学新聞で多少は培ったスキルを世の中に向けてみたいと思ったせいでもあるが、それ以上のことをめざしたかった。編集という作業によって「世界」を自在にあらわすことができると確信したかったのだ。また、編集技能にはまだまだ開発されていない技がたくさん潜在していて、それらをフルに組み合わせてみたいと思ったからだった。

編集によって「世界」をあらわせるという勇気は、そのころシリーズ第一弾が刊行されたスチュアート・ブラントの『ホールアース・カタログ』、テッド・ネルソンのハイパーメディア計画、バックミンスター・フラーのシナジー・プロジェクトから貰った。

編集技能が新たな開発力を示すだろうという展望は、音楽の分野に劇作と舞台と衣裳が加わって「オペラ」が出現したように、またマンガのコマ割りと写真と幻燈技術とが重なって「映画」が出現したように、編集の作業にさまざまな技法を組み合わせていけば、新たな情報表現の可能性が拓けるだろうというもので、私はそのことを実験してみたかったのである。だから、当時の私は自分がこれから向かう仕事はエディトリアル・オーケストレーションやエディットオペラであり、また編集工学という分野の立ち上げになるだろうと自負していた。

もうひとつ、決めていたことがある。これらのことをあくまで日本語を通して実現したいということだ。ひとつには、ローカルに徹することによってグローバルに展《ひら》いていくべきだと思ったのだが、もうひとつには、日本語のありかたには「編集の可能性」がたくさんの襞《ひだ》のように積層されていると確信していたからである。私はこのことを「日本という方法」に「編集という方法」が隠れていると言ってきた。

日本は「主題の国」というよりも「方法の国」なのである。日本は「日本という方法」をもっているのだ。その方法の中核をつくってきたのが日本語を編集してきた国語力だった。日本の国語力とは国語的編集力のことなのである。少し、海外との比較で説明しておこう。

世界言語と日本語の独特な発達

世界中の多くの国語社会は、必ずしも独自の国語文化によって育まれてはこなかった。ヨーロッパ諸国では、中世にいたるまで広大な地域をまたいでラテン語が書き言葉（文書用語・学術用語）として支配していて、それとはべつに各地にはたくさんの俗語が林立していた。話し言葉はもちろん、その地域の公用文書や日常的な書き言葉ではそれぞれの俗語が息吹いていた。だからダンテは『俗語論』を著して、イタリア語の自立の可能性を訴えた。また、それに応じてイタリック（イタリア風）という書体が考案されもした。しかしラテン語の君臨は長らくヨーロッパを覆い続けていた。

ユダヤ・キリスト教文化圏も広域にわたっていたが、根底にはヘブライ語による旧約聖書がある一方で、それぞれの地方語による翻訳聖書が通用していた。ユダヤのラビ（律師）たちは「詩歌のためのギリシア語、戦いのためのラテン語、悲嘆のためのシリア語、日常会話のためのヘブライ語」という振り分けをしていた。むろん、そうではない地域も次々に出現した。ジェームズ一世の命令で英語化された聖書はイングランドでは欽定訳聖書として流通した。

またヨーロッパには神聖ローマ帝国やハプスブルク帝国のような巨大な帝国や家族が君臨していた時期が長かったけれど、その支配地域では各国語は選択自由だった。それゆえ神聖ローマ皇帝カール五世はこんなふうに豪語したものだ、「神にはスペイン語、女にはイタリア語、男にはフランス語、馬にはドイツ語だ」。

ようするに、ヨーロッパ諸国では多くの言語が重なりながら流通していたわけである。こういうことはアジアではあてはまらない。中華帝国もモンゴル帝国も巨大ではあったけれど、周辺国は中国語やモンゴル語を国語化していたわけではなかったのである。

日本はどうか。日本列島が極東という特別なポジションに位置していたせいもあって、あれほど漢字文化の恩恵を受けながらも、日本社会では中国語は流通しなかった。古代日本文化に多大な影響をもたらした朝鮮文化と接触しながら、朝鮮語も日本化しなかった。日本は縄文期このかた文字をもたない社会が一万年以上続き、そこへ新規の漢字が流入しても、万葉仮名や女文字（仮名）をたくみに工夫して日本語（倭語・大和語）を国語としていったのである。

そんな日本語なので、言語学的にも人類学的にも、そのルーツがいまだ特定できないままにある。構成要素としては、北方アルタイ系、東北アジアのツングース系、中国江南系、南方ポリネシア系などが確認できるのだが、全容としての日本語の特徴を説明できるものにはなりえていない。

こうして日本語は独特の発達をとげていった。その特徴はいろいろあるが、その主なところは、①ＳＯＶ型の文法が基本になって、文末に文意の主旨が示されがちになった、②主語を省略することが多く、そのぶん受け身の表現に落ち着きやすい傾向を濃くしていった、③単数・複数によって呼称を分けず、「もの」の種類ごとに数詞をつくった、④同義語やオノマトペイアをいちじるしく多くして、季節や状況によって「言いたいこと」を感受しやすくした、⑤総じて暗示的で、ハイコンテキストな間接話法を好むようになった、といったことにある。

このような特徴が、日本の国語文化をすこぶる編集的で、方法的にしていった。私はこのことをより深く実感するには、太安万侶の万葉仮名による表記編集力、紀貫之の古今和歌集序文の和漢をまたいだ編集力、本居宣長が四十年近くをかけて挑んだ『古事記伝』が見せた編集力に、もっともっと注目するといいだろうと思ってきた。

Ｘ系列の意味とＹ系列の意味

国語力をめぐる私の体験や考え方の一部を紹介してきたが、ローカルに徹しながらグローバルを展望するという方針はわかってもらえただろうか。また、そのことが「日本という方法」

と「編集という方法」の重なりでもあったことはわかってもらえただろうか。

それでは、こうした国語文化を背景にしてきたわれわれが、あらためてその国語力を鍛えていくには、何を意識していけばいいのだろうかということについて、最後にふれておきたい。国語力の鍛え方にはどんなコツがあるのかということだ。

すでに書いてきたつもりだが、国語力の獲得には「なり・ふり」を感じること、ZPDのように自己の発見よりもむしろ他者との出会いを実感すること、未知の領域で「埒をあける」ことが重要である。このことを国語学習の手順におきかえて言うと、次のようになる。

まず大前提として、言葉も国語も多種多様な情報潮流の一部だとみなすのがいい。ここで言う情報とは「地球史・生物史・社会史を通貫してきた情報の流れ」のことをさす。その巨《おお》きくて多様な情報の流れの中に、言葉や記号や標識などによる言語的な流れが文化として生じ、そこから民族や部族や国家や共同体の変遷とともに国語的なるものが自立してきたわけである。このようにみなすことを、大前提として認識しておくのがいい。

ついで、そのような言語文化は「意味」をつくってきたと捉えておきたい。このばあいの「意味」には、大きく二つの系列がある。ひとつはわれわれの知覚や脳がダイレクトに感知している意味である。動物的で身体知的な反応や呼応によって生じた意味だ。ここにはいわゆる印象、イメージ、直観、欲望的な感覚、夢で感知したことなどが含まれる。X系列の意味というふうにしておく。X系列では「知覚的な意味」から発して、その広がりの中で世界や人生や出来事の感想や説明をしていく。直覚的で、叙述的で、写生的になる。X系列は叙事詩や法廷での陳述や旅行記にふさわしい。

もうひとつは既存の言葉や音楽や絵画などの、人為的に表示されたものの系列から受け取る意味である。こちらは、その言葉や音楽や絵画を媒介にして間接的に感知した意味を活用するので、いわば「鑑賞や解釈によって生まれた意味」になる。Y系列の意味とする。

科学実験の読みとり、多くの批評活動、絵画や映画の感想などがY系列になる。読書感想文や書評はすでにそこに綴られた言葉を使って意味を追うのだから、Y系列である。媒介的、投影的、引用的な文章はY系列に属する。

一般に、国語試験の問題が問う意味は、このY系列のほうの意味を相手にするとみなされていることが多い。回答者はすでに与えられた問題文を素材にして考えることになるからだ。国語試験の問題文に出会っているということそれ自体が、Y系列的なのである。そして国語教育の現場では、それをもって読解力とみなしていることが多いだろうが、しかし、いちがいにそうとは言いきれないと考えておいたほうがいい。なぜなら、或る文章を読んでそこからどんな意味を感知したかを問うということは、その文章の書き手のX系列の意味に戻ってみる必要もあり、そこからY系列だけにこだわって解釈を導くことは、問題文の書き手のX系列の事情を軽視することになりかねないからだ。

そもそも国語試験で問題文になる文章がX系列だけ、Y系列だけになっているとはかぎらない。たいていはXとYがまぜまぜになっている。だからこそ本来の国語力とは、その「交じりぐあい」を問うことであったのである。それゆえ、このX系列とY系列の意味を二つながら相手にして、われわれは鑑賞や解釈をしているのだということは、けっこう注意しておきたいことなのだ。

このややこしい問いに慣れるには、或る文章を読みながら書き手のXを感知しながら、書き手のYの意図を引き出していくということに留意するといいだろうと思う。要約しながら、連想をはたらかせるということだ。

要約と連想

以上の仕込みであらかたの準備ができるはずなのだが、最後にあげた「要約と連想」ということについて、付け加えておきたい。

たしかに解釈力を身につけるには、第一に問われるのは要約力である。要約とは「情報をダイジェストする」ということで、編集工学では情報圧縮とか情報濃縮をおこすというふうに言っている。たいへん難しい作業のようだが、実は誰もが子供のころから見知ってきたものだ。ユゴーの『レ・ミゼラブル』は文庫にして五、六冊になるほど長い物語であるけれど、これを子供向けの二〇ページほどの絵本や一〇〇ページほどのこども文庫に要約している例は、いくらでもあった。また、新聞の編集方針は必ずそうなっているのだが、どんな長い記事も見出し（ヘッドライン）として要約されている。

本の目次も要約構成になっている。とくに新書の目次を見てみると役に立つ。新書は書き下ろしが前提なので、最初から著者と編集者が目次構成をつくりあげていく。のみならず文中にも中見出しを付ける。こういう例を観察すれば、要約の手法にはすぐ慣れるはずである。一番わかりやすい要約は箇条書きにしてみることだ。要約のコツは「置き換え」なのである。

一方、私たちは他人の文章を読んでいると、想像力や連想力をついつい使わなくなっていく。これは由々しい。ふだん私たちは会話をしているときは、かなり連想力をはたらかせている。どんな言葉が次に出てくるかわからないので、連想状態になりっぱなしなのである。

ところが、文章を読んでいる状態では、先の文章まで続いて表示されているので、文章を次々に目で追っていく。そのうち書き手の文面を追うだけになって、連想をしないようになる。これがもったいない。その文章がたったいま自分に語られているようなつもりで臨場感をもって読めば、さまざまな連想力がはたらくのである。

連想は、われわれがふだんの生活をしているときにしきりにやっていることである。むしろ連想を止めるほうが難しい。街を歩いているときもレストランで出てくる料理の皿を待っているときも、連想は止まらない。読書体験では小説を読んでいるときに、連想がはたらきやすい。けれども論文や評論やちょっとしたエッセイが相手になると、連想の翼が開かない。

連想とはアナロジーの能力のことだ。アナロジーはAを知ってBを思い浮かべるということである。推理力や想像力の基本になっている能力だ。カフカの『変身』はある朝、グレゴール・ザムザが起きてみたら自分が虫になっていることに気が付くという話だが、実は虫に変身した全体像について、カフカはまったく描写していない。僅《わず》かに毛むくじゃらな脚が描写されているだけである。けれども、私たちはそこに巨大な虫が蠢《うごめ》いていることを連想する。この手法はスピルバーグが『激突！』や『ジョーズ』で映像化してみせた卓抜な技法にも如実にあらわれていた。

国語力は第一には要約力が、そして第二には連想力が試される。要約力については、最近は

ChatGPTのような生成AIが肉迫するようになった。AIは厖大な文章データを参照しているので、質問に応じてこれらを引き出し組み合わせ、回答ふうに要約していくように仕組まれている。けれども、連想力を発揮できるかとなると、とたんにあやしくなる。『変身』を読んでグレゴール・ザムザがどんな虫に変身したのか答えなさいとAIに尋ねても、その姿は想定しきれない。

言葉や意味には「暗示」がひそんでいる。難しくいえば、そこにはデノテーション（外示作用）とともに、コノテーション（内示作用）が含まれているのだ。「リンゴ」という言葉は、この果物から取り出しうる形容と知覚的印象と知識を外示するとともに、人知がリンゴに込めた比喩や連想を内示している。どんな言葉にも、すぐには外に取り出せない意味がひそむのだ。そのため、われわれは前後の文脈を読んで、内示の見当をつける。

何をもって「外示」とみるか「内示」とみるかは、それぞれの国語文化の特色によって異なってくる。ということは、国語力とは外示作用と内示作用をつなぐ編集の絆に気づいていくことであったということなのである。私が要約力とともに連想力を鍛えてほしいと希《ねが》うのは、そこである。ローカルな日本語に、グローバルな展望をもてるような国語力が充実していくことを切に期待したい。

第6章

松岡正剛の新作国語問題

（一）読解＋要約＋論述の王道問題
（二）文章比較問題への提案
（三）とことん書かせるユニーク問題
（四）図像や図解を使う問題
（五）アナロジー型の問題
（六）検索・討議を入れる問題

二一世紀の国語力のためのエクササイズ

松岡入試問題の研究メンバーが腕によりをかけて作成した新作国語問題を紹介する。メンバーは六人、いずれもイシス編集学校の指導経験者であり専門コース［離］の修得者である。松岡の方法論や世界観を熟知しているうえ、本職で教材開発や国語教育、受験指導などに携わってきたメンバーたちである。

作問に当たって、二つのアプローチを設定してみた。一つは、従来の入試問題のなかで、特に自分たちが発展的な可能性を感じた問題を参考にして、その方向性をさらに深化させてみるというアプローチである。本章の「(一) 読解＋要約＋論述の王道問題」と「(二) 文章比較問題への提案」に紹介する問題がこちらのアプローチによるものである。

もう一つのアプローチは、従来の国語入試問題にはなかったまったく新しいタイプの問題を考案してみることである。こちらは、「(三) とことん書かせるユニーク問題」「(四) 図像や図解を使う問題」「(五) アナロジー型の問題」「(六) 検索・討議を入れる問題」の四つのタイプに分けて紹介する。

いずれの問題も松岡正剛が監修し、トライアル・メンバーによる試技も行って仕上げた。特に後者のアプローチの問題は破格な発想が横溢しているため、国語入試問題として成立しうるかどうか賛否両論があると思われるが、松岡が考える二一世紀の日本人の「国語力」を養うためのエクササイズとして推奨できるものばかりである。ぜひチャレンジしてみてほしい。なお記述問題の正解案はトライアル・メンバーの実際の解答を生かしているため、人生経験を積んだ大人でないと書けない内容のものもある。ご了承いただきたい。

新作国語問題

（一）読解＋要約＋論述の王道問題

①長文を読み解いてものにする問題

大学入試用　制限時間六〇分

以下の文章は、松岡正剛『日本文化の核心』の中の「小さきもの」と題された章の全文です。次の問いに答えるために、以下の文章（新書で一七ページ、約八四六〇字、丁寧に読むと全部読むのに一〇分から一五分くらいかかる）を大まかに読んで解答してください。

まず次の問１から問４までをよく読んでください。そして、これらの問いに答えるために役立ちそうな語句や文に傍線を引いたり、問いと関係するような感想や意見をメモしたりしながら、文章を読みましょう。

〔問１〕　この文章の中に出てくる「日本の小さきもの」の例を抜き出して分類し、例えば「ゲーム（ポケモン・たまごっち）」というように、分類項目とその例二つを一セットとし、解答用紙に五セット書いてください。五セット以上ある場合は、それらの中であなたが重要と思う五セットをあげてください。ただし、「ゲーム（ポケモン・たまごっち）」はここで既にあげたので、解答から除いてください。分類項目をあらわす言葉は本文にない言葉でもかまわない。例は必ず本文にあるものをあげること。

〔問２〕　この文章の中に出てくる重要な語句（キーワード）を三つ、重要な文章（キーセンテンス）を三つ選んで、解答用紙に書いてください。キーセンテンスは、一つの「。」で区切られた文章をそのまま抜き出すように書いてください。

〔問3〕　この文章の要点を、キーワードやキーセンテンスを生かしながら、二〇〇字以内でまとめてください。キーワードやキーセンテンスを全部使う必要はありません。

〔問4〕　問3でまとめた、この文章の要点に対するあなたの意見や感想を一〇〇字以内でまとめてください。

◆文章

ポケモンとかぐや姫

林明日香に『小さきもの』という歌があります。アニメ「ポケットモンスター」劇場版の主題歌で、「小さきもの　それは私。私です　まぎれなく」と歌っている。少し低い声なのにどこか哀しくもせつなくて、なかなか聞かせます。

ポケットモンスターは奇抜な発想でした。ゲームフリークの田尻智がおもちゃのカプセル怪獣にヒントを得てコンセプトをつくったロールプレイングゲームで、カプセルの中にいるモンスターたちが通信ケーブルを行き来する。そのころ新発売された任天堂のゲームボーイの人気とあいまって、一九九六年（平成八）以降、爆発的に当たりました。「ポケモン」と愛称され、キャラクター商品にもアニメにもカードゲームにもなった。

カプセルモンスターなので、最初は「カプモン」と略称されていたらしいのですが、それじゃ言いにくいということでポケットモンスター、縮めてポケモンとなった。モンスターとはいえ、カプセルに入っている怪獣なのでとてもかわいらしい。

もともとはロッテの「ビックリマンチョコ」のおまけシールに描かれた悪魔や天使のキャラクター集めが先行していて、このアイディアから連想が始まって、それらが田尻によってポケモンに結実したようです。バンダイが同じ一九九六年に発売した「たまごっち」もそういうものでした。ウィズの横井昭裕とバンダイの本郷武一によるアイディアで、電子ウォッチの中にいるチビッ子のたまごっちを育てるというふうになっていた。

小さなカプセルに入ったキャラクターという発想は、その後の日本の子供たちを夢中にさせました。なぜ、こんなアイディアが出てきたのか。ロッテの販売促進員や田尻や横井の発想に一日の長があったからか。

そうでもあるのでしょうが、実はこれは日本人が昔からおおいに得意にしてきた発想だったのです。

一番わかりやすいのは「かぐや姫」です。おじいさん（「竹取の翁」といいます）が竹藪《たけやぶ》で竹を伐っていたところ、一本の竹が少し光っていたので不思議に思ってその竹を伐ると、節《ふし》と節のあいだの空洞に輝くような幼女がニコニコしていたというのですから、これはまさしく歴史的なポケモン第一号です。

かぐや姫は成長すると美形女子になり、引く手あまたの求婚者があらわれたのに、次から次へと難問をふっかけて、結局は月にのぼっていきましたとさという話になっています。『源氏物語』よりもずっと古い平安時代初期の『竹取物語』（竹取の翁の物語）に語られている話です。日本最古のSFともいわれ、川端康成や星新一のほか、たくさんの作家たちが現代語訳をしています。

かぐや姫だけではありません。桃太郎や一寸法師だってポケモンです。桃太郎は川をどんぶらこ、どんぶらこと流れてきた桃を割ったらそこから生まれてきたわけですから、かぐや姫同様のカプセル・チャイルドです。やがて立派に成長してイヌ・サル・キジを連れて鬼が島に鬼退治に行って、金銀財宝を持ち帰った。

一寸法師のほうは、子供がほしいおじいさんとおばあさんが住吉神社に一心にお参りしていたら突然に授かるのですが、体はわずか一寸しかありません。一寸は約三センチですから、かなりちっぽけです。

それでも、お椀の舟に乗って箸《はし》を櫂《かい》にして京《みやこ》に上り、大きな家の美しい娘さんをもらって打出《うちで》の小槌《こづち》を入手すると、これを振って自分を大きくしていった。自己成長させたのです。

小さい神＝スクナヒコナ

日本の昔話には、どうしてポケモンやたまごっちみたいな子が成長して成功する話が多いのでしょうか。

柳田国男は『桃太郎の誕生』（角川ソフィア文庫）のなかで、その謎に挑んだ。桃太郎がどうして水辺で発見されたのか、桃にはどんな力がひそんでいると信じられていたのか（桃には邪気を祓う仙果の力があった）、なぜ成長すると正義を発揮したり富をもたらすのかといったことを調べあげ、日本には「小さ子《ちいこ》」という伝承形態が脈々と流れていたということをつきとめました。全国にコケシやお守り人形や雛人形などのヴァージョンが多いことも関係していると見た。

つづいて文化人類学の石田英一郎は『桃太郎の母』（講談社学術文庫）で水辺の伝説との関連をさらに調べて、そこには日本神話に出てくるスクナヒコナの伝承や伝説が生きているという見方を確立しました。スクナヒコナとは誰でしょうか。

世界中には白雪姫と七人の小人や親指小僧やピノキオのような話は、けっこうあります。だから小さな者が成功するとか変身するという話はめずらしくはないのですが、スクナヒコナのように「国づくり」にかかわっているというのは、ちょっと特異です。

スクナヒコナ（少名彦神）とは、出雲国でオオクニヌシ（大国主命）が「国づくり」をしたときの最も重要なパートナーです。海の彼方からミソサザイあるいは蓑虫《みのむし》をかぶったような恰好で、ガガイモの舟に乗ってやってきて、オオクニヌシの

「国づくり」を助けます。カミムスビの命令でオオクニヌシとは義兄弟にもなるのですが、蓑虫の蓑をかぶるほどだからとても小さい神なのです。ガガイモの舟は、別名「天之羅摩船《あめのかがみのふね》」とも言って、さまざまなものを映し出す舟でもありました。いったいスクナヒコナは何の役目をもった神さまだったのでしょうか。

出雲国はのちに高天原の一族（アマテラスの一族）が譲りうけて、これをその後の「日本」（大和朝廷）のモデルにしたわけですから、スクナヒコナはその根幹のモデルづくりにかかわった重要なプランナーないしはコンサルタントです。ということは、日本にはもともと小さな神や小さな者が大きなプランの成長の秘密にかかわっていた伝承があったのだろうということになります。

スクナヒコナの伝承は『古事記』『日本書紀』とともに『播磨《はりま》国風土記』や『伊予《いよ》国風土記』にも出てきます。それらによるとスクナヒコナは医薬の開発や温泉の発掘、穀物の育成や酒造りのコンサルもしたと述べられている。海の彼方からやってきたので航海術にも長けていたようです。かなり技能的だったのです。国づくりのためのいろいろなプランを実行したのです。

ポケモンのルーツがスクナヒコナにまでさかのぼるとは、かなり意外な話だと思うでしょうが、これは日本列島がもともと小さくて災害に見舞われることが多かったというフラジャイルな特質をもっていたことと関係があるかもしれません。また日本人の体が小さいこととも（だから「倭人」などとも呼ばれた）、関係があるかもしれません。けれども、日本人はそこに「みごとさ」や「かけがえのないこと」を感じてきたのです。

まとめていえば、私はスクナヒコナは日本における「インキュベーション」（育成）のシンボルだったのだろうと思っています。

「小さきもの」と「うつくしきもの」

柳田の「小さ子」論は日本の大事な成功や充実を物語る大きなヒントでした。カプセルに入った「成長の芽」をたいせつにするという考え方の原型が、ここに歴然として認められます。

このことは、日本人が「小さなもの」や「小さなところ」を大事にするという価値観や美学に密接に関係していきます。和歌や短歌、もっと短い俳句が普及し、小さな庭や小さな茶室から茶の湯の文化が生まれていったことも、それらが「わび・さび」として貴ばれた美意識になっていったのも、もとはといえば「小さ子」礼賛的なものだったのです。

清少納言の『枕草子』に「うつくしきもの」として、こんなふうに述べられている箇所があります。「瓜に描きたる稚児《ちご》の顔。雀《すずめ》の子の、鼠鳴《ねずな》きするに踊り来る。二つ三つばかりなる稚児の、急ぎて這ひ来る道に、いと小さき塵のありけるを目ざとに見つけて、いとをかしげなる指《および》にとらへて、大人ごとに見せたる、いとうつくし。頭《かしら》は尼削《あまそ》ぎなる稚児の、目に髪の覆《おお》へるをかきはやらで、うち傾《かたぶ》きて物など見たるも、うつくし」。

また「雛《ひいな》の調度、蓮《はちす》の浮き葉のいと小さきを、池より取り上げたる。葵《あおい》のいと小さき。何も何も、小さきものはみなうつくし」ともあります。『枕草子』一五一段です。清少納言は「小さきもの」はみんな美しいのだと言っているのです。日本文化を語るうえで、この見方は見逃せません。

たんに小さいものが気になるのではなく、小さいものは美しい。とても大事なものに感じる。そこがポイントです。

ここからは、日本人が短歌や俳句が好きな理由だけでなく、小庭《さにわ》や盆栽を愛してきた理由、小屋がけの見世物が流行した理由、小さな体でも大男を投げ飛ばせる柔道（柔術）が発達した理由、小さな一杯呑み屋や小上がりが好きな理由、さらには日本を代表するホンダやソニーなどのベンチャーがオートバイやトランジスタラジオやウォークマンを率先して開発してきた理由、カシオのミニ電卓が大流行した理由、ポケベルが流行した理由なども説明できます。

扇子と手ぬぐいと端唄

私は「小さきもの」は、日本の社会文化や技術文化の特徴を解く鍵のひとつだと思っています。おそらくは技術的には手先が器用であること、江戸・明治期に家内制手工業が広がっていたこと、資源に乏しいため加工技術が発展したことなどがそうなった要因としてあげられますが、小さいものをさまざまに解釈していった才能があったことも特筆すべきです。

たとえば扇子《せんす》や手ぬぐいです。扇子の本来的な用途はもちろん扇ぐことですが、男性女性を問わず和服正装のときは必須用品ですし、大相撲の呼出《よびだし》が扇子を開いて力士を呼ぶこともあれば、茶道では正座した膝の前におくことで相手との間に一線を画す結界の役目をはたしますし、日本舞踊の扇子はしぐさを強調するためにつかわれます。

手ぬぐいもすばらしい。汗を拭《ぬぐ》ったり体を拭くときにつかいますが、なんといっても祭りに欠かせない。とくに豆絞りの手ぬぐいは全国津々浦々にある。捩《ねじ》れば鉢巻きになりますし、阿波踊りやよさこい踊りや盆踊りの頬かむりにもなる。

手ぬぐいは木綿を平織りしたシンプルな布にすぎません。平安時代にすでに登場して、『今昔物語集』では「手布《たのごい》」と呼ばれています。三尺（一尺は約三〇センチ）ものや九尺ものなど長かったようですが、江戸時代には反物《たんもの》の並幅（約三六センチ）になり、長さも二尺五寸に落ち着いた。家紋や屋号を染めたり、神事の際の装身具にしたり、贈答品にしたり、茶巾《ちゃきん》に使ったりで、ありとあらゆる用途に使われてきました。大流行でした。落語家がその手ぬぐいを開いたり、二つ折り三つ折りにして、財布や文書などいろいろなものに見せていますが、まことにみごとな芸当です。

これは「見立て」という才能です。AをBやC

に比喩的になぞらえること、それが見立てです。小さきものはさまざまな見立てが可能なのです。大きいものはその形状がはっきりしていて、どーんとしていますが、小さきものはいろいろに見えるし、実際にもいろいろな用途に変じる。そこに日本人は価値の多様性や変容性を読みとったのです。

日本音楽を邦楽といい、その邦楽を代表する三味線音楽に端唄《はうた》や小唄《こうた》があることにも注目すべきです。端唄も小唄もお座敷でたのしむショートヴァージョンの曲ですが、三味線にはぴったりです。私は端唄の名人の本條秀太郎さんとときどき「三《しゃ》味三昧《みざんまい》」という一夜をもうけて、日本各地の端唄や小唄を遊んできました。端唄は撥《ばち》をつかい、小唄は爪弾《つまび》きます。日本人なら二、三曲はおぼえてみるか、惚れてみるといいでしょう。

昭和の小さきもの

そのほか、「小さきもの」はいろいろあります。江戸時代、根付《ねつけ》のような細工物が大流行しました。根付は印籠《いんろう》や煙草《たばこ》入れなどを持ち歩く際、紐を着物の帯に吊るしておくための小さな留め具ですが、その小さな道具にきわめて精緻な彫刻や蒔絵《まきえ》が施されていることから、今日では日本以上に海外で評価されています。一点につき数百万円、数千万円で取り引きされている例だってザラです。

根付は男の持ち物ですが、そのような特殊なものではなくとも、たとえば塗箸《ぬりばし》や襖の把手《とって》などにも、小さいながらもけっこう細かい装飾や細工を施した。たんに小さいからいいというだけではなく、その小ささにとびきりの意匠を凝らしたのです。小さくても立派にさせることに意を尽くしたのです。草履《ぞうり》や下駄《げた》の花緒《はなお》や小物入れもごくごく小さいものですが、華麗な意匠を凝らした。雛人形など、その典型です。ぐい呑みやそば猪口《ちょこ》にオシャレを感じる人も少なくないと思います。

昔のものばかりではありません。「小さなもの」「小さいところ」は昭和の日本でもがんばっていた。私が小学生のころ、男の子の遊びはメンコやビー玉で、女の子が好きなのはおはじきやリリー（リリアン）編みでした。みんな手の中で遊んだり、指先をつかって遊んだりした。遊び場としての小学校の砂場や近所の空き地もとても小さいものでした。たまに連れていってもらう遊園地やデパートの屋上だって狭く、そこにいっぱいの遊具が重ならないようにひしめいていたのです。

子供たちだけではない。大人たちもけっこう小さいところで暮らしたり、遊んだりしていた。オヅヤス（小津安二郎）の映画ではないですが、だいたい昭和の家や店は小さかったのです。昭和の平均的な家はサザエさんの家、天才バカボンやおそ松くんの家、「三丁目の夕日」の家々、ちびまる子ちゃんの家なのです。茶の間もとても小さいし、丸いちゃぶ台も今日のリビングルームの様子からくらべると、信じられないくらい小ちゃかった。冬はそういう茶の間に炬燵《こたつ》が登場して、四人家族でも七人家族でもみんな足をつっこんでいた。

そういう小さな家々が並ぶ町は、通りも狭く、そこを走る車も自転車やスクーターやダットサンが主流です。小型車は日本が世界中に広めたものです。アパートや団地の間取りもごくごく質素なもので、それは手塚治虫や石ノ森章太郎がいた「トキワ荘」から一九八〇年代の高橋留美子の『めぞん一刻』（小学館）の一刻館まで、似たようなものです。

大人たちが外で遊ぶ一杯呑み屋も麻雀《マージャン》屋も街の喫茶店も小さかった。貧しかったからということもありますが、広すぎるのは落ち着かないのです。かつて「日本人はウサギ小屋に住んでいる」と馬鹿にされたことがあったものですが、とんでもない、われわれはあえて小型を好んだのです。

ミニマリズムとの違い

二〇一八年の冬、六本木のサントリー美術館で「扇の国、日本」という展覧会がありました。実際の扇や舞扇とともに数々の扇絵から扇面法華経のようなものまで美しく展示されていましたが、日本人が「小さきもの」にこめた心情や美意識がよく伝わってきました。その展覧会を観ていて、いくつか感じたことがあります。

第一に、世界のどこでもスモールサイズやプチな感覚をおもしろがる歴史がありました。フランス人のプチ・ロマネスクな感覚はその代表ですが、それらは日本の「小さきもの」に対する思いと同列に議論できるのだろうかということです。

美術史や表現史では装飾性を削いだシンプルでコンパクトなアート様式やデザインを、しばしば「レッサーアート」(lesser art) とか「ミニマリズム」(minimalism) と言います。ウィリアム・モリスが一九世紀後半に包装紙や壁紙にきれいな植物模様をプリントして、大きな美術作品に対してそうした日用化できるアートもありうるのではないかと主張したのがレッサーアートの始まりでした。芥川龍之介はモリスを卒業論文に選び、その影響もあって短編小説を好んだのではないかと言われています。

ミニマリズムは装飾的表現をなくして比較的小さなパターンを繰り返すようなスタイルのことで、美術や建築や文学やデザインで流行した。一九六〇年代後半にフランク・ステラやドナルド・ジャッドが意識的に始め、転じてミニマル・ミュージックなども生まれた。

これらは一種のスモールサイズ主義ですが、私はこのミニマル・スタイルと日本の「小さきもの」感覚はちがうものだと思っています。日本のばあいは、大きなものを小さくしたくてそうしたのではなく、「小さなもの」や「小さなところ」に世界を見いだしたのです。そこにスクナヒコナや桃太郎やオヅヤス(小津安二郎)やポケモンがいるのです。

第二に、日本の「小さきもの」感覚を節約や器用貧乏と関連づける見方があるようですが、これもちがいます。

日本語には「器用」と「器量」という言葉があります。どちらもたいへん重要な用語で、いずれも「器《うつわ》」という言葉を変化させています。器用は「器」をどう用いるかという才能に関する言葉で、たんに器用貧乏になることではなく、器がもともっている力を引き出す才能が器用というものなのです。器量という言葉には、その器にひそんでいる量《はか》をどう発揮させるかという意図がこもっている。転じて器量が大きいというふうに、人格をあらわす言葉につかわれます。

このように日本人は多くのものを「器」とみなしてきました。この器は入れ物としての器ではなく、何かの気持ちをのせる乗り物としての器です。日本人には扇も箸も雛人形も「器」だったのです。現代ふうにいえば「メディアとしての器」だと言ってもいいでしょう。つまり、「小さきもの」には日本人の本来の器用と器量がのせやすかったのです。扇子や手ぬぐいがいまなお挨拶や贈答につかわれるのは、そういうせいでした。

第三に、日本人は「小さきもの」をスモールサイズだというふうには思っていないということです。スモールサイズではないとすると何なのか。これは短歌や俳句や端唄や小唄のことを考えればわかると思いますが、ショートヴァージョンなのです。ショートカットの妙味です。このショートはたんに「短い」とか「小さい」ということではなく、「寸志《すんし》」とか「寸暇を惜しむ」と言うときの、あの「寸」にあたるもの、つまりは「一寸」と書いて「ちょっと」と読むあの「小ささ」のことなのです。

だからこそ、一寸法師は快挙でした。清少納言や小津安二郎はそういうショートカット・ヴァージョンとしての「小さきもの」に「寸志」という意地を感じたのです。

「コギャル」の衝撃

私は長くエディティング（編集）という仕事をしてきたので、本づくりにまつわることだけでなく、さまざまな言葉づかいに広く関心をもってきました。日本の歴史文化の中の言葉（用語）もそういう目でじっくり見てきたところがあります。歴史は言葉づかいの組み立てでできているのです。

たとえば、新古今和歌集の時代に「有心《うしん》」や「余情《よせい》」というコンセプトが出てきたこと、何でも知っている村の長老を「日知りの者」だというので「ひじり」（聖）と崇めたこと、ちゃんとその道の心得をマスターした者たちを「折り紙付き」と称えたこと、「さぶらふ」という動詞を「さむらい」という武門の身分をあらわす言葉にしたこと、「粋」に対して「野暮《やぼ》」を対比させたところ、強引なお世話を口実に難癖をつけてくる連中をインチキな行者に見立てて「護摩《ごま》の灰」と呼んだこと、従来にない手法で世情を切り取った版画を「浮世絵」としたこと、将軍に仕える女性たちをそのすまいの場所から「大奥」と総称するようになったこと、襟《えり》の高いブラウスをハイ・カラーと呼ぶところからそういうおシャレをする女性たち向けに「ハイカラさん」という呼び名をつくったこと、自分の身のまわりばかりを書く小説を「私小説」と名付けたことなどなど、いずれもたいへんおもしろい。抜群のネーミングです。

昭和や平成の世の中でも、外出がままならない大事にされてきた娘は「深窓《しんそう》の令嬢」とか「籠の鳥」ですが、家の中でゲームに耽《ふけ》っている青少年は「おたく」です。こうしたネーミングもまことにうまい。

これらはその時代時代がつくったキーワードであり、バズワードなのです。そういうふうに見たほうが歴史文化は見えやすい。歴史は言葉でつくられるのです。最近のスナック菓子や日用品など、商品のネーミングにもその手が光ります。雪見だいふく、のどぬーる、味ぽん、お～いお茶、じゃがりこ、鼻セレブ、ガリガリ君などなど。

そうしたなかでホンダのビートや日産のＢｅ―１などの小型カーや、「小枝」「ポッキー」といった細い棒状のチョコレート菓子が出てきたりして、おうおう、やっぱり「小さきもの」は健闘しているなと納得しました。なかで最も感心したバズワードが「コギャル」です。ギャルも日本語ならではの略称ですが、そのギャルに「小」をつけた。安《あ》室《むろ》奈《な》美《み》恵《え》というコギャルのスターも生まれた。これには脱帽しました。スクナヒコナ伝承、いまだ衰えずでした。

作問者：門倉正美

問題解説

□作問の狙い——長文に取り組んでもらう意図

この問題では『日本文化の核心』の一章ぶんのテキストをまるごと使った。通常の入試問題にくらべてかなりの長文読解力を要する組み立てにしている。

ほとんどの国語入試問題が、またそれ以前に国語教科書が、オリジナルテキストのごく一部を切り取った文章を用いて文脈を細かく分節し分析する力を身に付けさせようとしているが、そもそも国語教育においては、素材とするテキストは原則的に切り抜きしないで、まるごと読ませることが望ましいという立場もありうるのではないか。

英語圏ではテキスト全体の文脈把握を重視する「ホール・ランゲージ教育」と、個々の単語から全体を理解していく「フォニックス」の二つの方針をめぐって長らく論争があったが、現在ではこの二つの方法は相補い合うものだという考えがとられるようになっている（これ以外にももちろんいくつかの方法がある）。日本の国語教育ではもう少し、「ホール・ランゲージ教育」的な考え方にもとづいた学習法を取り入れてもよいのではないかという問題提起をする意図で、この長文問題を組み立ててみた。

また、国語問題といえば、文章の一部を空欄にしたり傍線を引いたりして、さまざまな国語知識を問うたり、選択肢から正解を選ばせたり、ごく短文で記述させたりする設問によって構成することが常道だが、そうした問題も、やはり受験生の読解をテキストの分解にばかり向けさせてしまい、統合的な理解や把握に向かわせにくいという欠点があるのではないか。そのような観点から、この問題は純粋な読解および記述形式の解答を求める設問のみで構成している。

□解答案と評価ポイント

問1

昔話の主人公（かぐや姫・桃太郎〔または一寸法師〕）

日本の詩歌（短歌・俳句〔または和歌〕）

日本の音楽（端唄・小唄）
見立てのできる道具（扇子・手ぬぐい）
日本企業のヒット商品（トランジスタラジオ・ウォークマン）

＊評価ポイント
この設問は、「小さきもの」に関してあげられているたくさんの例示に注意しながら読むことで、文章の流れや構造を掴みやすくするために入れてある。他にあげやすいと思われる例をあげておく。これらのなかから適切な分類項目をたてて二つずつを組み合わせてあげられれば正解とする。

日本文化：小庭、盆栽
日本の空間：一杯飲み屋、小上がり、茶の間、ちゃぶ台、炬燵
日本企業の製品：ミニ電卓、ポケベル、小型車
細工物：根付、塗箸、把手、花緒、小物入れ、ぐい呑み、そば猪口
子どもの遊び道具：メンコ、ビー玉、おはじき、リリー
お菓子のネーミング：小枝、ポッキー

トライアル・メンバーによる解答例には、「ネーミング：おたく・コギャル」といったユニークなものもあった。厳密には「おたく」はこの文章中では「小さきもの」の例示とはいいがたいが、こ

のように分類項目の発見によって意外な例を並べた解答も評価したい。
なお松岡の編集工学では、知識情報を扱ううえで、いかに既存のカテゴリー（分類項目）に縛られずに自由な発想で新しいカテゴリーを発見できるかということを重視する。編集学校でも独自のカテゴリーによって意外なインスタンス（例）を関係づける方法を伝授している。

問2

・重要な語句三つ
小さきもの、見立て、メディアとしての器

・重要な文章三つ
・私は「小さきもの」は、日本の社会文化や技術文化の特徴を解く鍵のひとつだと思っています。
・日本のばあいは、大きなものを小さくしたくてそうしたのではなく、「小さなもの」や「小さなところ」に世界を見いだしたのです。
・つまり、「小さきもの」には日本人の本来の器用と器量がのせやすかったのです。

＊評価ポイント
この文章の要点をとらえるために重要なキーワードとキーセンテンスを抜き出してもらう。問

３や問４の記述問題に答えていくための布石にもなる設問。キーワードもキーセンテンスも、できるだけテキスト全体のなかから抜き出せることが望ましい。「語句」と「文章」は必ずしも同じ箇所からあげる必要はない。

・ほかのキーワード例
スクナヒコナ、小さ子、うつくしきもの、（自己）成長、インキュベーション（育成）、ショートヴァージョン、ショートカット、小さなところ

・ほかのキーセンテンス例
・ということは、日本にはもともと小さな神や小さな者が大きなプランの成長の秘密にかかわっていた伝承があったのだろうということになります。
・小さきものはさまざまな見立てが可能なのです。
・たんに小さいからいいというだけではなく、その小ささにとびきりの意匠を凝らしたのです。

問３

「小さきもの」は、日本の社会文化や技術文化の特徴を解く鍵のひとつである。日本人は小さなものや小さなところに美しさと大事さを感じ、世界を見いだした。小さいものは見立てを可能にし、用

途も変化できる。そこに価値の多様性や変容性を読みとったのだ。多くのものをメディアとしての器と捉えた日本人にとって、小さいものには器に潜む本来の力をどう引き出し、発揮させるのかという方法が乗せやすかったのである。（１９４字）

＊評価ポイント

問２で解答したキーワードやキーセンテンスをいくつか用いながら文章を組み立てる。キーセンテンスをまるごと引用するのではなく、自分なりに文脈を組み立てながらまとめた解答を高く評価したい。

問４

小さなものに価値の多様性や変容性を読み取っていくことは日本人の才能だという指摘に目を開かれた。また、シンプルな扇子や手ぬぐいにさまざまな用途を発見する「見立て」の才能を身に付けるコツを知りたいと思う。（１００字）

＊評価ポイント

問３でまとめた要点に対しての意見や感想を求めているので、具体的にどういうことに対して何を感じたのか、思ったのかを端的に書き切ることが望ましい。

新作国語問題

（一）読解＋要約＋論述の王道問題
②日本の歴史文化に深く取り組む問題

大学入試用　制限時間三〇分

次の文章を読んで、後の問いに答えなさい。

横山操《みさお》は「日本画の将来はどうなるんだ」と言って死んでいった。

危篤の横山からどうしても会いたいと言われ、最後の日々を裸どうしでつきあったという加山又造の報告に知られた話である。

横山は五一歳で脳卒中に倒れて右半身が不随になり、いったんは挫《くじ》けて絵筆を折ったが、なんとか気をとりなおし、左手で画技を習得してやっと描けるようになった。が、それもつかのま、ふたたび脳卒中で倒れた。昭和四十八年（一九七三）のこと、五三歳だった。横山はその死の五年前に、加山と「二人展」を催していた。

もはや体がきかなくなった病床で、横山は「日本の水墨画を完成させないで死ぬのは無念だ。ぼくはもう一度、雪舟から等伯《とうはく》への道程をたどってみたかった」と加山に告げていたという。

一九七〇年代のことだ。それでも日本の水墨画は完成していない。雪舟に戻るということは、そのスタート地点に立つということである。横山は、そう言ったのだ。

それから四半世紀、この言葉はいまだに問われつづけている。

どこへ、何に向かってか。

なぜ、横山操は最期の最期になって雪舟から等伯までたどってみたかったのだろうか。それはどんな意味をもっていたのだろうか。日本画の将来を案ずることと、雪舟から等伯までたどってみることには、どんな関係があるというのだろうか。

　これらのことについては、その後も何の答えも出されていない。

　それだけではなく、かえって日本画の示そうとする輪郭は、その後どんどんあいまいになりつつあるように見える。


　だいたい「日本画」とは何なのか。その日本とは何なのか。

　洋画に対して日本画というのなら、この名称ほどつまらないものはない。革新と伝統で対比できるわけでもないし、国際性と国内性で分けられるものでもない。うっかりすれば「油《あぶら》」と「膠《にかわ》」のちがい、用筆や顔料《がんりょう》のちがい以上のなにものでもない。それに日本画という名称自体は明治初期の東京美術学校の「日本画科」のために、とりあえず岡倉天心によって用意されたものにすぎなかった。洋風画（洋画）あるいは「西洋画科」との対比のためである。それまでは日本画という言葉はなかった。

　では、どういう用語があったのかというと、もともとは「唐絵《からえ》」に対するに「倭絵《やまとえ》」という言葉がつかわれていた。その前はたんに「作り絵」とよばれた。いまではその倭絵を「大和絵」とか、最近は平仮名にして「やまと絵」と綴る。

　唐絵がどんなもので、それに対比された倭絵がどのような絵画のことかについてはいずれ説明するが、この対比がすでに明治期の西洋画に対する日本画の設定の規準にあたっていたともいえる。そこにはさまざまな事情が関与した。

　ということは「日本画」のルーツも、そこにつかわれた日本という言葉の重みも、こうした事情に関係があるということなのだ。

　しかし事情はともあれ、日本画はその後ずっと日本の美術に君臨しつづけてきた。脱亜入欧の掛け声に抗するかのように日本画は生まれ、そのまま近代日本を駆け抜けて現代にいたり、横山操の疑問にまで走ってきた。

日本画は迷走したのだろうか。

迷走したばかりではない。大きな収穫も得た。大観・春草・栖鳳《せいほう》が広がり、鉄斎・華岳・古径が深まった。明治以降、日本画という名称を背負って闘った日本画家たちの研鑽には、それを「洋画」にくらべても、また音楽や彫刻や建築などの他のアートジャンルにくらべても、遜色がないというより以上の精神的な高みや深みがあった。日本画家は、日本音楽とか日本彫刻とか日本建築という用語があまり定着していないなかで、あえて日本という十字架を背負ってきた。そこには、ごくわかりやすい例にたとえるなら、日本料理や和食に賭ける板前の意地のようなものがあった。

だからこそ日本画は近代をも現代をも駆け抜けてきたといえるのだが、とはいっても世界の美術界で十全な評価をえたわけではなかったし、画人たちもそのような日本画の状況を納得してきたわけではなかった。つまらない日本画も露出しつづけた。

こうして横山は生命《いのち》の終息の間際になって悩み、雪舟から等伯への道程をたどりなおしてみたいと言ったのである。

私はこのことが気になって、この執筆をずいぶん前におもいたった。そしてその草稿ともいうべきものを美術雑誌に五年ほど連載した。

動機はいくつもあったが、そのうちで最も身近な動機は、私の叔父が横山操と同じ青龍社に所属していた画家で、私の家にも横山操がときどき遊びにきていたということである。

子供のころの私は、叔父が一〇〇号か二〇〇号くらいの画布を床に置いて、まるで痩せたマエストロのように口に咥えた絵筆を手に取りなおすのを見ているのが大好きで、東福寺の塔頭《たっちゅう》のひとつにあったアトリエを訪れては、その鉄線《てっせん》や没骨《もっこつ》を凝視していたものだった。ときには、ヤカンの湯をある高さから画布に落として「たらしこみ」を工夫していたのがおもしろかった。

叔父は横山操の年長の友人ではあったが、横山については評価をしながらも、少し考えこんでいたふうだった。詳しいことは聞けなかったものの、きっと横山操という異才の出現が鎌鼬《かまいたち》さながらに叔父の才能のどこかを擦傷したからだったろう。それだけに、横山操という存在は私の青少年期の記憶にも鮮やかなのだ。

その横山が「日本画の将来」を、あえて「雪舟から等伯をたどりたい」と言って死んでいった。私はいつかこの姿勢にあらためて向きあわねばとおもってきた。

横山はたんに日本画の将来を問題にしたのではなかった。水墨画を、あるいは水墨山水をこそ「日本画」とし、それをもって「日本」としたかったのである。

松岡正剛『山水思想』第一部Ⅰ「日本画の将来」より

〔問〕傍線について、次の問いに答えよ。

（1）「こうした事情に関係がある」の「こうした事情」とはどのような事情か。一〇〇字程度で答えよ。

（2）筆者の考える「日本という言葉の重み」とはどのようなことか。三〇〇字程度で答えよ。

作問者：小濱有紀子

問題解説

□作問の狙い——日本という方法の深みに入ってもらう

松岡の『山水思想』は、中国文化に倣いながらも独自の思想や方法を培ってきた日本文化を読み解いた大著である。日本文化全般ではなく水墨山水画に焦点を当てている分、内容はかなり専門的で高度なものとなっている。そのためであろう、『山水思想』を使った入試問題は、同じく日本文化を扱い比較的読みこなしやすい『日本という方法』や『日本文化の核心』に較べると決して多くはない。が、その一方で、第2章の鎌倉女子大学や第3章の静岡県立大学大学院のように、本書を用いた入試問題はたいへん深みがあり、松岡をも唸らせている。

この問題は、『山水思想』を使って、日本についてのさらに深甚な考察に受験生を案内するような組み立てにしてみたものである。「日本画」という象徴的な例示を通じて、単なる西洋との対比ではない「日本」というものを炙り出すことを狙いとしている。

□解答案と評価ポイント

（1）「倭絵」という言葉が「唐絵」との対比で作られたように、明治期の「日本画」「洋画」の括りが、国を開いて優れたものを取り入れ、諸外国に対抗しうる力を蓄えていく過程で、とりあえずの比較対照として派生したという事情。（104字）

＊評価ポイント
テキストに書かれている語句を用いて適切に要約・補足しながらまとめていけばよいが、必ず次の二つのポイントは押さえたい。一つは、「倭絵と唐絵」、「日本画科と西洋画科」、「日本画と洋画」といった具体的な対比例を明示できていること。二つめに、この対比が、明治期の西洋と日本の状況、特に西洋文化の日本の受け止め方を表現できていること。

（2）「日本」という言葉を背負う以上、それは常に「日本とは何なのか」という問いと向き合うことになる。「日本画」の名称が用意された明治期は、国家としての日本、あるいは表象に向かっていく「方法としての日本」が問われていた。芸術文化のみならず、国家として、諸外国（特に西欧）の力に対抗しうる日本のコアを確立することが求められていたからである。つまり、西欧の学力・科学技術力・経済力によってまるまる代替されるもの、西洋との対比のためにただ静的に存在するものではなく、土地や風土や文化を代表し、ルーツや歴史を背負っていくべきものとして、深めながら育て続けていく動的な「日本」こそが、真の「日本」の持つ意味であるということである。（306字）

＊評価ポイント

筆者の考える「日本という言葉の重み」を、テキスト全体をふまえて推し量りながら論述する。そのためには、「日本画」のことだけではなく、日本画が生まれた当時の状況をふまえて、筆者が提起しようとしている日本および日本人のあり方や問題を大きく摑まえていく必要がある。たんなる西洋との比較対照としての日本ではなく、日本人がみずから自覚し方法として捉えていく日本のあり方を書ければ高い評価を与えたい。

新作国語問題

(二)文章比較問題への提案

①類似と相違を見極める問題　大学入試用　制限時間六〇分

二つの文章、AとBを読んで、次の問題に答えなさい。

〔問1〕それぞれの文章で「小さなもの」の例としてあげられているものを、合わせて一五個以上列挙しなさい。ただし、Aの文章の中の「小廻り、小雨」などの「小」を接頭語として用いた言葉の用例は除きます。

〔問2〕二つの文章の内容で共通している点を一つあげて、五〇字以内にまとめなさい。

〔問3〕二つの文章の内容で違っている点を二つあげて、一五〇字以内にまとめなさい。

〔問4〕二つの文章であげられていない「小さなもの」の例を三つあげながら、二つの文章についてのあなたの考えを一二〇字以内にまとめなさい。

◆文章　A

※この文章は、中西進『日本人の忘れもの　3』の中の「こもの」と題された文章の一部です。この文章の前の部分では、筆者が電動ではなく手動の鉛筆削りや、鉛筆をまわして削る小さな安い鉛筆削りを愛用していたことが書かれています。

手を動かして削った三センチの鉛筆が短軀《たんく》であるように、手では大きいものは作れない。

この小さなもの、それが大きな価値をもっていることを、この際改めて私は思い出す。

昔は小間物屋という店があった。小間とは宛て字なのだろう。「こまごまとした物」を売る店という意味らしい。「こまごまとした物」とは、とかく細かい物だ。

店先には、身の廻りの品物、安化粧品や髪飾りの安物。おもちゃだか本物かわからないものが多かった。

一銭屋というのもあって、すべての商品は一銭の安物だった。今の百円ショップに当たるのかと思うが、百円ショップの方がはるかに高級である。

昔の商人は元手が少ないと小間物屋を開いた。女流作家の樋口一葉も貧乏の急場しのぎに一銭二銭の商いをしたと日記に書いている。

そんな品物は、要するにちょっとした細工物だったが、この「細工」という働きが、思いのほかに市民権をもって、生活の中に存在していたのである。

もちろんたかが細工物である。大そうな物ではない。子どもだましだと思われるものもある。

しかし、「細工」にこだわる生活の仕方は、小さいものの価値を大事にするものとして、貴重だったのではないか。「小細工」などといってののしられながら、結構その精巧さにびっくりさせられたり、工芸の粋がこめられたりしていた。

日本の工芸美術というといつも話題になる（注1）根付けも、その中の一つだ。今はやりの携帯電話のストラップが根付けの現代版だろうが、ここに昔ながらの工芸の粋をつくしたもののなごりを、見ることはない。

ストラップには、目下流行のキャラクターをつけたり、鈴をつけたりで、可愛ければよいといった類に思える。

せめてキーホルダーのレベルであってほしい。こちらは西洋ふうなおしゃれとして先輩で、ダンディな細工物をつけている男性を見かけたりするが、それでも何十年か後には博物館に飾られるといった品物はごく希《まれ》であろう。

根付けは和装とともに滅びて、今に伝統をつたえていない。

そうなると江戸時代までの、同様に何気ない丹精をこらした小物――〈注2〉刀の目貫《めぬき》とか鍔《つば》とかの変形がどこかにあるかというと、まったく見当たらない。

私たちの世代は、こうした物をよく骨董《こっとう》屋で見かけた。目貫にしても鍔にしても、江戸の終わりごろの物になると、まったく実用には役立ちそうもない、繊細でおしゃれな物もあった。桜があしらってあったり、月が透かし彫りになっていたり。

この手技の凝り方は、小さい物へ小さい物へと凝集していく意志を徹底させて、みごとな工芸品を作り出したのであろう。

手技の身上とする、細かなもの小さいものの美の演出が江戸時代には盛んだったのに、今はもう、そんな価値観はない。

古い日本語の中には美をあらわす単語がたくさんある。「うつくし」はもちろんとして「うるわし」「艶なり」「けうら」などなど。その中にまじって「くわし」という美がある。これは、こまやかな美を表現したが、万事、大ぶりがはやると、「くわし」という美意識もうすれていった。

「うつくし」だって、本来は可愛い、という意味だった。だから十一世紀の女流エッセイスト清少納言は「小さきもの、みなうつくし」といっている。

ところが小さい物を美とする意識がとぼしくなると「うつくしい」は美全体に拡大した。小さくても大きくても、可愛くなくても美しければみんな「うつくしい」というようになった。

そもそも「小《こ》――」ということばも、なかなか味があった。小廻りが利くのは身のこなしが軽いからだ。小気味よい技は、きびきびした動作がほめられている時の評語だろう。

小味もほめことば。小雨も罰は軽い。小半時というと情緒たっぷりで、「夕焼小焼」というと、意味をなさないことも考えずに、ポエジーを感じてしまう。

もちろん悪いばあいもある。小うるさいのは閉口だし、小利口はむしろ悪口である。

しかし「小」をつけることで体質を微妙に区別しようとする言葉づかいには、感心させられるではないか。

そんなことばの味までふくめて、現代人は小さい物に目を向けなくなって、大ざっぱに生活している。

大きいことはいいことだというのが、唯一の価値観かもしれない。

（注１）　根付け＝江戸時代に使われた留め具。たばこ入れなどのひもの先端にすべりどめとして細工物をつけた。
（注２）　刀の目貫とか鍔＝刀の部位。

◆文章　B

※この文章は、松岡正剛『日本文化の核心』の中の「小さきもの」と題された文章の一部です。この文章の前の部分では、ポケモンという小さなヒーローは桃太郎など昔話に出てくる小さなヒーローと通じていると説明されています。

日本の昔話には、どうしてポケモンやたまごっちみたいな子が成功する話が多いのでしょうか。

柳田国男は『桃太郎の誕生』（角川ソフィア文庫）のなかで、その謎に挑んだ。桃太郎がどのようにして水辺で発見されたのか、桃にはどんな力がひそんでいると信じられていたのか（桃には邪気を祓《はら》う仙果の力があった）、なぜ成長すると正義を発揮したり富をもたらしたりするのかといったことを調べあげ、日本には「小さ子」という伝承形態が脈々と流れていたということをつきとめました。全国にはコケシやお守り人形や雛人形などのヴァージョンが多いことも関係していると見た。

（中略）

柳田の「小さ子」論は日本の大事な成功や充実を物語る大きなヒントでした。カプセルに入った「成長の芽」をたいせつにするという考え方の原型が、ここに歴然として認められます。

このことは、日本人が「小さなもの」や「小さなところ」を大事にするという価値観や美学に密接に関係していきます。和歌や短歌、もっと短い俳句が普及し、小さな庭や小さな茶室から茶の湯の文化が生まれていったことも、それらが「わび・さび」として貴ばれた美意識になっていったのも、もとはといえば「小さ子」礼賛的なものだったのです。

（中略）

私は「小さきもの」は、日本の社会文化や技術文化の特徴を解く鍵のひとつだと思っています。おそらくは技術的には手先が器用であること、江戸・明治期に家内制手工業が広がっていたこと、資源に乏しいため加工技術が発展したことなどがそうなった要因としてあげられますが、小さいものをさまざまに解釈していった才能があったことも特筆すべきです。

たとえば扇子や手ぬぐいです。扇子の本来的な用途はもちろん扇ぐことですが、男性女性を問わず和服正装のときは必須用品ですし、大相撲の呼《よび》出《だし》が扇子を開いて力士を呼ぶこともあれば、茶道では正座した膝の前におくことで相手との間に一線を画す結界の役目をはたしますし、日本舞踊の扇子はしぐさを強調するためにつかわれます。

手ぬぐいもすばらしい。汗を拭《ぬぐ》ったり体を拭いたりするときにつかいますが、なんといっても祭りに欠かせない。とくに豆絞りの手ぬぐいは全国津々浦々にある。捩《ねじ》れば鉢巻きになりますし、阿波踊りやよさこい踊りや盆踊りの頬かむりにもなる。

手ぬぐいは木綿を平織りしたシンプルな布にすぎません。平安時代にすでに登場して、『今昔物語集』では「手布《たのごい》」と呼ばれています。三尺（一尺は約三〇センチ）ものや九尺ものなど長かったようですが、江戸時代には反物の並幅（約三六センチ）になり、長さも二尺五寸に落ち着いた。家紋や屋号を染めたり、神事の際の装身具にしたり、贈答品にしたり、茶巾に使ったりで、ありとあらゆる用途に使われてきました。大流行でした。落語家がその手ぬぐいを開いたり、二つ折り三つ折りにして、財布や文書などいろいろなものに見せたりしていますが、まことにみごとな芸当です。

これは「見立て」という才能です。AをBやCに比喩的になぞらえること、それが見立てです。小さきものはさまざまな見立てが可能なのです。大きいものはその形状がはっきりしていて、どーんとしていますが、小さきものはいろいろに見えるし、実際にもいろいろな用途に変じる。そこに日本人は価値の多様性や変容性を読みとったのです。

作問者：門倉正美

□作問の狙い——比較読みの意義をふまえる

近年盛んに試みられている複数のテキストを問題文とするスタイルに則った問題案。使用したテキストは、中西進『日本人の忘れもの　3』と松岡正剛『日本文化の核心』第八講からの引用であるが、本書第1章でとりあげた京都文教大学の問題文を流用させていただいた。

複数のテキストを問題文とする意義は、あるテーマについての複数の視点・論点を提供し、それらを比較・対照させることによって、読み手にそのテーマについての自分の考えを構築させることにある。そのモデルは、アカデミックな「先行研究」へのアプローチや、メディア・リテラシー教育で重視される複数メディアの「比較読み」などにあるだろう。よって、このような問題では、複数のテキストの類似点と相違点を捉える設問を経たうえで、自分の考えをまとめるという構成にすることが王道であると言えよう。本問題は、そのような考え方で作成した。

またここでは、問題文としてとりあげた文章の出典を示すだけでなく、切り取った文章の前の部分の文脈を示すようにした。国語読解問題のほとんどは、オリジナルテキストから部分を切り取ったものであるが、元の文章の文脈から何がどのように切り取られたのかは、最低限、作問者は示しておくべきではないかという問題提起もしておきたい。

□解答案と評価ポイント

問1

A　三センチの鉛筆、小間物（安化粧品・髪飾りの安物も可）、細工物、携帯電話のストラップ、根付け、キーホルダー、刀の目貫、鍔

B　ポケモン、たまごっち、桃太郎、コケシ、お守り人形、雛人形、和歌、短歌、俳句、小さな庭、小さな茶室、扇子、手ぬぐい

＊評価ポイント

二人の著者が「小さきもの」としてあげている例示に注目してもらうための設問。例示の適切さはもちろんのこと、二つの文章のどちらかに偏らないことなども重視する。たとえば次のように点数をつけるようにしたい。一五個以上：五点、一二～一四個：四点、一〇～一一個：三点、五～九個：二点、一～四個：一点、〇個：〇点。

問2

小さなものに美や価値を見出し愛好するところに、日本の社会文化や技術文化の特徴を見ている点。（45字）

＊評価ポイント
二つに共通するキーワードとして、「小さいもの」（小さきもの）、「美」（美意識）、「価値」（価値観）は押さえてほしい。またそれらが、日本人の社会や文化や生活のなかに広く見られるというニュアンスも込められるとなおよい。

答3

Aは「小さなもの」を物品や言葉使いに限定しているが、Bは桃太郎や俳句、茶室など物品以外の「もの」や「ところ」に広げて考察している。また、Aは現代の日本人は小さい物を顧みなくなっていると言うが、Bは現代でもポケモンなどのように「小さいもの」が重視されている例を見ている。（134字）

＊評価ポイント
AとBとで違っている点を二つあげてほしいので、一つは「小さいもの」としてカバーしている範囲や視点の違い、もう一つは「小さいもの」を重視する価値観が現代の日本でなくなっていると見ているか、残っていると見ているか、その違いをあげることが望ましい。

問４

今も愛好者の多い盆栽、プラモデル、ガチャガチャなども、日本人の「小さいもの」への価値観をあらわす例である。こういうことをただのミニチュア志向とは捉えず、価値の多様性や変容性を発見する日本人独得の「見立て」の才能として見るＢの視点に共感した。（１２０字）

＊評価ポイント

問２で二つの文章の共通点を、問３で違っている点を丁寧に見てきたことを生かし、この問４では、どちらの考え方や主張のほうに共感できるか、同意できるか、といった評価も込めて書いてほしい。ただし文字数をかなり限定しているので、二つの文章それぞれについての評価までを入れ込もうとしなくてもよく、この解答例のようにどちらか共感できるほうを取り上げるという書き方でよい。

また、新たに取り上げる三つの例示と、二つの文章に対する考えは、できるだけつながりをもって書いてほしい。

新作国語問題　(二)文章比較問題への提案

②感性や美意識を比較してみる　大学入試用　制限時間六〇分

与謝蕪村の俳句について述べたA・Bの二つの文章を読んで、後の問いに答えよ。

◆文章　A

凧《いかのぼり》きのふの空の有りどころ

北風の吹く冬の空に、凧が一つ揚《あが》っている。その同じ冬の空に、昨日もまた凧が揚っていた。蕭《しょう》条《じょう》とした冬の季節。凍った鈍い日ざしの中を、悲しく叫んで吹きまく風。硝子《がらす》のように冷たい青空。その青空の上に浮んで、昨日も今日も、さびしい一つの凧が揚っている。飄々《ひょうひょう》として唸りながら、無限に高く、＊穹窿《きゅうりゅう》の上で悲しみながら、いつも一つの遠い追憶が漂っている！

　この句の持つ詩情の中には、蕪村の最も蕪村らしいa郷愁とロマネスクが現われている。「きのふの空の有りどころ」という言葉の深い情感に、すべての詩的内容が含まれていることに注意せよ。「きのふの空」は既に「けふの空」ではない。しかもそのちがった空に、いつも一つの同じ凧が揚っている。即ち言えば、常に変化する空間、経過する時間の中で、ただ一つの凧（追憶へのイメージ）だけが、不断に悲しく寂しげに、穹窿の上に実在しているのである。こうした見方からして、この句は蕪村俳句のモチーフを表出した哲学的標句として、芭蕉の有名な「古池や」と対立すべきものであろう。なお「きのふの空の有りどころ」という如き語法が、全く近代西洋の詩と共通する※シンボリズムの技巧であって、過去の日本文学に例のない異色のものであることに注意せよ。蕪村の不思議は、外国と交通のない江戸時代の日本に生れて、今日の詩人と同じような欧風抒情詩の手法を持っていたということにある。

萩原朔太郎『郷愁の詩人　与謝蕪村』より

※穹窿＝天空、大空
※シンボリズム＝象徴主義

◆文章　B

菜の花や鯨《くじら》もよらず海暮れぬ
さみだれや名もなき川のおそろしき

鯨のいない海。名前がついていない川。ここにはいわば「不在の大きさ」や「名ざせぬものの大きさ」が見えていて、さらにたまげる。蕪村にとっては、大きさと小ささ、遠さと近さは同じ目に写る世界なのである。存在と不在は同時に見えるものなのだ。

ここには「負の蕪村」がいる。この「負の蕪村」こそがぼくが最近になって強調している蕪村なのであるが、そのことについてはここではふれないでおく。『山水思想』に指摘した「負の山水」についての見方を読んでもらいたい。一言だけいっておくと、ぼくはかつて、「凧（いかのぼり）きのふの空のありどころ」に接したときに、一切を了解できたのだ。この人にはｂ「不在の存在学」があるということが――。つづいて、この句とともに次のような句をノートに抜き出して並べて、またまた深い溜息をついたものである。そのノートをさきほど引っ張りだしたら、こう、並んでいた。

凧（いかのぼり）きのふの空のありどころ
秋の空きのふや鶴を放ちたる
月天心貧しき町を通りけり
欠けて欠けて月もなくなる夜寒かな

第一句。空を見上げても何もない。けれどもその空のあのあたりに、いや、そこに、昨日は凧が上がっていた。それが「きのふの空のありどころ」である。第二句。空を見ていると青空が広がっている。けれども昨日は、この空の只中に一羽の鶴が悠々と放たれていた。これが前二句の「見えないものが見えてくる観望」というものだ。

後二句は、もう少し手がこんでいる。第三句が、ここには月光すべてがあからさまなのに、その月の光を浴びている町は何も答えていないという感興であり、第四句は、今夜は新月なのに、数日前からそこには月が欠けていって、いまさっきその月が欠けきって、心に染みるような夜寒《よさむ》だけが残ったという感興。

これらは「負の存在の詠嘆」である。「負の視像の存在学」である。こういう句は蕪村にしか作れない。

松岡正剛　千夜千冊　第八五〇夜　与謝蕪村『蕪村全句集』より

〔問1〕与謝蕪村の俳句「凧きのふの空の有りどころ」の解釈について、AとBの文章では大きく異なる点がある。それについて五〇字前後で説明しなさい。ただし説明の際、「凧」「目前」という語を使用すること。

〔問2〕傍線部a「郷愁とロマネスク」、及び傍線部b「不在の存在学」について、次のア〜オの詩歌はどちらにあてはまるか。それぞれ、aまたはbの記号で答えなさい。

ア　不来方《こずかた》のお城の草に寝ころびて空に吸われし十五の心

イ　見渡せば花も紅葉もなかりけり浦の苫《とま》屋《や》の秋の夕暮れ

ウ　韓《から》にして、いかでか死なむ。やまとには父もゐませり。母もゐませり。

エ　春風の花を散らすと見る夢は覚めても胸のさわぐなりけり

オ　駒《こま》とめて袖うちはらふ陰もなし佐野のわたりの雪の夕暮れ

〔問3〕「凧きのふの空の有りどころ」について、あなたの解釈は文章A・Bのどちらに近いか。どちらかを選択し、その理由も含め、二〇〇字以内であなたの考えを述べなさい。なおA・Bの選択による有利、不利は生じない。

〔問4〕選択問題

問3においてAの解釈を選択した受験者は（1）の問題、Bの解釈を選択した受験者は（2）の問題に回答しなさい。

（1）【A】の文章から連想を広げたうえで、「象徴」についてあなたの考えを四〇〇字以内で書きなさい。

（2）【B】の文章から連想を広げたうえで、「不在」についてあなたの考えを四〇〇字以内で書きなさい。

いずれを選んだ場合も、書き出しや改行の際の空欄、句読点（「、」や「。」）やカッコ類（「」）などもそれぞれ字数に数えること。

作問者：三苫麻里

問題解説

□作問の狙い――感性の違いをどう読み取るか

文章比較問題①で説明したように、複数のテキストを使って読解力や記述力を試す問題では、まず類似点と相違点を捉える設問に取り組んでもらい、そのうえで自分の考えをまとめるという段取りを組むことが王道であろう。この②の問題でも同様に、論点が対立する文章を読み、その対立点を理解したうえで自分の意見を展開する構成にした。

ただし、ここで対立しているのは文学作品の解釈である。これは論者の感性や美意識にかかわることであり、合理的・客観的に論点を比較しその正否を問うことがなかなか難しい。とはいえ、われわれの知的活動は合理やロジックばかりで成立っているわけではない。感性や美意識のはたらきをアナロジカル（類推的・連想的）に捉えていくことも、文学や文芸や芸術の理解のため、ひいては他者理解のために欠かせないはずだ。この問題では、二人の論者のちがいが端的にあらわれているキーワードをあらかじめ提示し、それを手掛かりに詩歌に込められた感性や美意識を類推的に読み取る設問も工夫してみた（問2）。

素材としたテキストは、蕪村の「凧」の俳句の解釈をめぐるもので、文章Bにある「負の存在」「負の想像力」は、松岡の編集思想の根幹ともいえる考え方である。設問の構成は文章Aと文章Bのどちらにより共感を覚えてもらってもよい組み立てにしているが、この問題を通して、若い受験生たちに少しでも松岡の考え方に触れてもらいたいという意図もこめている。

□解答案と評価ポイント

問1

Aの解釈では凧は目前にあるが、Bの解釈では凧は目前にはなく、昨日空に揚っていた様子を思い出している。（50字）

＊評価ポイント

主張の違う文章の読解と、要約の力を問う問題。「凧」「目前」という二つの言葉を用いるように規定し文字数も少なくすることで難度を下げるとともに、掴んでほしいポイントを明確にした。Aは揚っている凧を目前にしており、Bはそうではないということが簡潔に説明できていればよい。

問2

以下、正解とともにそれぞれの作者を記しておく。

ア・a　石川啄木

イ・b　藤原定家
ウ・a　与謝野鉄幹
エ・b　西行
オ・b　藤原定家

＊評価ポイント
萩原朔太郎の「郷愁とロマネスク」と松岡の「不在の存在学」という重要なキーフレーズがどういうことを指しているのかを読み解いたうえで、この二つのキーワードを手すりに古典から近代までの和歌・短歌に込められているものを類推的に解釈しグルーピングしていく。この設問を経ることで、問3・問4でどちらの主張により共感するか、加担したいかを判断しやすくさせるという狙いもある。

問3

・Aを選択した解答例
私はAの解釈をとる。Bのように凧不在説をとると、凧のモノとしての存在感や凧の句である必然性が薄くなると感じた。Aの解釈であれば、変化する空の中で変化しない凧の存在がくっきりと浮かび上がってくる。さらに、追憶という心の動きと凧の形状もマッチしていて、凧である必然性を感じた。追憶とは記憶の糸をたどって過去へ遡ることだ。凧も二点の間が糸で結ばれており、追憶を象徴するイメージとしてふさわしいと納得した。（199字）

・Bを選択した解答例

Bの解釈をとる。目の前に現実の凧がないほうが、その不在を起点として想像力が喚起され、様々な記憶がよみがえるのではないだろうか。何もない空に浮かびあがる凧の面影から、ある人は昨日の凧を、ある人は子供の頃の正月の凧やともに過ごした人の顔を思い浮かべるかもしれない。不変と変化の対比という一つの解釈を強調するような見方ではなく、「ないもの」から多様な思い起こしをさせるBの解釈のほうに惹かれた。（194字）

＊評価ポイント

読解力・思考力・表現力を問う問題。評価のポイントは、まず、どちらを選択したかが明確に示されているかどうか。またその選択理由がしっかり記述できているか、納得できる内容かどうかの二点である。「納得できる内容」の基準とは、①文章に照らし合わせてその解釈が妥当であるということ、②その文章に共感する自分の感性をうまく言語化できている、ということである。とくに②の言語化が適切な答案は高く評価したい。

問4

・Aを選択した解答例

富士山は日本の、鳩は平和の、三色旗は革命の象徴だ。世の中にはこういった象徴があふれている。どうして人はこんなにも象徴を必要とするのだろう。

象徴・シンボルの大きな役割は、平和のような抽象概念を「見える化」してくれることである。平穏な風景写真だけでは何も伝わらないが、そこに鳩を配置すれば、平和を訴えるポスターにもなりうるのだ。

もちろん、文字や記号でも意図を伝えることはできる。けれども、シンボルには文字や記号以上に、強く人の感情に働きかける効果があると思う。それは、シンボルには同じ歴史や文化を共有する人びとの思いが込められているからではないだろうか。

たとえば、日本人の多くは、富士山の堂々とした美しさに誇らしさを感じるだろう。そんな富士山に託して、日本のあるべき姿を思いうかべる人もいるだろう。これこそが、象徴のもっている力なのだ。

（20字×20字　ただしレイアウトの都合上、42字詰めにした）

・Bを選択した解答例

私は娯楽中の事故で左手四指を失った。かつてはそこに確かにあった四指と共に、それにまつわる思い出がその「不在」によって様々に想起される。小学生時代のピアノ練習、鉄棒での懸垂、レストランのアルバイトで左手に何枚もの皿を持ちながら動き回ったこと。諦めたことも多くあるが、その代わりに必要なことはどうやってこなすかという創意工夫も身についた。「不在」について思いを巡らせることは、喪失感に包まれた負の感情だけではなく、そこから何を工夫して復活させようかという情熱もかき立てる。

「今あるもの」について考えるときよりも「ここにないもの」を考えるとき、人は多くの記憶や想像力と共に、更なる創造力を発揮できるのではないだろうか。「不在」や「不足」に何を足してゆくのかと工夫し始めたとき、それは単なる欠如ではなくなる。物理的な面だけでなく、心理的な面も含めて無限の可能性を引き出す契機となると考える。

（20字×20字　ただしレイアウトの都合上、42字詰めにした）

＊評価ポイント

これも読解力・思考力・表現力を問う設問であり、評価ポイントは次の通りである。

まずは、問3で選択した文章のトピックを用いながら、論旨を展開できているかどうかである。この設問では、Aは「象徴」について、Bは「不在」についてというふうに、テーマはあらかじめ指定してある。たとえば、Aであれば「象徴のはたらき」、Bであれば「不在が呼び起こす想像」など、本文が言わんとしているそれぞれの言葉の意義を捉えたうえで、文芸表現の方法論に結び付けて展開できていることが望ましい。

もとの文章から連想を広げて考えを述べることを求めているので、本文と関係のない話になっていてもかまわない。四〇〇字とそれなりの文字量なので、具体的な例示も織り込みながら説得力のある構成をしたものを高く評価したい。

新作国語問題

（三）とことん書かせるユニーク問題

①エッセイの続きを書いてみる問題

大学入試用　小論文　制限時間六〇分

次の文章は、松岡正剛の「いじめとヴァルネラビリティ」と題された短いエッセイの一部です（『背中のない日本』所収）。これを読んで、後の問いに答えなさい。なお、設問の都合で出典の原文の一部を変更しています。

最近、議論になっているちょっと面倒な言葉に「ヴァルネラビリティ」がある。訳すのが難しい。「他からの攻撃を受けやすい」とか「傷つきやすいこと」というニュアンスだが、このままではたんに脆弱性といった意味しか持ちそうもない。しばしば攻撃誘発性などと訳されるものの、あまりいい訳ではない。いじめを受ける小学生や中学生のことをヴァルネラブルだということもある。これはたしかに攻撃誘発性という意味なのだが、これではまるでいじめを受ける子供が悪いんだという意味にもなりかねず、いささか不当である。

実は、この言葉の興味深い使われ方は、そのような「弱さ」があるゆえに、他者とのアクティブな相互作用ができるはずだという点にある。（以下、略）

〔問〕　このエッセイの続きを「感受性」「情報」「ネットワーカー」という三つのキーワードをすべて一回以上使い、五〇〇字程度で自由に記述しなさい。（キーワードはどの順番で使ってもよい。）

作問者：加藤達彦

問題解説

□作問の狙い――「いじめ」について意外な角度からの考察も

「ヴァルネラビリティ」という日本語に訳しにくい概念をもとにした短いエッセイの冒頭を読んで、三つのキーワードを使いながら、その続きを自由に記述するという小論文問題である。

三つのキーワードは、いずれも日常的に使われる言葉である。したがって、本問の解答を考える際に特別な知識は必要ない。そのため、これら三つのキーワードをどのような意図をもって用い、論理的・整合的につなげていくかということがポイントとなる。また、松岡の文章のおもしろさと魅力はその発想力、連想力にある。一般的にはとうてい結びつきそうもない意外な言葉や概念が、読者の予想を心地よく裏切って見事に連結されていく。そのような松岡の文章を用いた新しい問題である以上、思い切った発想や大胆な展開の解答が出てくることも期待したい。

もちろん、高校生にとっても身近な問題であろう「いじめ」というテーマについて、意外な角度からの深い考察を促してみたいという意図も込めている。

□解答案と評価ポイント

「他からの攻撃を受けやすい」とは、他者からの働きかけを受ける機会を得やすいということである。「傷つきやすいこと」とは、裏を返せば、他者からの働きかけに対する感受性が高いということでもある。ヴァルネラブルであることは、外からもたらされる情報と内にある情報とが相互に激しく反応し、それが何か大きな相転移をもたらす可能性が高いということでもある。

古今東西の物語のなかで、主人公として人気があるのは、決していじめる側ではない。「ヴァルネラビリティ」をまとったいじめられる側、はかなく弱々しいフラジャイルな存在のほうである。英雄や成功者と見なされる者も、最初はとてつもなく弱い存在だったり、苦手なものや欠落したものを抱えていたりする。ヴァルネラブルでない人物たちは、総じて退屈でつまらない。

障害者、病人、貧者などのいわゆる社会的にヴァルネラブルな人々は、かつては共同体の表や中央にはいられず、周縁部である境界に追いやられた。しかし、そうした人々のなかから各地の周縁部を渡り歩くネットワーカーが生まれ、体制的な強靭さとは別次元の、柔らかでしなやかな連帯を通じて、さまざまな芸能や職能が発展していったのである。（４９８字）

＊評価ポイント

トライアル・メンバーからは「ネットワーカー」という言葉の入れ方が難しかったとの感想が複数出たが、おそらく高校生のレベルでは「情報」という言葉の展開の仕方もかなり迷うのではないだろうか。これらの言葉を適切に用いて、なおかつ説得力のある論旨を展開できたものは評価してよいだろう。

以下に松岡が書いた原文の続きを掲げておくが、この内容に沿った語句の使い方や展開にしなくてはならないということではない。

【参考資料】（松岡による「いじめとヴァルネラビリティ」続き）

あえて自分の「弱さ」を先に提示してしまうこと、そのヴァルネラブルな存在の作用こそがかえって深い感受性をもつことができるという、そこがポイントなのだ。ゲイ・リベレーションは、そうしたヴァルネラブルな社会運動にまで広がった。

他方、ヴァルネラビリティは「情報」の本質的特徴のひとつでもある。情報は強化されすぎたり私有されすぎたりすると停滞し、逆に、弱きものや柔らかなものに向かってどんどん流れこむという性質がある。自分の弱味をさらけだすことこそが、情報を入手する上での秘訣なのである。

中世社会においては、この「弱さ」をもつ者たちが初期の情報ネットワークの要になっていた。前にも書いたように、かれらを「境の民」とよぶ。芸能者や技能者の多くがこうした「弱さ」を背負いつつも、たくましい情報ネットワークをつくっていったのだ。弱いヴァルネラビリティが速いネットワークを生んだのだ。では昨日今日に、いじめを受けた少年少女たちもこのような「境の民」になっていくのだろうか。かれらこそは、最も速いネットワーカーになることだろう。（４５４字）

新作国語問題

(三)とことん書かせるユニーク問題

②目次読書法を体験してみる

高校入試用　制限時間六〇分

次の文章を読んで、後の問に答えなさい。

――さて、そろそろ「読書の楽しみ」とは何かというところへ入っていきたいと思います。そのうえで多読術のヒントをいただきたい。読書の醍醐《だいご》味《み》って何ですか。

一言でいえば、未知のパンドラの箱が開くということでしょうね。本はやっぱりパンドラの箱。読書によって、そのパンドラの箱が開く。そこに伏せられていたものが、自分の前に躍り出てくるということです。ポール・ヴァレリーふうにいえば、それによって「雷鳴の一撃を食らう」という楽しみですね。ということは、こちらが無知だからこそ読書はおもしろいわけで、それに尽きます。無知から未知へ、それが読書の醍醐味です。

――セイゴオさんでも「無知」から「未知」へ、ですか。

そりゃそうですよ。無知があるから未知に向かえるんです。読書は、つねに未知の箱を開けるという楽しみです。

だから、書店で本を選んで、それを持ち帰ったあとにその本を開けるときがとても大事です。これって、ちょっとした儀式ですらある。儀式といっても呪文《じゅもん》を唱えるわけではないけれど、今日の自分のコンディションをはかりながらバッターボックスに入るわけだから、ちょっと気持ちをこめて表紙をめくり、そこで大きく一呼吸ですよ。

さあ、それで本を読むことになるんですが、ここで焦ってはいけません。まずは目次のページを開きます。これがヒジョーに重要です。古典や小説を除けば、目次にはその本の最もよくできたアウトラインが示してある。新書の目次などを想定してもらえればいいでしょう。それでも目次はせいぜい二ページか四ページくらい。これをまずちゃんと見なければいけません。

実はぼくのばあいは、書店で手にとった時点で、本をパラパラめくる前に、必ず目次を見るようにしています。買う買わないはべつにしてね。せいぜい一分から三分ですが、この三分程度の束《つか》の間をつかって目次をみておくかどうかということが、そのあとの読書に決定的な差をもたらすんですね。

——どうしてですか。

これはぼくが「目次読書法」と名付けているものですが、目次を見て、ごくごくおおざっぱでいいから、その本の内容を想像するというのが大事なんですね。わずか三分程度のちょっとしたガマンだから、誰でもできる。そうしておいて、やおらパラパラとやる。

そうすると、目次に出ていたキーワードから想像したことを、その本の言葉の並びぐあいとの相違が、たちまち見えてきます。想像にまあまあ近かったところや、まったくアテがはずれたところが、すぐに見えてくる。一ページ目から読むのは、そのあとでいい。

これは買ってきた本を読み始める前にも、ほったらかしにしておいた本を読むばあいも、必ずやるといい。ゼッタイおススメです。つまり、この三分間目次読書によって、自分と本とのあいだに柔らかい感触構造のようなものが立ち上がる。あるいは、柔らかい「知のマップ」のようなものが、ちょっとだけではあっても立ち上がる。それを浮かびあがらせたうえで、いよいよ読んでいく。これだけでも読書は楽しいですよ。

松岡正剛『多読術』第三章「読書の方法を探る」より

＊一部を変更しています。

〔問〕以下に示す本の目次から、本全体の内容を想像した上で、一冊すべてを読んだつもりで読書感想文を五〇〇字以上六〇〇字以内で書きなさい。目次の一部だけを取り出すのではなく、できるだけ全体を扱うようにすること（ほんの一部だけ触れない部分があったり、扱いの軽い部分が出たりすることは構わない）。

荒田洋治『自分を伝える』
岩波ジュニア新書（二〇〇二）

V　自分を表現する原点
1　世界の中の日本を考える
2　国際化と自立
3　いま何をなすべきか

Ⅵ　青春を生きる

作問者：川野貴志

問題解説

□作問の狙い――本まるごとの構造を掴んで文章にする

これは松岡が提唱する「目次読書法」を取り入れた問題である。「目次読書法」は、本を読む前にまず目次をじっくり眺め、著者がどういうことを書いていそうかをいろいろ想定する。次に実際にページをめくって、事前に想定していたことの当たりはずれを確認しながら、通読していく。目次を一冊の本の「知のマップ」として想像読みをし、実際に本を読んでみたときとの距離や感覚のズレ具合を測っていくわけである。それによって、たとえば想定通りの内容であれば速読で済ませ、想定からはずれていたところをしっかり読み込むというように、読書を立体化し加速させることができるのだと松岡は説いている。

この「目次読書法」を試作問題に取り入れた狙いは、大きく三つある。まず、一般的な国語の試験では、用意された長文を読んだ上で作成する解答は、元の文章よりもはるかに小さなボリュームとなってしまうことが多い。つまり情報を削ったり絞ったりした上で再構成するところまでがせいぜいであり、これでは縮小再生産型のアプローチしかできない。そうではなく、与えられた文章をもとに受験者がさらに情報を拡張させていく、すなわち拡大再生産にチャレンジしてもらうこと、これが一つ目の狙いである。

二つ目は、動画コンテンツが隆盛を極め、いよいよ活字離れが増してゆく中、「最初のページから最後まで読破する」という方法以外の多様な読書のあり方に目覚めてもらうことである。この問題では松岡の提唱する「目次読書法」のすべてを経験してもらうわけではないが、新しい本の愉しみ方としても実感してもらうことは十分可能であろう。

三つ目は、情報を構造で読むエクササイズをしてもらうことである。旧来の国語の試験においても、テキストの文脈をリニア（線的）に捉えるだけではなく、立体的な情報構造を把握できているかどうかを試す問題がいろいろと工夫されてきた。だが、一冊の本まるごとの情報構造を掴むというような問題は試みられてこなかった。それが、「目次」を手掛かりにすることで、可能になるわけである。

なお、「目次読書法」については松岡の『知の編集術』（講談社現代新書）にくわしく紹介されている。そこにも、一冊の本の目次を読んで内容を想定するというエクササイズが紹介されている。

□解答案と評価ポイント

読む、書く、話す。〝自分を伝える〟うえで代表的な三つの行為である。ここにもう少し動詞を加えるなら「聞く」や「見る」が来るだろうか。

誰しも誰かに何かを伝えたい。何かを読んだり見聞きしたりした経験は、つねにトリガーとなる。日々の生活は、他者と私の間で何かを伝え合うことの繰り返しで構成される、といってもいい。

小学生の時から、行事ごとの作文や夏休みの読書感想文、あるいは調べ学習などを通し、自分の考えを書いたり話したりする訓練は繰り返してきたはずだが、その方法について学校の先生から詳しく解説された経験はほとんどない。特に話し方については何も教えられず、話す内容より自分の声や表情や身体の動きばかりに気を取られ、伝えたいことの半分も表現できなかったと落胆することも少なくなかった。

本書の前半は、「書く」と「話す」に分けてその方法を丁寧に解説している。いずれも自分の考えを効果的に相手に伝えるコツについて具体例と共に提示されている。一方で後半は、読み書きのツールとなる言語にフォーカスしている。今やエスペラント語の普及はザメンホフの夢物語となり、英語が世界の共用語として席巻しているわけであるが、英語の学び方を詳述し、さらに言語を超えて自己を表現するうえで重要なことは、思索の方法こそを学び続けることにあると説く。世界と自分、そして、古人と自分との対話の姿勢と方法を模索し続ける必要があるのだろう。（５９５字）

＊評価ポイント

素材とした本はジュニア向けの新書であり受験生のレベルで十分に読みこなせる書籍であるが、目次だけを見て全体を想像するのはなかなかの難度であろう。容易に想定がつくところと、想定がつかないところがあると思われる。そのため目次の単語をちりばめてなんとか文章にしたという体の解答が多くなるとも予想できる。

評価ポイントとしては、まずは目次のキーワードをもとに一冊の流れを推察できているかどうか、多少不明なところがありつつも、一冊すべてを読んだ「つもり」になれているかどうかということを重視したい。目次から推察した内容が、本書の実際の内容とズレていてもかまわないが、自分なりに説明のつく筋立てを組み立てできていることが重要である。

もともと読書感想文は「本の要約」と「自分の感想」を併せて書くところに難しさがある。自らの経験や体験も引き合いに出しながら、本が主張するメッセージを自分事のように書けて初めて「読書感想文」となる。どれくらいそれを充実させることができたかが、二つ目の評価ポイントである。

(三)とことん書かせるユニーク問題

③思索の冒険を促す問題　高校入試用　制限時間六〇分

次の文章は、松岡正剛の「『近さ』を旅する」と題された短いエッセイの一部である（『背中のない日本』所収）。これを読んで、後の問いに答えなさい。なお、設問の都合で出典の原文の一部を変更しています。

われわれはどこにいても隣人というものをもっている。子供たちには、この隣人はときどき現れては何事かを助けてくれる「隣のトトロ」だ。カール・レーヴィットはこれを『隣人の役割における個人』という難解な研究にまとめた。隣人とは共同的人間関係のことをいう。レーヴィットは戦前に東北大学にいた日本びいきのドイツ哲学者で、研究室には西田幾多郎の額をかけていた。

隣人という概念を、私はもっと平易にして「近さ」とよんでいる。そして、二〇台後半のころ、「遠くへ行こうとするよりも、近さに冒険すること」をしっかりと心に描いたものだった。いたずらな遠方への旅ではなく、未知な近傍への旅を用意したかったのである。

しかし、「近さ」というものはこれに分け入ってみると意外に広いものなのだ。たとえば眼であるが、眼は遠方の青空を眺めることができる一方、実は足元の水たまりに映っている近傍の青空にも注目できる。眼もたいしたものだし、水たまりもたいしたものなのだ。もっと劇的な変化を次々におこしてくれるのは、誰にもおもいあたることだろうが、言葉である。誰かに喋《しゃべ》ってみた些細な言葉が、相手の胸の奥に突き刺さって何十回にわたって振幅をくりかえすこともあれば、その人の一言にずっとずっと縋《すが》ってみたくなるときもある。言葉は波動というけれど、この波動は遠くに聞こえないかわりに、近さの中で無限の織物を織っていく。

　ところで、いったい「近所」はどうなってしまうのだろうか。マンション社会とクルマ社会が次々に近所の崩壊を促進してきただけに、いまや近所は最も珍しい社会になってきた。もし近所を都会のど真ん中に出現させることができるなら、これはたいそう充実したプロジェクトになるだろう。私も、いまのところは特定の「お店」の中で、ひとときの近所を味わうだけなのである。

〔問１〕　傍線部「近さに冒険する」とはどういうことか。本文を踏まえてあなたの考えを五〇字程度で記述しなさい。

〔問２〕　問１の考えをもとに「近さに冒険する」ための方法を具体的に提案し、一〇〇字程度で記述しなさい。

〔問３〕　問２の提案があなたの生活や人生にどんな変化をもたらすかを想像し、四〇〇字程度で記述しなさい。

作問者：加藤達彦

問題解説

□作問の狙い――社会との関係性を切り拓いていくために

素材テキストに触発されながら、自分の生活や人生についての思索を深めてもらうための問題。自分にとっての「未知」は遠方ではなく、実は「近さ」にあることをわかりやすく説いた松岡の文章を読んで、あらためて自分の「近さ」に思いを巡らしてもらう。またそのための方法としてどんなことが考えられるか、その実践が自分の生活や人生にどんな変化をもたらすかをいろいろと想像して記述してもらう。その延長上で、社会とのかかわり方や関係性をみずから切り拓いていく糸口を発見してほしいとの願いを込めている。

問題は問1〜3までが連動しているので、各問の解答が矛盾することなく整合的につながり、なおかつ自分の考えがしっかりと記述できていることが評価のポイントとなる。またその際に、具体的な提案が示されていることも大事な評価ポイントである。松岡の文章では「近さに冒険する」ために、特に「眼」と「言葉」の働きが重視されているので、そのあたりをヒントに自分なりの方法を考えてみると書きやすいだろう。

□解答案と評価ポイント

問１

普段、当たり前に行っていることを改めて見直し、その過程で得られた気づきを自分なりの言葉にしてみること。（51字）

＊評価ポイント

「近さに冒険する」の意味そのものはテキスト中で明瞭に説明されているわけではないので、著者の考えを推し量りながら自分なりの考えとして記述する必要がある。「近さ」というものをどういう言葉に置き換えて説明しようとしているか、その意図が明確な解答を高く評価したい。この解答例では「近さ」を「当たり前に行っていること」と言い換えている。

問２

普段、当たり前に行っていることを見直し、気づきを言葉にするために、自分の日常的な習慣を変えてみるのが一つの方法だと思う。たとえば、毎日の「通学」にあえて変化をもたせ、自分が感じたことを言葉にしてみたい。（１０１字）

＊評価ポイント
問1の解答を使いながら、「近さに冒険する」ための方法を具体的に提案する。「具体的に」書くことを求めているので、いつ、どこで、どのように、何をするのかということがわかりやすく示されている解答を高く評価したい。

問3

私は毎日の「通学」に電車を使っているが、まずは出発時間や乗車駅、駅までの交通手段、電車の路線、乗る車両の位置、電車の中の過ごし方等を変えてみて、そこで見えた「景色」を言葉にして小さな手帳に綴ってみることを試してみたい。

駅に向かうバスの車窓から見る「景色」と、徒歩で見えるものは変わるだろう。同じ時間帯の電車に乗っても車両が違うと、乗っている人や立ち位置も変わると思う。もしかしたら、電車の中で無意識にスマホに指を伸ばすのをやめて外の「景色」を眺めようと努めることで、自分の周囲の空気感も変わるかもしれない。

そうした変化に意識的になるためには、それを言語化することが必要だ。思いを込めすぎず、事実を淡々と、しかし丹念に書き留めていくことで見えてくるものは、自分の心の持ちようではないかと考える。私はこのような「近さ」への冒険をすることで、自分の心を制御できるという自信を得られるはずだと期待している。（399字）

＊評価ポイント

「問２の提案が自分の生活や人生にどんな変化をもたらすかを想像し」とあるので、提案内容を実行しているようすを詳細に記述するとともに、それによって自分の認識や意識や行動がどのように変化するか、またそのことが自分の将来にどんな影響をもたらすのかということまでを記述できるとよい。

(三)とことん書かせるユニーク問題

④「型」を使って物語をつくる　高校入試用　制限時間六〇分

次の文章は、童話「浦島太郎」の歴史を考察した本（三浦佑之『浦島太郎の文学史』）を紹介したものである。これを読み、後の問に答えなさい。

著者（注：三浦佑之氏のこと）は、いまは千葉大学で教授をしている国文学者だ。以前から『浦島太郎をめぐる文学史』というようなタイトルの本を書きたいと思っていて、およその構成も目処《めど》もつけていたらしい。ところがいざ本格的に書いているうちに、伊預部馬養《いよべのうまかい》が創作した恋愛小説こそが、数ある浦島伝説の原型（ルーツのルーツ）だという確信に至ったという。

浦島太郎の昔話には腑《ふ》に落ちないところがいくつもある。

発端で子供たちがいじめている亀は小さな亀なのに、太郎が海中に乗っけてもらった亀は巨大なウミガメだ。これはおかしい。仮に話の都合でそうなったとしても、あんなに善根をほどこした太郎が、戻ってみたら何の報恩もなく、ただの身寄りのない老人になったというのも、納得しにくい。報いがなさすぎる。

もっと変なのは乙姫が贈った玉手箱だ。どうして「開けてはいけない箱」などが贈り物になるのか。おまけに開ければ白煙が生じて、老人化がおこる。これでは贈り物ではなく、どうみても復讐である。だったら乙姫には復讐したくなった理由がなくてはならないのだが、龍宮城でのドンチャン騒ぎからではその理由がうかがえない。ひょっとしたら嫉妬なのだろうか。それならそういうやりとりを語っておいてもらわなければ、困る。いずれにしても、乙姫はのちのち太郎を陥れようというのだから、けっこう恐ろしい女だということになる。

（中略）

古代、浦島太郎は「浦島子《うらしまこ》」とよばれていた。最初の文献はそうとうに古く、『日本書紀』雄略二二年の記事の中に出てくる。

ここには、丹波（後の丹後）の余社《よさ》（与謝）の瑞《みず》の江《え》の浦島子という者が舟に乗っていたら大亀を釣った。そうしたらその大亀がたちまち女に変じ、その美しさに感極まった浦島子は女をすぐに娶って二人で海に入ったところ、そこに蓬萊山《ほうらいさん》があったのでそこの仙衆たちとともに仙界をめぐってぞんぶんに遊んだ、というふうに書いてある。

亀を助けたのではなく、最初から海上で大亀と出会ったのだ。その亀が女に変化《へんげ》したのだ。海中にあったのは龍宮城ではなく、蓬萊山である。乙姫は海中に待っていたのではなく、大亀そのものが変身したのだった。しかも海中の蓬萊山から浦島子は故郷に戻ったとも書いてはいない。よぼよぼのおじいさんになってもいない。

（中略）

『丹後国風土記』によると、雄略天皇の時代に丹後に筒川の島子という風流で聞こえた男がいて、海釣りをしていると五色の亀が釣れたので、その亀を舟に置いてひとまず寝ていた。さめてみると、女がいた。

女は仙女だと名のって島子を誘惑し、二人して蓬萊山に行く。島子が女の言うままに目を瞑ると、たちまち海中の島に着いた。そこには御殿があってスバルやアメフリの精が登場し、やがてこの女は亀比売《かめひめ》という名前だとわかる。島子は家に入り両親や親族の歓迎をうけ、やがて亀比売と男女の契りを結び、結局は三年間の結婚生活を送った。

しかし島子はホームシックにかかって、地上に戻りたい。仙女は心変わりを恨み、別れを嘆きながらも、帰還を許す。帰り際、仙女は玉匣《たまくしげ》を与えて、ふたたび自分に会いたければこの箱を肌身離さず持って、開けないようにと誓わせる。ようやく島子が筒川の故郷に戻ってみると、そこは変わりはて、古老に尋ねると島子が海に出たのは三〇〇年も昔のことだと告げた。

島子は放心状態になり、しばらくして仙女が戒めた玉匣を開ける。そのとたん、島子の若々しい姿はたちまち蒼天《そうてん》に飛んでいった。そこで「常世《とこよ》辺《べ》に雲立ちわたる水の江の浦島の子が言《こと》持ち渡る」と歌を詠むと、仙女からの返しの歌が響いてきた……。

こういう顛末《てんまつ》である。なるほど、これなら龍宮めいているし、玉手箱も出てくる。島子が時空をスライドしているところも同じである。しかし、やはり亀が女になったのであって、亀と女は同一なのだ。また、女のほうがだんぜん積極的なのである。昔話とはそこがちがっている。

こうして著者は浦島物語のルーツさがしに出掛けるのだが、調べれば調べるほど、この物語の原型は丹波丹後の土地の伝承とはとくに深い関係をもたないし、海幸彦や大国主《おおくにぬし》などの海中仙界伝説の類型そのままでもない。

そこで登場するのが伊預部馬養という人物で、どうもこの馬養がいろいろ中国の神仙物語を読んで、自分で物語を書いたと判断するのが妥当であることがわかってきた。きっとこの創作話が『浦島子伝』の原型なのである。それが『丹後国風土記』に引用されたのだった。馬養は持統朝の文書編集や律令選定などにもかかわった人物で、漢詩もよくしていたようなので、『懐風藻』にも詩文が入っている。だから文才もあったのだろう。

（中略）

　中世、これらの浦島物語は奈良絵本などで有名なお伽噺《とぎばなし》になっていく。浦島子は浦島太郎となり、いじめられた亀を救うプロローグがかぶさってくる。女も仙女ではなく、漂流して小舟で近づいてくる。蓬莱山は龍宮城に変わり、玉手箱から煙も出ることになり、太郎は鶴になって飛び去り、明神《みょうじん》になるという結末になっていった。著者はこれらの潤色には、かなり仏教説話からの影響が入りこんだと見た。亀を助ける話は『日本霊異記《りょういき》』にも入っているし、明神になるのも当時の民間信仰がとりいれられている。

　つまり浦島伝説は、日本のなかで最もロングタームの編集加工がされてきた伝承だったのである。

（中略）

　浦島太郎型の物語は世界中にもけっこう多い。「リップ・ヴァン・ウィンクル」「イルカに乗った少年」「シンドバッドの大冒険」「ニルスの不思議な旅」などは、おおむね浦島太郎ものである。そうだとすると、ここには世界中に散らばる物語母型（ナラティブ・マザー）があったということになる。物語の方舟《はこぶね》があったということになる。

　そうした母型がこれほどにヴァージョンをふやしたのは、玉手箱に「負」を想定したからである。それをどんな作用にしてみせるのか、世界中の想像力が試されたのだ。その「負」はふつうは「時間」だが、ひょっとして「悪意」ではなかったのか。あるいは「復讐」ではなかったのか。これは案外の大問題である。

　一般に、物語の母型があるからといって、その翻案がどんどん勝手なものになっていくわけではない。ストーリー（プロット）も登場人物も物語母型の影響をうける。そこで起承転結の順や時代設定や語り手を変えるのだが、そういう編集が成功するばあいは、そこに母型に発した面影が投影されているときだ。

　その投影は登場人物のキャラクターだけにあらわれるのではない。物語の語り方、文彩、テクストの力にかかわってくる。ナラトロジスト（物語学者）のジェラール・ジュネットはこれらをまとめて「フィギュール」（姿・形）と名付けた。わかりやすくはフィギュアということであるが、もうちょっと複合的で、深みを維持している。浦島太郎の母型を探索するにも、このフィギュールを壊さない脈絡を辿る必要があった。

面影とフィギュールは切り離せない。とくに日本の歌や物語ではフィギュール（文彩的キャラクタリゼーション）がものを言った。だから日本の物語はうんと昔の昔から「もの・かたり」だったのである。

松岡正剛　千夜千冊　第六三五夜
三浦佑之『浦島太郎の文学史』より
https://1000ya.isis.ne.jp/0635.html

〔問1〕　傍線部について、「浦島太郎」のストーリーの中で、「玉手箱」はどのような役割を持っているか。本文の内容に触れながら、あなたの考えを一五〇字程度にまとめなさい。

一般的な童話の「浦島太郎」のあらすじについては、下記のものを参考にすること。

【童話「浦島太郎」のあらすじ】

浦島太郎は子どもにいじめられていた亀を助け、そのお礼に、海の底にある龍宮城に連れて行ってもらえた。龍宮城では、美しい乙姫様がいたり、魚たちの踊りやご馳走でのおもてなしがあったりして、太郎は楽しく数日を過ごした。お母さんに会いたくなった太郎が村に戻ろうとすると、乙姫様は別れ際、太郎に「玉手箱」を手渡した。帰ってきた村は、何百年も経ったあとの世界だった。太郎が龍宮城恋しさに玉手箱を開けると、みるみるうちに、おじいさんになってしまった。

〔問2〕　波線の部分について、問1でのあなたの考察も踏まえ、「浦島太郎」の母型に沿った現代日本を舞台とする物語を考案し、そのあらすじを四〇〇字程度にまとめなさい。

「母型」について、次の《条件》に記されている点は必ず満たすようにすること。

《条件》

・浦島にあたる主人公Aと、乙姫にあたる登場人物Bがいる。AとBの性別は問わない。
・Aの善行が、Bと出会うきっかけとなる。
・AはBに導かれ、行ったことのないところCに赴く。
・AはBとともにCで過ごしたりCに入り浸ったりするが、あるときCを離れようとする。
・BはAとの別れ際にDを贈る。
・Cを離れたAはその後、Bを恋しがる。
・DがAに大きな変化をもたらし、物語が終わる。

作問者：川野貴志

□作問の狙い──条件を決めて創意工夫を開かせる

現行の国語入試には、評論を使った問題もあれば、物語や詩歌を使った問題もある。また、与えられたテキストを読解するだけではなく、ある程度の分量の文章（小論文）を書かせる問題もある。けれども、物語を自分で組み立てさせる問題は、まずない。ならば、物語づくりにチャレンジする問題をつくれないかというお題をたてて考えてみたのがこの試作問題である。

実際に国語の試験でこのような創造性が関与する問題を出題することにはかなりの困難があるだろう。「評価が難しい」「受験者が準備できない」「センス頼みになる」といった反対意見が出ることが予想できる。けれども、この問題が物語の「型」を使って組み立てをさせているように、あらかじめ枠組や条件を厳密に設定することにより、これらの懸念をクリアする道筋も出てくるのではないか。

サッカーでは「手を使ってはいけない」という条件が、ラグビーでは「前に投げてはいけない」という条件が、それぞれ競技を非常におもしろいものにしている。たいていのおもしろいゲームにも、単純に勝敗がつかないようにするためのルールが工夫されている。適切に設定されたルールは工夫を生み、創造性を刺激し、場を活性化させるものなのである。この問題では、そのような創造性を刺戟するルールとして、物語の「型」を使っている。

もうひとつ、この問題は、初めに松岡のテキストを読ませることで、物語において「型」が重要な役割を果たしていること、ひとつの物語の「型」が時代や国をまたいで共有され伝承されうることを学んでもらうという手順を踏んでいる。それによって、浦島太郎の「型」をつかって新たに物語を考案してみることは、それらの創造性の伝承や伝播の歴史につながっていくという意味があることを感じてもらいたいと考えている。

同じように条件を満たした答案でも、おもしろさの差はかなりはっきりと出るだろう。この点をどこまで評価の要素として重視するかは考えどころだが、おもしろさにつながる創意工夫や表現力を重要な国語力とみなし、積極的に評価するという姿勢を学校側が示していくということもあってよいのではないか。

□解答案と評価ポイント

問１

浦島太郎の話の原型は伊預部馬養が創作した話にあって、亀比売が男の心変わりを恨んで玉手箱を渡したと考えられる。それが中世以降、仏教説話などの影響を受けて登場人物の関係性が変化し、箱を開けた浦島太郎が明神になる話になった。さらに時代が下ると老人になる話になって現代に伝

わり、玉手箱が謎めいたものになったと考えられる。（156字）

＊評価ポイント

本文では、まず「浦島太郎」の歴史的な変転について解説するにあたり、玉手箱の存在が謎めいていること、まるで復讐のようにも思えるという著者（三浦祐之）の見方が紹介されている。そこから『丹後国風土記』にあったとされる島子伝説のあらすじや、その原型に伊預部馬養の創作した恋愛物語があったのではないかという著者の推理などが展開していく。

だいたいこのような流れをベースにしながら、玉手箱の役割や意味がどのように、なぜ変化したのかを自分なりに説明できていればよいが、このテキストを書いている松岡も、松岡が紹介している本の著者である三浦氏も、決して「玉手箱」の意味の変遷をすっきりとロジカルに説明できるものとしては扱っていない。だからこそ、この設問では、そのあいだを自分なりにつなぐ推理力や類推力が試される。

問2

ウェブサイト巡りが趣味のA奈が、ある日、銀行の決済サイトのバグを発見し、すぐにそのシステムの管理会社ＲＧに連絡をする。ＲＧの担当役員であるB矢はA奈のプログラマーとしての才能に気付き、ＲＧの正社員として迎え入れ、様々な研修を受けさせてA奈を一流プログラマーに育て上げる。数年後、A奈はある企業からスカウトを受け、RG退社を決意する。B矢は今後の勉強のため、過去にA奈が作成したデータのコピーを持ち帰ることを許可する。新しい会社に勤め出したA奈だが、厳しいノルマや人間関係に悩み、のびのびと働けたRGでの日々が恋しくなる。ある日、A奈は大規模システム開発で不正を働いたとして告訴と賠償金請求を受ける。それはB矢から贈られた過去のデータを流用して組み立てたシステムだったのだが、プログラミング自体の著作権および特許をRG社が取得していたため、A奈の行為は犯罪と認定されてしまったのだった。

（392字）

＊評価ポイント

この解答例は、イシス編集学校の「物語編集術」を修得しているトライアル・メンバーが書いたものである。「物語編集術」では、英雄伝説の母型を使って物語の構造を学び、物語を翻案したり編集したりする方法を学ぶ。そういうエクササイズを経験しているメンバーであるため、かなり大胆な翻案を試みながら、基本条件はみごとに満たしている。

そういう経験のない受験生がこういう設問に出会ったときに、いったいどれくらいのレベルの解答ができるのかはまったく予想できないが、おそらく揃った答案のレベルに合わせてランクづけを設定したうえで、個々の評価をしていく必要があるだろう。

まずは、与えられた《条件》をもれなく満たしたうえで、はなはだしい破綻のない物語が組み立てできていることが最低限の評価ポイントになるだろう。受験生のレベルによっては、この最低限のポイントだけで実質的な差がついてしまうことも考えらる。

そのうえで積極的に評価したいのは、元の浦島太郎からどれくらい離れた物語がつくれたかという点である。「現代日本を舞台とする」という条件にしているため、浦島太郎の物語の要素をどのように置き換えるか、かなり工夫が必要になると思われる。もちろん舞台は現代であってもSF的な物語や非現実的な物語も成立しうる。この場合も基本条件を満たしたうえで納得できる展開になっていれば容認してもよいだろう。

新作国語問題

（四）図像や図解を使う問題

①想像上の地図を描く

高校入試用（男子高校）　制限時間六〇分

次の文章を読んで、後の問いに答えなさい。なお、設問の都合で出典の原文の一部を変更しています。

往時のあるひとつの遊戯をおもいだしてみよ――。自宅の庭や近所の丘や林、これらを舞台に誰もが少年時代に一度は夢中になった「宝島遊び」が展開されていた。そこで主要な役割をはたす一枚の紙っきれ、いわゆる「宝地図」と呼ばれるものをおもいだしてみよ――。そこには歴史がためつすがめつ工夫してきた様々なパターンの「地図」というものの祖型と本質がしわくちゃにたたみこまれているようだ。

①「宝島遊び」のルールは単純である。まず、自分にとって一番貴重だとおもわれる事物を選ぶ。ガラス玉、錆《さ》びた釘、お姉さんにもらった片方だけのイヤリング、壊れた時計から摘出した米粒ほどのルビー、しばらく抽斗《ひきだし》の片隅に放置されていた乳歯、ピカピカの各種メダル、場合によっては喪《うしな》った父親や兄の写真、あるいはほのかに恋情を寄せる幼いガールフレンドの遠足写真。少々大型になると、おもちゃのカメラ、扇風機の羽根、自転車のスポークなども選ばれる。これらの選考の規準にいわゆる「もうこの事物を取り返せないかもしれない」というボードレール的悔恨があてられているのはよく知られていよう。取り返しのつかない事物こそ自分の眼からさえも遠ざけなければならない――この少年的郷愁の哲学こそ「宝島遊

び」の底辺を流れている主客同体の歌である。往時、私が選んだ事物で一番大切にしたのは、小学校の理科教室から失敬してきたみごとな雲母《うんも》だった。

次に、この少年心理学的貴重品は必ずといってよいほど「函《はこ》」の中に入れられ、ていねいに密封される。函は泉屋クッキーズの菓子缶でも葉巻箱でもマッチ箱でもよいが、不思議なことにこの特殊なゲームのために開発される函というものはない。たいていは再利用であり、また安物だ。私は釘を貴重品にしたときはメンソレータムの小円盤型ケースを、雲母のときは機械的臓物を除去した手術後の目覚まし時計の空洞を使った。なぜ、函に入れるのか――。必ずしも保存のためのみではない。函が過去と未来をつなぐ絶対的凝縮体であるからだ。人間喜劇の大いなる観察者バルザックが言っている、「少年にとって函は彼の内部器官そのものなのかもしれない」

こうして函に密閉された事物は、いよいよ慎重に決定されたあるひそやかな場所に埋めこまれ、そしてその場所を暗示する見取図にまで発展する。さて、その宝地図のつくり方であるが、実は、つくり方がそのまま読み方を想定して成立する事情に、宝地図の「地図」としての本来が窺《うかが》える。日記や作文を綴るのではまだ「あとで読む」という鑑賞法に気がつかない少年も、宝地図づくりにおいて初めて「あとで読むためにいまつくる」という行為の真相に到達する。このとき、少年における「記録意識の発生」もはたされる。

②少年の記録意識は、大人とはまったく違う構造をもっている。かれらが日記に綴る記録は、大人にとっての「肝心なところ」が抜けている。「ほら、海岸には人がいっぱいいたでしょう。どんなふうにいっぱいだったの？　それをちゃんと書きなさい」母親はすでに海中の光景や水の冷たさに関心を失った哀れな観察者だからこんなことを注告する。しかし、少年は岩のかたちや貝殻ひとつでも、充分にその日の世界像を埋めてしまうこと

ができるのだ。少年には「状況」がなく「事物」があるのみだ。自分がそこにいたことが、「状況」である以上、どうしてその他の証拠を挙げる必要があるだろう！　大人にはこのことがてんでわからない。

ところが「宝島遊び」では少々おもむきが異なっている。少年は貴重品を埋めた場所にはいない。そこには自分がいなくて事物があるだけだ。ここで初めて少年の意識が「状況」に働くことになる。このゲームでは「状況」はほとんどの場合が地形であろう。少年は自分が地形に立ち会っていないことを不安におもい自分の代りとして地図を描く。宝地図――それは存在と場所の代証性だった。

かくれんぼという遊びがある。自分自身が場所と化してしまってじっと息をこらしているという、あのどきまぎするゲームだ。ここでは少年は「状況」に立ち会っている。そこでふたたびおもいだしてもらいたい。宝地図を描いた快感を知った少年は、もうかくれんぼには興味を示さなかったであろうことを――。かくれんぼにおける主客の関係をひっくり返し、これに「場所の自立性」を物語る宝地図を付け加えたゲーム、「宝島遊び」とはこのことだ。場所がどきまぎしていることを知った上では、もはや存在がどきまぎしているなどというスリルは子供じみてくる。少年はこうして自らを抽象化する喜びに気がつきはじめ、ついで、宝地図の再宝地図化、あるいはさらに地図そのものの記号化へと乗り出して行く。

地図にとりまかれて暮らしているわれわれは、そのくせ自分の住んでいる周辺の地図をうまく描くことができないという盲点をもっている。その原因は、体験しすぎていることにある。一方、われわれが地図を開いて楽しめるのは、一度も体験していない場所へのおもいが募るからにほかならない。よく知っている場所の地図は、たいていの場合は不満なものである。自分が泊ったホテルの印がない地図や自分が登った山が欠落している地図はおもしろくない。そんなとき、この大人たちは少年に戻っているにちがいない。地図はつねにわれわれの「想像」と「体験」の振子《ふりこ》を振っている。もし、想像こそ体験よりも偉大であるというリルケ型判断に立つならば、われわれは見知らぬ場所の地図を買い、そこに行かないようにしなくてはならない。もし、体験こそ想像よりも偉大であるというT・E・ロレンス型判断に従うならば、地図を頼りに旅行をするなどということをやめた方がよい。『猫町』の朔太郎、ダイマクション・マップのフラーになればよい。しかし、もっとすばらしいのは、諸君！　③新しい宝地図の作成に余念のない少年の如く、今宵一晩をおくることだろう！

松岡正剛『眼の劇場』「隠れん坊から宝地図へ」より

〔問1〕　傍線部①について「宝島遊び」のルールを五つに分割し、本文の言葉を使いながら、それぞれを二〇～三〇字の箇条書きでわかりやすく説明しなさい。（順序も考慮して解答すること。句読点も字数に数える。）

〔問2〕　傍線部②について「少年の記録意識」は「大人」とどのようなことが違っているのか。本文の言葉を使って、八〇字程度でわかりやすく説明しなさい。

〔問3〕　傍線部③について

（一）　子供の頃、あなたの「宝」はどんなものだったか。具体的な事物を一五字程度で一つ答えなさい。そうしたものが実際になかった場合は、今のあなただったら、何を「宝」とするかでもよい。

（二）　先の（一）で解答した「宝」をあなたにとって馴染みのある場所に隠すとしたら、それはどんな場所でどんなふうに隠すか。一二〇字程度で具体的に説明しなさい。

（三）　先の（二）で解答した「宝」の在処を暗示する「地図」を本文の内容を踏まえて作成しなさい。

作問者：加藤達彦

問題解説

□作問の狙い――文字ではない方法で記憶を表す

この文章は、松岡が三十代に書いたエッセイである。少年時代に誰もが夢中になったであろう「宝島遊び」を例に、大人になると失っていく「幼な心」を扱っているようでありながら、じつは松岡が長年テーマとしている「記憶と記録と表象」の関係性や、その発生と生成を説いている。少年が「宝地図」を描くことを通して自分という「存在」（主体）と「場所」（客体）の関係を転倒させ、さらに自らを抽象化する喜びに気づいて地図そのものの記号化へと乗り出していく過程には、のちに松岡が体系化する編集工学の原型ともいえる発想もみられる。若書きの文章ということもあって、どこか瑞々しい印象がある。

この文章からそういったことまでを捉えてもらう必要はまったくないが、ぜひ子どもたちに松岡の存在と方法をめぐる若書きの文章に触れてみてほしいという思いで、あえて問題文に使ってみた（文章内容が「少年性」をテーマにもしているため、あえて少年たちに取り組んでもらう問題とした）。

設問も通常の読解問題とはまったく違うものにしてある。文章を細かく分節しながら読み解くのではなく、自分の記憶にある宝物や馴染みの場所を思い浮かべながら「宝地図」を実際に描くという経験を通して、松岡が説く話を実体験してもらうことに主眼を置いている。とくに最後の問3は文章で書いたことを記号化して地図にする、つまり図像的なリテラシーが要求される問題であり、戸惑う解答者も多いだろうが、狙いはあくまで松岡のテキストをよく読み、自分の体験や記憶を「文字ではない方法」で暗示的に記号化することに方法的なおもしろさを感じてもらうことにある。国語問題の新たな方向性を探る試作問題として提案したい。

□解答案と評価ポイント

問1

1 自分にとって一番貴重だとおもわれる事物を選ぶ。
2 その貴重品を「函」の中に入れ、ていねいに密封する。
3 函に密閉された宝を慎重に決定されたひそやかな場所に埋める。
4 読み方を想定して、宝の場所を暗示する地図をつくる。
5 宝地図の再宝地図化や地図そのものの記号化を試みる。

＊評価ポイント
テキストのなかで「宝島遊び」のルールについて書かれた文章を五つに分節し、それぞれを二〇

〜三〇字に要約する問題。問３の解答を組み立てる際に必要な基本的なことをつかむための問題である。解答案1〜3は難なく取り出せるだろうが、4〜5についてはテキストを読みこなし解釈する力を要するだろう。

問２

少年にとっては自分がそこにいたことが「状況」である以上、「事物」のみの記録で充分にその日の世界像を埋めることができ、大人のように「状況」にこだわる必要がないこと。（81字）

＊評価ポイント

「少年の記録意識」は「大人」とどう違うのかを本文の言葉を使って書くという指示なので、傍線の段落の文章の要点を掴んだうえで具体的に違いを書けているかどうかがポイントとなる。

問３

（一）　ラムネの瓶に入っていた透明なビー玉

（二）　家から歩いて約五分、大きな池の隣にあった、祖母が借りていた野菜畑。その畑の脇に自生していた一本のイチジクの根元に埋めて隠す。埋める時はドロップの空き缶にビー玉を入れ、雨が入らないようフタをして空き缶の上三分の一が見えるようにしておく。（117字）

（三）

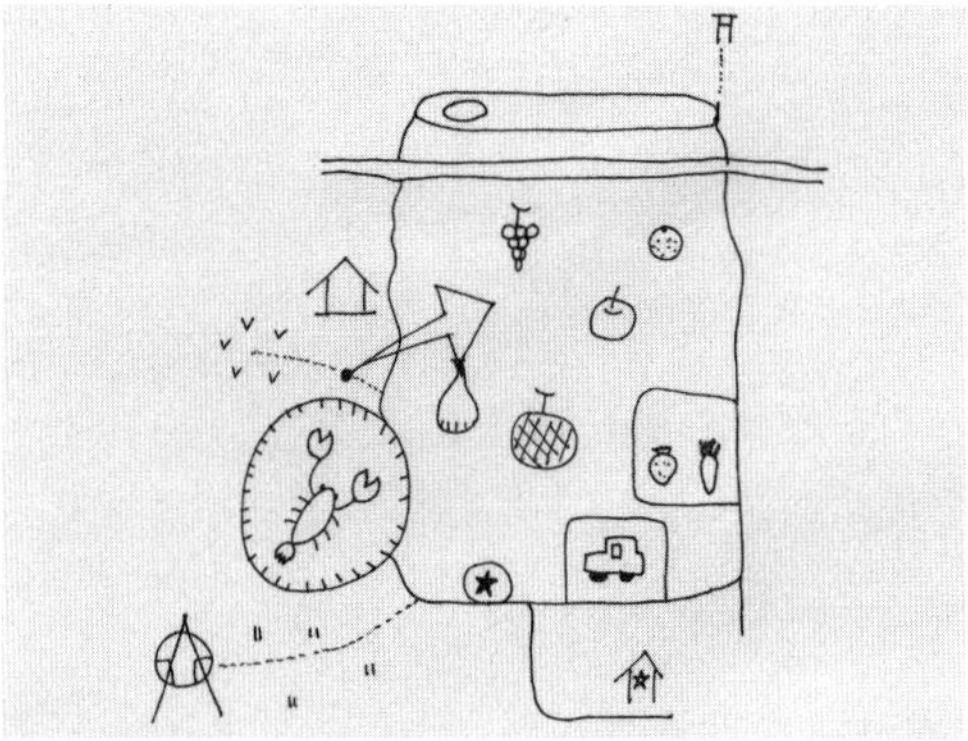

＊評価ポイント

（二）は問1の解答であげた五つのルールにもとづいて場所が選ばれ、隠し方が工夫されていること、それが個人の経験や記憶にも基づいてわかりやすく具体的に書かれているかどうかがポイントとなる。（三）は（二）で書いた内容との整合性がとれているかどうかが基本となる。松岡の文章で説明されている宝地図の「再宝地図化」や地図そのものの「記号化」に徹することができた解答、すなわちできるだけ文字に頼らずにビジュアル表現を工夫したものは、高評価をする。ただし絵画的・イラスト的な表現の巧拙は評価のポイントにはしない。

新作国語問題

（四）図像や図解を使う問題

②思考を観察して図解してみる

大学入試用　制限時間　九〇分

次の文章を読んで、後の問いに答えなさい。なお、設問の都合で出典の原文の一部を変更しています。

机の上にコップがある。

このコップを見ているということは、そこに注意を向けているということである。この「注意を向ける」ということが、編集を起動させる第一条件で、そこに注意を向けないかぎり、どんな編集もおこらない。

注意とは、わかりやすくいえば、その対象にイメージの端子をそそぐことである。コップならコップという区切りを自分に対応させるのである。コップから注意を離すことも可能だ。机の上のコップの隣に電話機があれば、そこに注意をすばやく移すことになる。そしてコップと電話機だけに注意が向けられたという記録が残る。それ以外の、空気とか机とか、机の上にのっているものとか、埃《ほこり》とか色とかは、背景に消し去られる。

もともとの情報には、情報の「地」（ground）と情報の「図」（figure）というものがある。「地」は情報の背景的なものであり、「図」はその背景にのっている情報の図柄をさす。私たちは、おおむね情報の「図」だけに注意しながら日常生活をしているといってよい。背景はあまりにも連続しすぎているので、それを省いてしまうのだ。だからこそ、きのう一日のことを思い出すばあい、総計九〇〇分の情報の「地」から、圧縮した五分ぶんだけの情報の「図」を取り出せる。

私は一時期、ある高名な精神医学者と仕事をともにしたことがあるのだが、そこでずいぶん興味深い現象を観察させてもらった。いまおもえば、貴重な体験だった。

ある患者は「この机の上にあるものを言ってください」という医師の質問にたいして、コップや電話機だけの情報の「図」をまったく抽出できない。「ええっと、机の端に黒い盛り上がったものがありますね。それが少し曲がっていて、紙のような文字が書いてある平べったいものとつながっていまして、そこから少し離れているんですが、白くて丸い明るいものがじっとしていますね」などというふうに、情報の「地」と「図」の関係が曖味になっていく。

①私たちにも似たような「地」と「図」の混乱はおきている。

机の上のコップや電話機ならまだしも、ちょっとめんどうな現象の説明になると、たちまちにして「地」と「図」を分けられなくなってしまっていることが少なくない。たとえば「最近の日本経済の動向について」という問題については、「ええっと、大企業は成長がとまっているし、政府の経済政策もさっぱりで、おまけにアメリカからの外圧も激しいうえに、アジアの、たとえば中国の急成長なんかもあって……」などと、しどろもどろなのである。不得意な分野にたいしては、〈情報圧縮〉がおこりにくくなるわけだ。

一本の草花を前にしても、同じことがおこる。「この植物について詳しく観察してください」などと言われると、何が情報の「地」で何を情報の「図」にするか、うまく説明できなくなる。そこに茎があり、葉があり、花があること以上に観察を分化できないのだ。けれども日常生活はそれで困らない。誕生日にたくさんの花をもらっても、そのいちいちの花の名前がわからずとも、「ああ、きれいな赤い花だなあ」とおもっていればすむ。

このような私たちの「注意のしかた」の濃淡をもっと気をつけて見ると、なかなかおもしろい問題がたくさん出てくる。

たとえば、コップという一つの物体は、べつだんそれを「コップ」とよばなくてもいいはずで、「ガラス製品」とか「日用品」とか「グラス」とかよんでもかまわない。水が入ったコップは「キラキラとしたきれいなもの」というものでもある。それなのに、ふだんはコップを「コップ」として片付ける。

すなわち、私たちはコップというものをたくさんの言葉（イメージ）の集合性によって理解しているにもかかわらず、それらを「コップ」という単一の知識ラベルでもって認識できるようにしているのである。

では、コップ、グラス、日用品、ガラス製品、きらきらしたもの、などは何かといえば、それも知識ラベルである。コップをとりまいて、そういういくつもの知識ラベルがネットワーク状に密集しているのだと考えればよい。

脳の中では、これらの知識ラベルは一応は別々のところに貼られている。そして、それらの知識ラベルはその奥にまたいくつもの知識ラベルをこまごまと引き連れている。どれが親ラベルで、どれが子ラベルで、どれが孫ラベルであるかということは、はっきりしない。というよりも、あえて主従関係をつくらないようにしていると見るべきである。

その証拠には、自分で適当な連想ゲームをしてみるとよい。「コップ」から連想されるのが「日用品」や「ガラス製品」であっても、「日用品」から連想されるものは必ずしも「コップ」ではなくて、「歯ブラシ」とか「たわし」とか「モップ」であるかもしれず、「ガラス製品」から連想されるのは「しびん」であるかもしれないのだ。しかも「モップ」からは「掃除」が派生し、「しびん」からは「病院」が出てくる。

　つまり、私たちの知識ラベルは脳の中ではかなり複雑なリンクを張っていて、その一端にひっかかっている端末の知識ラベルをクリックしただけでは、何が出てくるのやらわからないほどなのだ。これを編集工学では〈ハイパーリンク状態〉という。

　しかし、いったん連想を開始してみると、とたんに、それらはみごとに情報連鎖の線（リンク）を通してつながってくる。別々のところに張られているラベルなのに、そこにはあたかもあらかじめ無数の線が張りめぐらされていたかのようなのだ。

　ようするに「注意」を向けたところが「仮の親」になり、次々に子ラベルを、その子ラベルが孫ラベルを引き出してくるのである。このとき、脳の中で注意を向けられた「仮の親」が「図」になっていく。

　脳というものはそうなっている。

　脳の中は、知識やイメージの無数の「図」のリンクを張りめぐらしているハイパーリンクなのである。これを〈意味単位のネットワーク〉とよぶことにする。コップはひとつの意味単位であり、ガラス製品もひとつの意味単位である。それらが次々につながり、ネットワークをつくっている。けれども、そのネットワークは一層的ではない。多層的（マルチレイヤー的）で、立体的である。そのため、これはえらそうな思想家たちがしばしば口にすることであるが、「言葉は多義的である」などと感じられることになる。

　このような〈意味単位のネットワーク〉を進むことを、私たちはごく一般的に「考える」と言っている。「考える」とは、ひとまずネットワークの中の「図」のリンクをたどってみるということなのだ。ただし、ここでひとつ重大な問題が出てくる。それは、ネットワークを進むにしても、どの道筋を進むかということである。つまりどこで分岐するかということだ。それによって千差万別の考え方になってしまう。そこで、ある道筋を進んだとして、そこで「あっ、これはちがうぞ」とおもって、ひとつ手前の分岐点に引き返すというようなことがおこることになる。もっと以前の分岐点にまで戻ることもある。何度も引き返しはおこることだろう。

②このジグザグした進行が、「考える」ということの正体なのだ。それが〈ハイパーリンク状態〉である。思想とは、畢竟《ひっきょう》、そのジグザグとした進行の航跡のことにほかならない。

『知の編集工学』第二章「考え方とは何か」より

〔問1〕　傍線部①について、「私たちにも似たような「地」と「図」の混乱」がおきるのはなぜか。その理由を本文の言葉を使って、七〇字程度で説明しなさい。（句読点も字数に数える）

〔問2〕　次頁にあげているのは、いずれも「地」と「図」の区別がややこしい図像です。このなかから二つを選んで、なぜ、どのように、ややこしいのかを、本文の言葉を使ってそれぞれ七〇～一〇〇字程度で具体的に説明しなさい。（難度の高いC・Dを選ぶと点数が高くなります。）

(A)

(B)

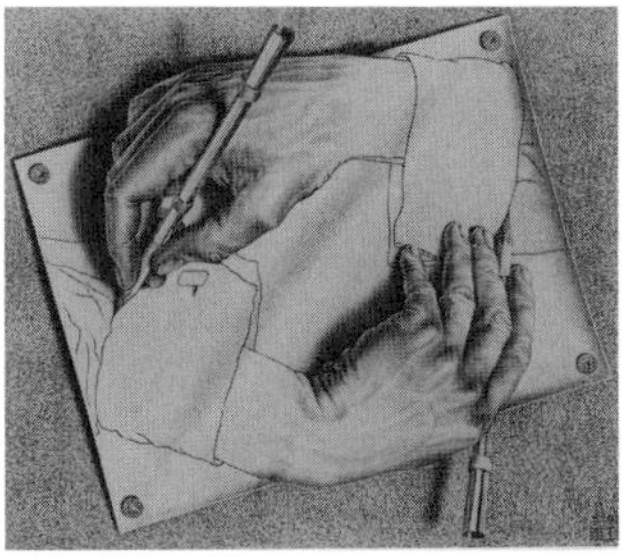
(C)

(D)

〔問3〕 先の文章にある「コップ」の連想ゲームの例を次のように図解してみました。この方法にならって「本」を基点にした連想ゲームを三〇回やり、それを図解してみなさい。次に、連想中の自分のあたまのなかでどのような「意味単位のネットワーク」が主に動いていたかを、本文に用いられている言葉を使って三〇〇字程度で簡潔に説明しなさい。

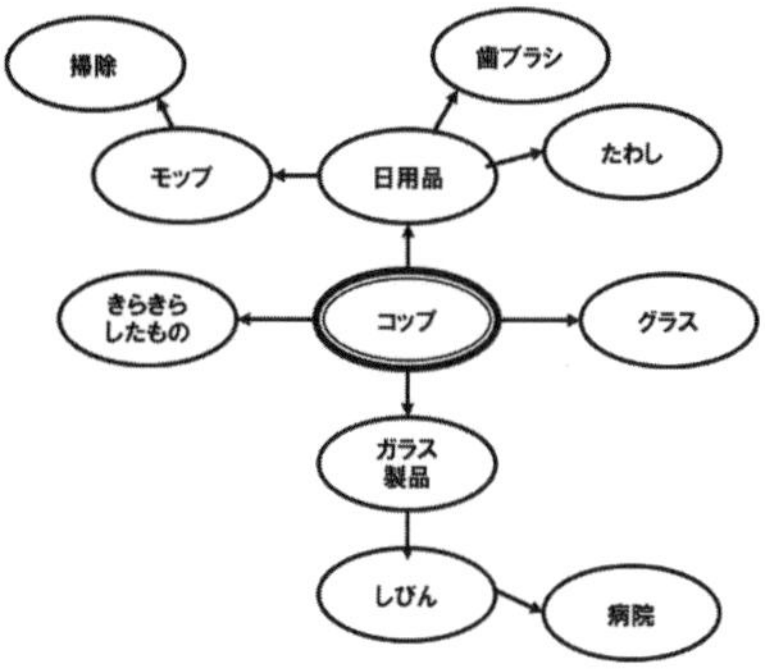

〔問4〕 傍線部②について、筆者が結論づけた「考える」ことの「正体」をわかりやすくまとめながら、それに対するあなたの感想や意見を三〇〇字程度で述べなさい。

作問者：加藤達彦・太田香保

(A) 市松模様
(B) RICHARD L.GREGORY "Eye and Brain" より写真家RC James の作品
(C) M.C.Escher's "Drawing Hands"
(D) René François Ghislain Magritte "Le Blanc-Seing"

□作問の狙い—ズバリ、編集工学の基本に触れさせたい

これまで国語入試問題ではほとんど扱われてこなかった、松岡の編集工学の理論と方法論を集大成した『知の編集工学』をつかった問題。「思考」のあり方を情報論的に解説した章の一部を使用し、松岡の説明に沿って自分の認知や思考のプロセスを観察しながら、より立体的な読み解きをしてもらえるような問題づくりを意図している。

国語問題として成立させるために、文字で書かれていることをいかに正確に理解し、再記述できるかを問う従来の作問の方法をベースにしているが、近年の入試問題で増えつつある図像を用いる設問とともに、生徒自身に図解してもらう設問までを大胆に取り入れてみた。それによって、従来の国語問題があまり取り上げてこなかったイメージや連想のはたらきを実感してもらえるように工夫している。

ようするに若い人びとに編集工学のおもしろさに目覚めてもらうことが、この問題の最大の狙いである。

□解答案と評価ポイント

問1

説明がめんどうな現象や不得意な分野にたいしては、何が情報の「地」で「図」であるのか分化することが難しく、情報圧縮が起こりにくくなるため。（68字）

＊評価ポイント

問2を解くための準備問題。傍線のあとに展開される説明を簡潔に要約できればよい。情報の「地」と「図」が分けられなくなること、それによって情報圧縮が起こりにくくなること、という二つのポイントが押さえられていることが望ましい。

問2

（A）同じ面積の黒い四角とグレーの四角が格子状に交互に隙間なく並べられているため、どちらが「図」でどちらが「地」なのかを判断することができない。（69字）

（B）よく観察すると、斑点だけで描かれた「地」のなかに、白地に黒斑の犬が「図」として見いだせるが、犬の輪郭線が描かれていないために、「地」と「図」の区別がつきにくい。（80字）

（C）描いている手と描かれている手の、どちらを「地」としてどちらを「図」とすればいいのかがわかりにくいうえに、互いが互いを描いているため、「地」と「図」がぐるぐる回りながら入れ替わっているように見えて判別しにくい。（１０４字）

（D）ふつうは木立とその奥の風景を「地」として、乗馬する女性を「図」として描くはずだが、部分的にあえて「地」と「図」の関係を入れ替えて、木立や風景が「図」であるかのような錯覚を起こさせている。（93字）

＊評価ポイント

図版（A）は格子柄、（B）は心理学で有名なグレゴリーのダルメシアン犬、（C）はエッシャーの作品「描く手」、（D）はルネ・マグリットの作品「白紙委任状」。テキストをよく読んで、「地」と「図」の区別がややこしいというのはどういう状態なのかを掴んだうえで、それぞれのややこしさを具体的に説明してもらう。

（A）は格子柄の「地」と「図」の判別がつきにくい、（B）は輪郭線がないため「地」と「図」の区別ができない、（C）（D）はわざと「地」と「図」の関係が入れ替わるように描かれている、といったことを端的に、かつ具体的に説明できればよい。

（A）→（B）→（C）・（D）の順に説明の難度があがると思われる。四つの図版すべてに解答してもらってもよいが、難度に違いがあることを明示したうえで二つを選んで解答させるという設問にしてみた。

問3

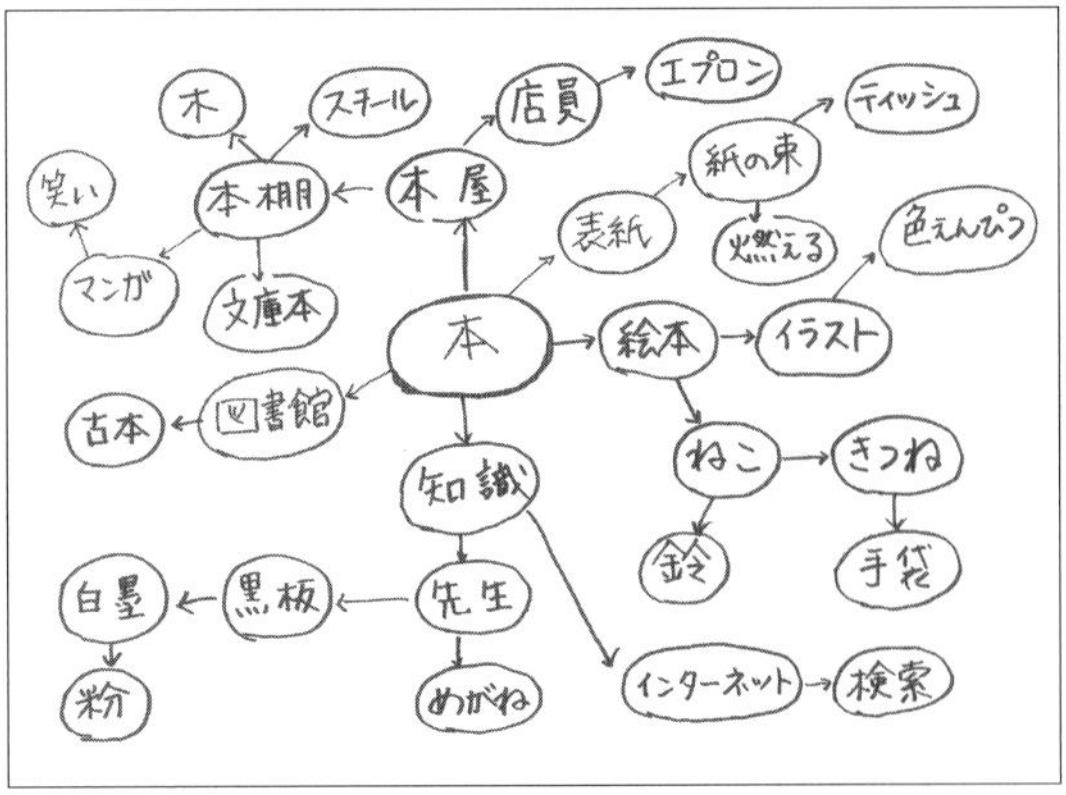

まず、「本」が置かれている場所として「本屋」を連想し、そこから本屋の風景を思い出しながら「本棚」と「店員」という二つの「仮の親」をたてた。「本棚」からはまだまだ子ラベル、孫ラベルが生まれそうだった。もうひとつ「図書館」も連想したがこちらはあまり連想が進まなかったので、家にあった「絵本」に頭の中で注意を向けてみると、好きな絵本のイラストや内容が次々と浮かんで子ラベル、孫ラベルにつながっていった。もうひとつ「本」といえば「知識」というふうに仮の親をたててみると、ここから学校の先生へと連想がつながり、教室の風景が浮かんで別な知識ネットワークがつながっていった。

（280字）

＊評価ポイント

当然のことながら、本文の連想ゲームについて書いてあるくだりをよく読んで、頭の中の知識ラベルがいかに複雑なハイパーリンク状になっているかを掴んだうえで取り組んでもらう必要がある。

連想ゲームは、正確な知識や整合性のあるカテゴリーにこだわる必要はない。とんでもない飛躍や不思議なつながりが出ていてもかまわない（採点者が理解できないような連想であってもよい）。ただし、連想を三〇回つづけていくとなると、「本」を起点にある程度の数の知識ラベルを意識的に取り出し、それぞれの分岐を活発に進ませていく必要があるだろう。そこが不十分な連想や、三〇回を大きく下回る連想は減点対象とする。

連想中の「意味単位のネットワーク」の説明は、すべての連想の説明をする必要はなく、おもな知識ラベルについて説明できていればよい。「地」「図」「知識ラベル」「リンク」「注意」「仮の親」「子ラベル」「孫ラベル」といった本文のキーワードが適切に用いられているかどうかを評価ポイントとする。

問4

頭の中では様々な知識ラベルが複雑なハイパーリンク状態でつながっている。思考をしているときは、意味のネットワークのなかの「図」のリンクをたどりながら、どの道筋や分岐を選んで進んでいくかを判断しながらジグザグに進んでいく。このジグザグした進行こそが「考える」ということの正体である。本を読んでいるときに、ある言葉や場面をきっかけに、別な言葉やイメージが頭のなかに浮んできて本の内容とは関係のない思考に入ってしまうことがある。こういう状態は普通「集中力がない」と言われるが、著者の説明を読んで、これこそ頭のなかのハイパーリンクが動いているためではないか、むしろ思考が活発になっているともいえるのではないかと思った。（３０４字）

＊評価ポイント

著者の説く「考えることの正体」を簡潔かつ具体的にまとめたうえで、自分の感想や意見を述べる。傍線のなかにすでに「ジグザグした進行が～正体なのだ」という説明が入っているので、「ジグザグした進行」とは具体的にどういうことを指しているのかを適切に説明できればよい。

感想や意見については、問３で連想ゲームをやってみることによって、著者の説明に対してある程度の実感をもったうえで「知識」や「思考」を柔らかく捉えたことが書けるのではないかと期待したい。

新作国語問題

(五)アナロジー型の問題

徹底的にメタファーで考える

高校入試用　制限時間四〇分

次のA・Bの二つの文章をよく読み、問題に答えなさい。

◆文章　A

本というものは知的なファッションなのではなく、ファッションそのものである。また食べ物なのだ。モードであってフードなのである。実際にも着たり食べたりするものだ。そのように実感するには、ひとつはマラルメやラングあたりを読むのもいいのだが、もうひとつは本をつねに複数の組み合わせで見たり、何冊もまたいで接したりするようにしておくとよい。

①ジーンズのような本、パスタのような本、戦闘服のような本、携帯電話のような本、ワイングラスのような本……。こういうものはいくらでも本屋に並んでいる。ところがこのような本を組み合わせて遊んだり、読んだりすることがない。ジーンズの上に毛皮を着て戦闘帽をかぶった女性が、ワインを飲みながらイカ墨のパスタを食べていて、そこにケータイがかかってきた……なんてことはあるのに、それを本の組み合わせに転換できないのである。

本を「組み合わせファッション」や「皿に盛った料理」にするには、洋服や小物やスニーカーのように取っかえ引っかえ本を着脱する必要がある。それから本を読んでいるときに、他の本から電話がかかってきたという感覚をもつ必要がある。五、六冊の本がベンチに座っているところへ割りこむ必要がある。すぐにそれができないのなら、まずは本屋をよく知ることだろう。

本屋、つまり書店には、本たちが所狭しと並びあい、妍《けん》を競いあい、互いにひそひそ声で喋《しゃべ》りあっている。われわれはこの中のお気に入りを着るために本屋に入ったのである。タイトルが目に飛びこみ、著者の名が浮かび、それにブックデザインがメッセージを発している。版元（出版社）がどこなのかということも、つまりはエルメスかプラダか無印かというメーカーの違いなのだから、これもよく見たい。

そこで禁じ手が必要になる。本屋に入ってついつい本をすぐに手にとりたくなるのだが、これをなんとか我慢する。諸君がブティックに入ったときのことを思い出せばわかることだが、やたらに洋服を手にとってはいないはずだ。よく見くらべているはずだ。それが似合うかどうかを目で判断しているはずだ。すべての靴に足を突っ込んだりはしないはずだ。だいたいの当たりをつけているはずだ。

本を見くらべるには、どうするか。ブティックの洋服の選びかたや並びかたに、そのブティックの売り場思想があらわれているように、それをまた諸君はすばやく見抜いているように、本のばあいもそれを選び並べている「棚」の思想を見ることになる。町の小さな書店と大型書店を比較すれば、同じ一冊の本でも、どこにどのような棚組みで置いてあるかによって、目立ちもするし、埋没もする。

こうした棚組みを前後左右に存分にたのしみ、自分なりの「見方」を確立する。このとき著者のほうの思想に負けてはいけない。本はそれ自体がモードやフードなのだから、自分がほしい（自分の関心と好奇心にふさわしい）モードとフードの思想のほうを感じることなのである。

（中略）

このように、おもしろい書店というものは、さまざまな棚組みやフェアや組み替えに躍起になってとりくんでいるものだ。もしも、行きつけの書店にそういう雰囲気がないようなら、そういう書店には行かないほうがいい。アマゾンやbk1でネット注文すればいい。しかし、本を着たり食べたりしたいなら、ネットに頼っていたのでは感覚に磨きはかからない。ぜひとも本屋遊びをし、「棚の思想」を嗅《か》ぎ分けたい。ただし、注意点あるいはヒントがある。

第1点。文庫本の棚はベンキョーにならない。あれは最近はアイウエオ順の著者並びになっていて、何の工夫もない。たんなる電話帳だ。だから、ここは捨てる。

第2点。本の並べかたには平積みと棚差しというものがあって、手元の台に平積みしている本はたいてい〝売れセン〟ばかりなので、それに気をとられないで、ちゃんと棚差しのほうを考査する。

第3点。棚の本を見るときは（スキャニングするとき）、できるだけ三冊ずつ目をずらして見ていく。だいたい本は一冊だけ手にとるのはよくない。その両隣りの本を必ず認知するようにしたい。これだけでも三倍のスキャニングができる。

第4点。財布の都合にもよるが、本はできるかぎり〝複数買い〟をする。図書館で棚から本を閲覧室にもってくることを考えればわかるように、一冊だけとってくるのはあまりにも非効率だ。そもそも本を一冊ずつ読むということは、小説を除いて、しないこと。いろいろ取り替え読み替えしているうちに、本の味も値打ちも見えてくる。

第5点。あえて本を買わずに出てきたとしても、その本屋の棚に並んでいた本をあれこれ思い出してみるのがよい。近くに喫茶店でもあるのならいったんそこで思い出してみて、できればまた本屋に戻って気になる本を確かめることだ。ぼくは何度もこのエクササイズに耽《ふけ》ったものだ。

そのほかもっといろいろあるのだが、ともかくも本を「一冊から多冊に」して付き合うこと、これに徹するのがよろしい。そもそも一冊の本というものは、それ自体で他の多冊とリンクされている。一冊にはつねに多冊を対応させなさい。

千夜千冊エディション『本から本へ』　第二章『棚の思想』より

◆文章　B

多読術にとって大事なのは、本によって、また読み方によって、さまざまな感情やテイストやコンディションになれるかどうかということです。その多様性を楽しめるかどうかです。

その多様性をぼくは、たとえば②「ワインを飲むように読む」「アスリートのように読む」「温泉であたたまるように読む」「竹を割るように読む」「教えを乞うように読む」「強い格闘家と闘うように読む」「時間つぶしのように読む」「書くために読む」というような形容で、これまで説明してきました。

本はいろいろな読み方をするべきで、つまりは平均的な読書を求めてもダメだということですよ。ゆっくり読んでもいいし、お茶漬けをかきこむように読んでも、何人かで感想を言いあうために読んだっていいんです。いや、むしろそのようにギアチェンジをしてでも、多様な読み方をするべきですよ。それには、自分が読むときの読中感覚をイメージできるようにすることです。

これらはメタフォリカル（比喩的）な言い方なので、なんとなくわかったような気になってもらうためのヒントなのですが、以上のことをわざとちょっと熟語っぽく言うとすると、たとえば次のようになりますね。③「感読」「耽読」「惜読」「愛読」「敢読」「氾読」「食読」「録読」「味読」「雑読」「狭読」とか、また、「乱読」「吟読」「攻読」「系読」「引読」「広読」とか、それから「精読」「閑読」「蛮読」「散読」「粗読」「筋読」「熟読」「逆読」といったふうにね。それぞれどういう読み方か、想像してください。

そういう読み方をするには、明瞭に「読書というのは平均的なことをするわけではない」と、強く思うことです。それにはいつも「自分の読中感覚」をできるだけ多様にイメージすることです。

ラーメンを食べるときはラーメン屋に行って箸《はし》を使い、フランス料理を食べるときはレストランでナプキンをかけて、ナイフとフォークを使うでしょう。本もそうやって読むんですよ。ただラーメン屋はラーメン屋が、フランス料理はレストランやボーイさんがそのスタイルやテイストを用意してくれている。それで私たちもその気になっているわけです。それを読書のばあいは、自分でやる。自分で読書テイストをつくっていく。そこにちょっとした工夫が必要なんです。

『多読術』第五章「自分に合った読書スタイル」より

〈問1〉文章Aの傍線部①にある「ジーンズのような本」「パスタのような本」「戦闘服のような本」「携帯電話のような本」「ワイングラスのような本」は、それぞれ書店（または図書館）のどういうところに置かれているどんな本のことをさしていると思うか。本文に書かれていることをよく読んだうえで、自分なりの表現に変えて簡潔かつ具体的に説明しなさい。解答は、五つのうち三つ以上を選んで答えること。

〈問2〉文章Bの傍線部②の「〜のように読む」にならって、同じ言い回しで三つ、ただしまったく新しい例を考えてみなさい。また、それぞれ、どういう本をどういうふうに読むことなのかを説明しなさい。

〈問3〉文章Bの傍線部③に列挙されている「●読」という熟語のなかから六つを選び、それぞれどういう読み方をすることなのかを簡潔に説明しなさい。選び方は、次のAグループ・Bグループ・Cグループそれぞれから二つずつ選ぶこと。

A　耽読　愛読　味読　乱読　精読
　　熟読

B　感読　惜読　敢読　食読　録読
　　吟読　攻読　系読　広読　粗読
　　筋読

C　氾読　狭読　引読　閑読　蛮読
　　散読　逆読

〔問4〕　文章Aと文章Bは同じ著者によるものです。この著者は、本との付き合い方をどう考えているのか、二〇〇字以内でまとめなさい。必ず次の単語を使って書くこと。

モード　フード　見方　多読
読中

作問者：太田香保

問題解説

□作問の狙い――国語力としてのメタファーを重視する

国語入試で評論やエッセイを用いる問題といえば、もっぱらロジカルな思考力や記述力を試す組み立てになっている。残念ながら、松岡正剛が重視しているアナロジー（類推・連想）の力、すなわち既知なる情報から未知なる情報を導き出す力や、イメージの類似性や相似性によって思考を推進する力をみる問題は、これまで松岡の著書が使われた数ある入試問題を見渡してもほとんどない。けれども、本来の「国語力」は、論理の力だけでは測れない。すべての言語認識と言語表現にかかわる活動がそうであるように、他者の言葉をよりよく理解し、他者に伝える言葉をよりよく生み出していくには、類推や連想のはたらきが不可欠である。

じつは、アナロジーのひとつであり代表的なレトリック（修辞法）であるメタファー（比喩）に限って言えば、文学作品や詩歌を用いた問題には、若干であるが見受けられる。それによって、ロジックだけでは表し得ないこと、曰く言い難いことを著者が巧みに表現しているものを読み取らせるような、深くおもしろい問題もある。が、残念ながら、評論やエッセイを用いる問題でメタファー表現が取り沙汰されることは、やはりほとんどないようである（メタファーが使われたことわざや慣用句の意味を問う知識問題を除いて）。

この試作問題は、以上の問題意識からつくったものである。テキストは松岡が多様な読書の方法を伝授する二つの文章を用いている。いずれも込み入ったロジックは用いていないが、多種多様なメタファーを「これでもか」というほどに駆使したもので、言語表現におけるレトリックやアナロジーを重視する松岡ならではの文章である。これらを素材にして、従来の国語問題ではまったく顧みられてこなかったメタファー表現に特化した設問を組み立ててみた。

受け手の感性や想像力が試される問題であり、客観評価がしにくいぶん、採点や評価は困難を極めるであろう。それゆえこのような問題が実際の入試問題で出題される可能性は極めて低いかもしれない。けれども、客観評価がまったくできないわけではない。実際にもイシス編集学校ではメタファーやアナロジーの稽古に対して、指導陣がきわめてロジカルな指南をしている。じつはアナロジーというものはロジックと対比されるものではなく、ロジックを包含しうるものなのである。そのことを、以下の評価ポイントのなかで示しておいた。

□解答案と評価ポイント

問題1

・ジーンズのような本：文庫棚にあるロングセラーのエッセイ本のような、誰の本棚にでもありそうで手に取りやすく読みやすい本

・パスタのような本：人気作家の棚にあるような、装幀がモダンで、あまり好き嫌いなく読まれるライトな本。

・戦闘服のような本：社会の本の棚にあるような、問題告発型の本。批判精神が旺盛で、理論武装した本。

・携帯電話のような本：ビジネス書の棚にあるような、新しい情報が紹介されていて便利使いでき

るが、トレンドが去ると見向きもされなくなる本
・ワイングラスのような本：詩や俳句や短歌の棚にあるような、繊細な感性や言葉使いをじっくり
　味わうための本

＊評価ポイント
「こういうものはいくらでも本屋に並んでいる」と著者が述べていることをふまえると、あまり特殊な専門書や希少な本ではなく、書店や図書館に行けば必ず置かれているような本を具体的にイメージできていることが望ましい。そのうえで、ジーンズ、パスタ、戦闘服、携帯電話、ワイングラスについて受け手が持っているイメージの振れ幅をある程度は容認しながらも、次のような評価方法によって精査していくとよいだろう。

　それは、「似て非なるもの」との違いがうまく言い表せているかどうかを見ることである。たとえば、五つの例題のなかでは「パスタのような本」が、人によってカジュアルなのかオシャレなのか、日常性（コンビニでも買えるもの）か非日常性（レストランで食べるもの）か、イメージの振れ幅が比較的大きいと見込まれる。こういう場合は、たとえば「うどん・そばのような本」との違いがうまく言い表されているか、「ラーメンのような本」との違いはどうか、というように、「似て非なるもの」との対比を想定すると、「パスタ」ならではの特徴をふまえてイメージできているかどうかが判断しやすい。これはイシス編集学校で伝授しているメタファー表現のコツである。

問題2

・探検家のように読む

↓まったく知らない分野の本を、自分なりに読み筋を発見するつもりで読む

・解剖するように読む

↓著者の言葉使いをひとつずつ分解して、その意図を微細に読み解き注釈をつけていくようにしながら読む

・犬の散歩のように読む

↓同じ本を何度も何度も繰り返し読んで、その日の自分の思考やイメージの動き方に注目してみる。

＊評価ポイント

「まったく新しい例を考える」という指示なので、本文の傍線②にあげられている例示の意味をひととおり確認したうえで、それらとは重複しないような「読書の方法」を思いつけていることが評価ポイントとなる。また、それをメタファーに置き換えた表現や説明は適切かどうかをみる。

本文では「本はいろいろな読み方をするべきで、つまりは平均的な読書を求めてもダメだということですよ」という話が受けていることも意識し、ふだんはやらないような読書の方法をあえてしてみる、という提案ができているとなおよい。

問3

・A　愛読：その本を好んで、座右の書として何度も読む

精読：言葉の意味をひとつひとつ確かめながら精確に読む

・B　惜読：読み終えることを惜しむように、ゆっくり丁寧に読む

攻読：著者の言い分に対して受け身にならず、論戦するつもりで読む

・C　引読：引用をするようなつもりで、さかんに線を引きながら読む

逆読：あえて本を結論部から読み、著者の論旨の組み立て方を観察する

＊評価ポイント

Aの言葉は一般的な熟語にもなっている言葉。Bは一般的な熟語ではないので漢字から類推できる読書方法を自分で工夫する必要がある言葉。CはB以上にイマジネーションを膨らませて読書方法を見いだすつもりで解答する必要のある言葉。A↓B↓Cの順に難度があがっていく。

評価ポイントは、Aについては基本的に知識問題としての扱いでよい。Bは漢字の意味を捉えて無理のない納得できる説明ができていればよい。Cは漢字の意味をふまえつつ連想的あるいは比喩的な発想で新しい読書方法を提案するような解答にしていく必要があるため、やや突飛な読書方法になっていてもかまわない。

読書方法の説明が他の言葉にも当てはまるようであれば、イメージに対するフォーカシング（焦

点化）が弱いといえる。ひいては、著者があげている例示の意図を掴めていないことにもなる。

問4

著者は、本はモードでありフードであると考える。ファッションや食べ物のように組み合わせて遊ぶものなのだ。本屋では棚組みの思想を愉しみながら、自分なりの見方を確立し一冊から多冊に向かうことを勧める。読書では、あえてさまざまな感情やテイストやコンディションを自分に起こしていく多読を重視する。それには平均的な読書にとらわれず、読中感覚を多様にイメージしながら、自分で読書テイストをつくっていくとよいと言う。（200字）

＊評価ポイント

五つのキーワードは、書店での心得を書いた文章Aと本の読み方を説いた文章Bを無理なくつなぐためのヒントとなる言葉を選んである。このキーワードを与えることで、それほど難度を高くしないように配慮をしている。これらを使って、書き手の考え方を説得力をもって説明できているかどうかを評価する。

（六）検索・討議を入れる問題

①的確な例示を検索して調べる

大学入試用　制限時間三〇分

どの時代でもどの国でもどの流派でも、多くのアーティストたちは争いあう歴史をもってきた。たんに争うだけではなく、まわりの雑音によってかきまわされ、対立させられ、また実際に生涯を宿敵や批判者と対立しつづけたアーティストも多かった。

㋐いったいアーティストが対立するとはどういうことなのか。

私はこの、まことに単純ではあるけれど、しかしすこぶる面倒そうな問題にひどく関心がある。最初にこのようなことに関心をもったのは、高校時代に現代文学史の事情に分け入って、小林秀雄と富永太郎と中原中也の複雑な関係を知ったときだったようにおもう。驚いたついで、川端康成と稲垣足穂・龍胆《りゅうたん》寺《じ》雄《ゆう》の対立を知った。さらに吉本隆明と花田清輝《きよてる》の対立を身近で見た。そのほか、数えきれない人々の対立と葛藤とを知った。

私が編集という仕事をしていたせいかもしれない。

武満徹《たけみつとおる》や草間《くさま》弥生《やよい》やタイガー立石からはアーティスト間のさまざまな事情を聴かされた。おそらくは多くのアーティストがたえず「対立の面倒」にまきこまれるのを、うんざりとした気持ちで見送ろうとしたのであろう。

それでもメリクリウスの尾は、離しても離してもまた絡まってきただろう。社会は癒着と絶縁のくりかえしだけを好み、世間は「仲よし」ではなく、ただひたすらに「仲たがい」だけを好むものなのだ。ビデオ・アーティストのナムジュン・パイクはそれを「うん、それは喝采の問題ね。アーティストは他人に対する喝采が許せないのよ」と言っていた。

逆に、何人もの果敢なアーティストはあえて対立を辞さず、批評界から〝ライバル〟とよばれることを辞さず、機会あるごとに相手をののしってきた。それはデモクリトスとエピクロスの昔から、最澄と徳一と空海の昔から続いてきたことである。後鳥羽院と藤原定家の分かれなど、私にとってはいまなお深い消息の裡《うち》にある。

あまりに個性的すぎて、周辺をすべて対立模様にしていくアーティストも少なくない。たとえば北大路《きたおおじ》魯山人《ろさんじん》の傍若無人はとくに有名だ。本書執筆の動機であって、冒頭にその理由を書いた横山操《みさお》もまさにそういうところがあった。

その一方、ライバルの不在やライバルの失敗を期待し、仮にライバルがいても、そのライバルが自分の考えていることと似たようなことをしてくれなかったなら、どんなに気楽だったろうと思っているアーティストも少なくないだろう。

しかし、対立と葛藤は様式の創発の源泉でもある。このことを一番よく知っていたのは、おそらく信長だったろう。

とくにアーティストの対立の要因を本人たちの感情の問題だけで片付けるわけにはいかない。そこには対立せざるをえなくなった事情、それも時代がもつ本質的な事情がはたらいていたはずなのである。きっと狩野永徳と長谷川等伯の対立も、そのような時代の要請にこたえたものだった。

きわめて似たような時代感覚にありながら、お互いが対立しつつ、しかもまったく逆の表現様式に走った画家の例は、そんなに多くはない。その稀な例の一組がアングルとドラクロワである。

永徳と等伯について綴っている文章の途中、突然にアングルとドラクロワを持ち出すのは、十六世紀末の日本と十九世紀初頭のフランスというちがいを考えると、あまりにも突飛な対比であるとおもわれるかもしれない。

　たしかにそういう危惧はあるのだが、しかしそこにはきっとおもいがけない収穫もある。いったい「画家が対立する」とは何なのか。そのことを考えるには、おそらくアングルとドラクロワの例が最も典型的なのである。


　ドミニク・アングルが生まれたのは一七八〇年、ウジェーヌ・ドラクロワが生まれたのが一七九八年である。

　二人は一九世紀の前半をたっぷり生きたフランスの同時代人だった。ただし永徳と等伯が四歳ちがいだったのにたいし、アングルとドラクロワは年齢だけのことでいうなら十八歳も離れていた。

　けれども、二人は互いに拮抗する「新古典主義」と「ロマン主義」という確固たる画風をもって執拗にわたりあい、激しい論争を辞さず、しかもお互いに一歩もひかないままに時代の代表者となった。

　私は二人の絵画がとくに好きだというのではないのだが、二人を比較する時代の視線が、われわれがともすれば見落としがちな桃山絵画にひそんでいる時代の本質的な二重性を蘇らせるヒントになるのではないかとおもっている。


松岡正剛『山水思想』第三部Ⅸ「ロマンティシズム」より

〔問1〕傍線部㋐について、筆者は「アーティストが対立する」とはどういうことだと述べているか。本文中の言葉を用いて一〇〇字程度で答えよ。

〔問2〕問題文中で後に続く例示および後述の「★対立するアーティスト例」も参考に、あなたが問1の「対立」に準じると考えるアーティスト一組をあげ、どのような点で対立していたか、一〇〇～一二〇字程度で説明せよ。なお、取り上げるアーティストは、携帯電話等での検索を許可する。（本文にあがっているアーティストや下段の★のアーティスト以外の名前をあげること）。

★対立するアーティスト例
モーツァルトとサリエリ　／　ゴッホとゴーギャン　／　江戸川乱歩と横溝正史　／　ザ・ビートルズとザ・ローリングストーンズ　／
松田聖子と中森明菜

作問者：小濱有紀子

問題解説

□作問の狙い——情報活用能力をも試す問題

テキストを読んでその内容を咀嚼したうえで、文脈に適った別な例示を自分で探し出し説明することを求める問題である。その際、あえて携帯電話等での情報検索を認めることで、たんに受験会場にいながら手持ちの知識や教養だけで答えていくのではなく、受験会場の外側にある広大な情報世界のなかから定められた時間のなかで適切な例示を収集し、吟味して提示できるかどうかまでを問うている。

もちろん、なんの前提知識も持たないまま、やみくもな検索をするだけでは、時間内に例示をあげて対立点を端的に解説することまではできないであろう。そういう意味でこの問題は、受験生が培ってきたある程度のリベラルアーツを試しつつ、情報化社会で知的活動をしていくうえで欠かせない情報活用能力までを見る問題として組み立てている。

本文にあげられている例示と、問題文のなかであげた「★対立するアーティスト例」によって、取り上げるアーティストは古典的な音楽家でも画家でも作家でも、またロックスターやポップアイドルでもよいこと、つまり広義のアーティストと捉えてよいことを示している。

□解答案と評価ポイント

問1

きわめて似たような時代感覚にありながら、まったく逆の表現様式をもって、執拗に激しい論争を辞さず、創発の源泉として不可避な葛藤をうみ、それぞれに時代の代表者となっていくような対立のこと。(92字)

＊評価ポイント
著者の考える「アーティストの対立」のポイントを読み解いたうえで簡潔に説明できているかどうかを見る。どのような点での対立であるかを明示しているか、対立を生み出す背景について明示しているか、対立がアーティストや彼らの芸術性に与える影響にまで言及できているか、といったあたりを評価ポイントにする。

問2

○太宰治と三島由紀夫
私小説性の強い太宰と、美や思想を絡める三島とでは、自己愛へのアプローチが対照的である。実際の対立は一瞬だが、前者は日本における私小説の人気を、後者は小説家のスタイルに世間が注目することを定着させた。（99字）
○ラヴェルとドビュッシー
ともに二十世紀初頭のパリで活躍した作曲家であるが、正規の音楽教育を受け、和声の響きを追求して印象派音楽を切り拓いたドビュッシーに対し、ラヴェルは流行り始めたジャズを取り入れ、奇抜な着想で人気を博した。（１００字）
○ルドンとマネ
現実を忠実に再現するマネのレアリズムは、人間の思想や精神的生命を犠牲にしているとルドンは訴えた。十九世紀のサロンへ反旗を翻したモダニズムという革新性に対し、保守的なアカデミズムとは違った折衷的視点で芸術の本来を見据え、危惧を感じていたのである。（１２２字）

＊評価ポイント

問1であげた評価ポイントと同様に、対立点は明示できているか、その背景について明示しているか、対立が芸術に与えた影響にまで言及できているか、といったあたりに注目して評価する。

取り上げるアーティストは、当人同士が実際に対立していたことが明白でなくとも、同時代に活躍しライバルと見なされていた二人を取り上げてもよいだろう。それぞれのアーティストの特徴や違いについては、情報検索して調べることができることをふまえ、できるだけ具体的に記述されていることが望ましい。

新作国語問題

（六）検索・討議を入れる問題

②ディスカッションを取り入れる

大学入試用　制限時間八〇分

ブラウン＝そうね。今の日本の若い人を見ていると、自分自身で物事を考えて選びとる力を持っていないのではないかと感じます。すべて言われたとおり、与えられたとおり。特に食べ物に関してはそれがとても多いと思います。体と精神に害を与えるような質の悪い食べ物がたくさん流通しているでしょ。けれども、何も考えないで、それがわからないまま食べている。そういったものを食べ続けていれば体の調子が悪くなるし、生活力もなくなる。意識もボーッとして集中力がなくなります。それに対しても問題意識もあまりない。

そういったことの根本的なところにはね、教育の問題があると思います。子供たちを見ていると、学校で〝考える〟ということを教わっていない。すべてが〇×方式になっています。

松　岡＝そう、そう、それ、それ。

ブラウン＝日本の教育は、最初からすべての問題に答えを用意しています。そして選択肢が最初からあって、その中からどれが正しいかを把握させるだけになっている。これが〇×方式。でも、そういう教育では考える力は育ちませんし、しかも、若者の視野も狭くなってしまう。これでは、世界とうまく接することができなくなってしまいますね。

松　岡＝まったくそうね。十年くらい前に、NHKでカナダとかアメリカ、ドイツ、フィンランド、それからフランス、イギリスの幼児教育や小学校教育の現場のレポートがあって、ぼくがコメントするという番組があったんです。そのときにショックというか、驚いたのは、外国では多読——たくさん本を読むことと、読んだら必ず議論をするということ。それを徹底してやっているんです。

ブラウン＝アメリカでは、それは小学生のころからやっています。

松　岡＝そうでしょう。その番組では、日本の報告もありましたが、ぜひとも多読は取り入れたほうがいいと思ったね。その後の日本の教育の経過もぼくは見てきましたが、残念ながら、まだやってない。

ブラウン＝はい。実はぼく自身、その状況をとても痛感しているんです。

ぼくの子供は日本の学校に通っているんですが、見た感じでは、日本の教育は本当の教育ではなくて、ただの訓練としか呼べないようなものが占めている割合が大きいんです。よく言えば、それで良い子にはなるんだろうけど、子供の知的な好奇心は育まれていない。恥ずかしいんですよ。自分の子供を海外につれて行くとき、同じ年齢の子供に会わせると、向こうの子のほうが精神的に成長しているんです。

ぼくは小学生のころ、本をたくさん読まされた。古い時代の本を読むのは辛かったんですけど、ふと、心に触れる文章が出てきたりするんですね。その文章が、今まで自分では気づいていなかった自分に出会わせてくれたり、自分の世界観を広げてくれた。中学校に入ってからはエッセーもさんざん書かされました。苦しかったけど、文章を書くうちに考える力ができたと思います。あのころ、自分の思いを上手に伝える力が身についたから、世界とのつき合い方がさらにおもしろくなった。

松　岡＝そうだよね。そういう教育がないこともあって、日本では、自分で物事を考えるとか、人との意見の違いをどう調節したらいいかとか、そういうスキルが身につかないんでしょうね。何か言われると、すぐ腹を立てたり、「かわいい」というだけで安心してしまうとか、「みんなと同じだよ」と言われればそれでいいんだと思ってしまう。そこから先を考える能力を失ってしまっているんだろうね。

だから、今、日本人のコミュニケーションを見ていると、「ムカつく」とか「キモイ」とか、そういう簡単なキーワードだけで成立していて、瞬間的に終わってしまっている。瞬間湯沸器じゃなくて、瞬間消却器（笑）。ちょっと深く言われるとか、何かを長めに言われると、そこで思考がストップしてしまって、コミュニケーションが長時間続いていかないんです。

松岡正剛＆エバレット・ブラウン『日本力』第一章「日本人が今置かれた場所」より

〔問1〕問題文を読み、それぞれの意見を踏まえて、内容を二〇〇字程度で要約してください。

〔問2〕奇数の受験番号の人が後ろを向き、偶数番号の人とペアになってください。出来上がったペア同士で、問1でまとめた問題文の論旨をそれぞれ一分ずつで説明しあい、そこから五分間、その内容についてディスカッションしてください。なお、解答用紙にはディスカッションの内容のメモを残しておくこと。

＊試験官から、ディスカッションのスタートと終了の指示があります。

〔問3〕五分経ったらディスカッションを終了し、それぞれの意見を踏まえ、あなたの意見を四〇〇字以内でまとめてください。

〔問4〕この問題文の二人の話者の「対話」のあり方に注目し、「対話」の持つ力、「会話」との違い、論旨展開における効果について、あなたの考えを書いてください。その際、問2で行ったディスカッションを通して得たあなた自身の変化（問題文の読み方や捉え方、あなた自身の意見の変化）や新たな気づきがあれば、それについても触れること。

作問者：小濱有紀子

問題解説

□作問の狙い――対話を通して考察を深める

試験中に受験生同士にディスカッションしてもらうという実験的な方法を取り入れた問題であるが、これは新指導要領に掲げられている「思考・表現・判断」と「対話的学び」の力を測るための問題として考案したものである。

問題文は、松岡と写真家で日本通のエバレット・ブラウン氏が、アメリカと日本の教育の違いやコミュニケーションスキルの違いについて交わしているものである。その内容を、自分の頭だけで解釈して考察するのではなく、実際に他者とディスカッションしてみることで、自分の解釈や意見がどのように変化し、新たな発見や気づきが起こるかということを身をもって経験してもらう。最終的には、問題文が説いている内容だけではなく、二人の話者が示しているコミュニケーションのあり方についても考察を深めてもらうことを狙いとしている。

□解答案と評価ポイント

問1

日本の教育の問題点は、「考える」ことを教えていないことにある。特に、選択肢が最初から用意されているような○×式の問題は、正答することに縛られ、考える力や異なる意見を調整する力がなくなる。たくさん本を読み、読んだら必ず議論をする、文章を書くことで考える力や伝える力を養う、欧米型の「多読」の試みを取り入れた方が良い。さもないと未知への知的好奇心や課題解決力、瞬間的ではないコニュニケーション力が育たない。（２０１字）

＊評価ポイント

松岡とブラウン氏の「それぞれの意見をふまえて」、問題文の全体を要約する必要がある。内容的には、次のようなポイントが押さえられているかどうかを見る。日本の教育の問題点について、欧米と比較して明示していること。良くない点について、本文から適切な具体例（教え方、学びの姿勢、問題形式など）を取り出して例示していること。特に対話のキーポイントとなっている「読書」に対しての意見を取り上げていること。その結果、どうなるかの話者の予測（結論）を明示していること。

問２

解答例は割愛（ディスカッションのメモは問４の採点で活用）

問３

◯×選択式は、規定された枠組の中だけで正解を探させるところが問題だ。それは裏を返すと単純な「間違い探し」にもなってしまう。まずは正解探しではないところ、単純な正誤ではないところから思考をスタートしないと、自分の意見を多角的に検討し深める力が養えない。本文ではそのために多読を勧めているが、多くの本と出会うことと多くの人と出会うことは、自分の頭や感情を揺さぶるインプットという点で近しいと思う。一方、対話は自ずとアウトプットがセットになっているが、読書についてては意識的な活動がないとアウトプットにならない。それがこの文章における、読書後の議論や文章を書くという教育の勧めにつながる。また、多数の人よりも多数の本の方がインプットの幅は広い。自問自答と他者との対話の両方の力を磨き、考える力・生きる力を養うためにも、読書を中心にしたコミュニケーション教育は重要だと考える。（383字）

＊評価ポイント

問１で解答した問題文の要約をもとに、ディスカッションしてみたこともふまえて、自分なりの意見を展開してもらう。内容としては、問１の評価ポイントに準じて、とくに欧米と比較しての日本の教育の問題点と、松岡・ブラウン氏の対話のキーポイントとなっている「読書」については必ず押さえてほしい。

問4

会話は誰もがふだんやっているが、対話はお互いが向き合って意見をかわし影響を与え合うものだ。そういう点で、対話は読書と似ていると感じた。読書は自分と違う意見、自分と違う見方、自分と違う表現の仕方に出会うチャンスになるからだ。問題文においても、二人の人物が対話によって食べ物、教育、読書などのテーマを次々にめぐりながら、それぞれの考えを拡げたり深めたりし、人間の精神がどのように成長するのかという話にも迫っている。私自身も、問2の対話を通じて、この文章で語られていた教育の問題点や読書の効用について、新たな気づきがあった。その際、ディスカッションの相手の「聞く力」に助けられたところも大きかったと思う。コミュニケーションにおける、インプットとアウトプットの両面での「考える力」の必要性を痛感した。

＊評価ポイント

問題文は、内容が教育と読書とコミュニケーションをめぐっているだけではなく、松岡とブラウン氏が対話＝コミュニケーションによってそれらのテーマを深めあっているところに特徴がある。このことに改めて注目し、実際に問2で他者との対話を経験したこともふまえて、「対話」の可能性について考察してもらうことを狙いとしている。

評価ポイントは、設問にある「対話」と「会話」の違いが捉えられていること、問題文に見られる対話のあり方やその有効性についての感想や意見が述べられていること、問2のディスカッションについての感想が込められていること、の三点になる。

問2でディスカッションについてメモをしてもらったものは、この三つ目の評価ポイントを判断するために活用する。

編集的自由のための国語教育

川野貴志

国語教育の敗北が可視化されて久しい。例えばSNSにおけるいわゆる「クソリプ」の氾濫や見当外れな炎上の頻発は、書いてあるとおりに読めない人間の存在を表沙汰にした。言語運用能力が世界と関わる力ならば、その不足は、当然観察や思索の不全にも帰結する。そんな中、入試国語から提示できる「国語のこれから」とは何だろう。

正解主義的としばしば批判の的になる入試国語だが、かつては東大京大もなかなか「攻めた」出題をしていた。「日本文学史上に於ける価値高き作品もしくは作家を十えらびその理由を簡単に述べよ」（東大・一九四七年）、小学生の作文を添削し先生の立場から批評するという課題（京大・一九六〇年）。学生を選抜する側も、想定解にとらわれない思考や表現を求めていたのだ。だがこうした出題が入試国語で見られることは少なくなった。「小論文試験」がその系譜をかろうじて保ってきたが、現状は実質的に課題文の要約といったような問題も少なくない。

「国語教育のミッション」のアップデートとその浸透は急務である。体罰やハラスメントが追及されるようになり、尊重されるようになった若者たちは優しく協調的になった。しかし教育環境の変化は、彼らの未来から不条理が根絶されることを必ずしも意味しない。混沌の時代に得物として携えさせたい言葉の力は、ネット記事の目利きから古代哲人の思索の追体験まで、多種多様な情報を自力で高速に獲得・選別・統合できるリテラシーだろう。果敢な想像力と類推で世界を再解釈した上で、聞き手の記憶を穿《うが》つレトリックによって己の思想を響かせる表現力だろう。

松岡正剛の文章が「よく出る」のは、まさにこのような力、編集力がテキストに横溢しているからだろう。森羅万象を情報と見なし、加工統合することで思考の自由を拡張するのが広義の「編集」だ。古今東西の文物・知見の取り合わせが玄妙で、アブダクション（仮説推論）とアナロジーによって立ち現れる情報の接合面が紋切り型でなく、その意外性が「初見の文章に対する読解力」を試すのに好適なのである。

「学生に読ませたい文章」の中でも、技法的・方法的な理想の提示ともなり、かつ試験問題として適切な知的負荷を課すものとなると、そう多くは残らない。

いま大学入試では「総合型入試」が市民権を得つつある。各大学の基準でじっくりと受験生を選抜する方式と、模範解答のない「編集お題」はよく馴染む。本書で提示した野心的な新作問題は様々な観点から加点が可能で、少数を対象にする試験形式に向くものが多いだろう。答案に表出する読みの多様性は評価の悩みを新たに生むだろうが、面接や小論文試験でも似た困難はあったはずだ。

松岡正剛の編集的世界観がこれからの国語教育と大いに親和することは論を俟《ま》たない。糾弾と論破が上滑りする社会に必要なのは、汲々と炎上リスクを数える手際などではない。教育を通して編集的自由を敷き、受容と好奇心をもって世界のコミュニケーションを塗り替えることなのだ。

※筆者略歴は401頁参照

松岡正剛　出題著書の解題

＊第1章から掲載順に紹介

第1章より

●『日本文化の核心』

講談社現代新書　二〇二〇

古代の日本人が抱いていた世界観から、現代の日本人のサブカル感覚までを網羅した、〝松岡日本論〟のコンパクトな決定版。お米、柱、ムスビ、型と間、カブキ、神仏習合、古意《いにしえごころ》、武家と公家、まねび、支払いとお祓い、経世済民、二項同体、面影といったキーコンセプトを次々にあげながら、複雑で多層的な「ジャパンスタイル」を読み解く。ラストは、日本の編集文化力の可能性を見据えることの重要性を説く。

第2章より

●『わたしが情報について語るなら』

ポプラ社　二〇一一

小学生のために、各界の著名人がそれぞれの専門分野の真髄を本気で語るシリーズの一冊。松岡は、情報やメディアのはたらきを説きながら、生命の進化から、宗教と文明、国家と経済の成り立ちを経て、近代以降の技術社会、さらに現代のネットワーク社会にいたるまでの「情報の歴史」を高速で案内。膨大な情報の海の中で、独自に「つながり」を発見し組み合わせる「編集」の重要性へといざなう。

●『日本という方法』

NHKブックス　二〇〇六／角川ソフィア文庫　二〇二〇

二〇〇四年放送のNHK人間講座「おもかげの国・うつろいの国」のために書き下ろしたテキストをもとに加筆、再構成。「和と漢」「神と仏」「主と客」「ウツとウツツ」など対比的なキーワードによって日本文化史をたどりながら、つねにデュアル・スタンダードを採用してきた方法日本のあり方を探り、近代以降現代にいたるまで矛盾と葛藤を編集しきれなくなっている日本に警鐘を鳴らす。「日本という方法」は松岡日本論のキーコンセプト。

●『日本流』

朝日新聞社　二〇〇〇／ちくま学芸文庫　二〇〇九

本来を見失って将来が見通せない日本を、童謡「歌を忘れたカナリヤ」に託して始まる異色の日本論。見立て、数寄、趣向、面影、不足と仮、間と型、負とうつろひなどのキーワードによって、多様で一途な「日本流」の方法を説いた。文庫では、松岡の長年の友人である江戸学者の田中優子氏が解説を担当。「ひとりひとりの中に潜んでいる日本流を稼働させたくて落ち着かなくなってくる本」であるとコメントしている。

●『花鳥風月の科学』

淡交社　一九九四／中公文庫　二〇〇四

「山・道・神・風・鳥・花・仏・時・夢・月」という一〇のテーマを通して、日本文化にひそむイメージの起源を探る。松岡による講義録をもとに再構成。「花鳥風月」は自然の景物を取り込んだ意匠感覚であるだけではなく、日本人のコミュニケーションのためのプログラムであり、インターフェースであると説く。文庫版ではいとうせいこう氏が解説を執筆し、松岡が解いた「景気」の日本的生成のメカニズムに注目している。

●『山水思想』

五月書房　二〇〇三／ちくま学芸文庫　二〇〇八

中国から渡来した水墨画の方法論にはなかった、独自の「山水画」を生み出した日本の「負」の方法論に迫る。雪舟、等伯から狩野芳崖、浦上玉堂、横山操にいたるまでの日本画の試みを追いつつ、そこに流れ込んでいた山水タオイズムや禅林文化や無常観の系譜を丹念に解き明かす。文庫本の解説は、建築家の内藤廣氏が担当。等伯の「松林図」に代表される日本の湿度に対する松岡の感性について触れている。

第3章より

●『17歳のための世界と日本の見方』

春秋社　二〇〇六

松岡が大阪の帝塚山学院大学で授業として行った「人間文化」講義を採録、編集したもの。歴史観も知識もない学生たちに、人間文化の見方・考え方の基本を平易に説きながら、キリスト教的な世界観と日本的な多神多仏の世界観の違いや、ヨーロッパと日本の文化をつなげて見る方法などを伝授する。「17歳のための」と言いつつ、幅広い層の読者に支持されロングセラーを続けている。松岡自筆のイラスト入り。

●『知の編集術』

講談社現代新書　二〇〇〇

一般読者向けに、編集工学のエッセンスをわかりやすく説く。「編集は遊びから生まれる、対話から生まれる、不足から生まれる」というスローガンを掲げつつ、要約と連想というもっとも基本的な編集メソッドをはじめ、松岡が体系化した編集技法や用法も紹介。発売以来、版を重ねるロングセラーとなっている。本書に掲載された全28の編集稽古から「イシス編集学校」が生まれた。

第6章より（新作問題）

●Ｗｅｂ千夜千冊

二〇〇〇年～現在

インターネット上でいまも更新しつづけている壮大なブックナビゲーション。一人の著者につき一冊限り取り上げるというルールを順守しながら、二〇二三年三月現在一八二〇冊を突破している。二〇〇六年には求龍堂から一一四四冊までを網羅した全七巻の大全集が上梓され、話題となった。二〇一八年からは千夜千冊をユニークなテーマによって組み合わせて構成する「千夜千冊エディション」シリーズが角川ソフィア文庫から刊行（現在二八冊）。

●『背中のない日本』

作品社　一九九五

一九九一～九三年に「エコノミスト」誌で連載した松岡の巻頭言「孤客記」を全篇収録。編集工学研究所を率いて数多くのプロジェクトにたずさわる傍ら、世界情勢のなかでの日本の立ち位置やふるまい、またそのときどきの社会・文化のトピックスなどを取り上げ洞察をしつづけた稀有な記録にもなっている。連載中から反響を呼び、当初一年間の予定だった連載が二年近くに及んだ。

●『多読術』

ちくまプリマー新書　二〇〇九

目次読書法、マーキング読書法、読前・読中・読後、読書モデルの設定などなど、松岡が長きにわたる読書遍歴によって培ってきた読書メソッドを一挙公開。読書はきわめて編集的で重層的な知的作業だが、決して神聖なものだとか有意義なものだとか思わないほうがいいと断言。「読書を愉快にさせるのは、読み手次第」と言いつつ、多様性に向かう思考力を育てるための多読の奥義までを伝授。

●『眼の劇場』

工作舎　一九八〇

松岡の一九七二年から八〇年までのエッセイのうち、「視覚的なるもの」に関する三九篇を収録。同時に刊行された『概念工事』(言語的なるものを収録)の姉妹本。「オブジェの将来」(オブジェ論)、「似たり依ったりの消息」(美術論)、「人工自然という観覧車」(デザイン論)、「目撃者のいない光銀事件」(写真論)の四つの章からなる。ページを開くごとにヴィジュアルが変化するユニークな仕掛けが施されている。

●『知の編集工学』

朝日新聞社　一九九六／朝日文庫　二〇〇一

松岡が初めて「編集工学」の全貌を体系的にまとめたエポックメイキングな本。編集工学が歴史の中のエディターシップや、認知工学・システム工学などの成果を総合化する試みから生まれたこと、「編集」は複雑な情報社会を生きる上で必須の技術であることを世に知らしめた。文庫解説担当は思想家の山口昌男氏（新判は大澤真幸氏）。編集工学は、非線形の想像力の産物を世界像に組み込む方法であると高く評価した。二〇二三年秋、文庫新装版刊行予定。

●千夜千冊エディション『本から本へ』

角川ソフィア文庫　二〇一八

二〇一八年から刊行が始まった「千夜千冊エディション」の第一弾。本を通して多様な世界とつながるための方法を伝授するハイパー読書・書物論。道元・バルザック・滝沢馬琴といった「読み」の達人たちの構想によって世界読書の奥義を垣間見させる一方、愛書家マングウェルの『読書の歴史』や前田愛『近代読者の成立』といった、古今東西の書物と読書の歴史をめぐる本をとりあげた。

●『日本力』

パルコ出版　二〇一〇

「日本人以上に日本の本来を感じさせる思索力や観察力の持ち主」と松岡が評価する写真家エバレット・ブラウン氏との対談本。フォトジャーナリストとして日本全国を撮影してきた〝異人〟ブラウン氏の驚くべき洞察に、松岡が深い共感をもって向き合う。エバレット氏が撮影した写真に松岡の日本論の一節を組み合わせたビジュアルページもふんだんに挿入、失われつつある「日本の面影」を浮き彫りにしている。

国語問題研究・分析チームおよび協力者一覧

※イシス編集学校師範・師範代・
「離」修得者およびその他メンバー

◆国語問題研究および
新作問題作成チーム

太田　香保
加藤　達彦
門倉　正美
川野　貴志
小濱有紀子
三苫　麻里

◆既存問題分析・選定チーム

上杉　公志
田島　聡志
寺平　賢司
牧野　越叢

◆新作問題および
既存問題トライアル・メンバー

相部　礼子
井ノ上裕二
小川　典良
小倉加奈子
小桝　裕己

小山　栄
佐藤　英太
塩田　克博
津村　直
福澤美穂子
福元　邦雄
藤井　百々
松井　路代
丸　洋子
三津田恵子
森本　康裕
米川　青馬

◆既存問題トライアル・メンバー

秋山　珠里
井田　昌彦
井ノ上すみれ
大島　雅人
大音美弥子
大野　哲子
奥山　和栄
塩田　大知

白川　雅敏
白川　紘大
曽根　藤和
高野　真俊
高野　灯
西田　昌史
野村　英司
原田　淳子

◆小論文問題トライアル・メンバー

阿曽　祐子
石黒　好美
植村　真也
大泉健太郎
佐土原太志
鈴木　花絵
田邊美智代
畑本　浩伸
福井　千裕
細田　陽子
山口イズミ
渡辺　高志

新作問題&コラム担当者　プロフィール

門倉正美（かどくら・まさみ）

東北大学大学院で哲学を学び、山口大学で哲学、横浜国立大学で日本語を教える。留学志望者への日本語試験問題を分析する中で従来の読解教育に疑問をもち、より実践的な読解教育を心がけてきた。イシス編集学校で「守・破・離」を学ぶ。

三苫麻里（みとま・まり）

高校教諭を経て、現在は予備校の国語講師。松岡が監修した「近大ビブリオシアター」「角川武蔵野ミュージアム エディットタウン」の選書メンバー。イシス編集学校師範代、同じく九州支所「九天玄氣組」で活動中。

加藤達彦（かとう・たつひこ）

木更津工業高等専門学校・人文学系教授。博士（文学）。大学生のとき「風博士」に衝撃を受け、以来、坂口安吾の研究に従事。勤務校では日々、編集工学的国語教育を模索している。イシス編集学校で「守・破・離」を学ぶ。

小濱有紀子（こはま・ゆきこ）

中央大学大学院にて国文学を学んだ後、大手教育系出版社で二〇年以上、高校生向けの国語・数学の教材編集、講座編集長を務める。「国語力は生きる力」という信念のもと、「読み解き」「書き」の方法や型を通して「ものの見方」を学ぶ機会を提示し続けている。イシス編集学校［遊］物語講座・創師。本書の各校問題解説も担当。

川野貴志（かわの・たかし）

金蘭千里中学校・高等学校国語科教諭。二〇二三年四月より教頭。松岡正剛の編集的方法で日々の授業に臨み、時代とともにさらに多様化する生徒の思考経路を解析・受容して、「いま、ここだけのことば」を届けられるよう奮闘中。イシス編集学校師範。

著者略歴

松岡正剛(まつおか・せいごう)

編集工学研究所所長、イシス編集学校校長。

70年代にオブジェマガジン「遊」を創刊。80年代に「編集工学」を提唱し、編集工学研究所を創立。その後、日本文化、芸術、生命科学、システム工学など多方面におよぶ研究を情報文化技術に応用しメディアやイベントを多数プロデュース。

著書に『知の編集工学』『日本という方法』『17歳のための世界と日本の見方』『擬』『日本文化の核心』ほか多数。

2000年から、ウェブ上にブックナビゲーション「千夜千冊」を連載。現在も継続中である。https://1000ya.isis.ne.jp/

イシス編集学校(いしすへんしゅうがっこう)

2000年にインターネット上に開講。松岡正剛の編集術を、基礎コース「守」、応用コース「破」、専門コース「離」の3つのコースで伝授する。カリキュラムはお題形式の編集稽古で構成され、コーチングスキルを身に付けた師範・師範代が指南する。本書のために、約50人の編集学校師範・師範代および「離」の修得者が協力し、国語問題のトライアルや問題分析などを担当している。
https://es.isis.ne.jp/

企画構成

太田香保(おおた・かほ)

松岡正剛事務所代表。慶應義塾大学図書館勤務を経て、1989年に松岡事務所に入社、松岡の編集的世界観を学びながら、メディア、イベント、テレビ番組など、多種多様なプロジェクトの企画構成に携わる。イシス編集学校には創設期からかかわり、現在は専門コース[離]の総匠。モットーは「誰かの思いを成就させるエディターシップ」。本書では解説文も担当。
https://seigowchannel-neo.com/

装幀　長谷川理
イラスト　末廣裕美子
編集協力　小濱有紀子、上杉公志
編集　中川隆子、植草武士

松岡正剛《まつおかせいごう》の国語力《こくごりょく》　―なぜ松岡《まつおか》の文章《ぶんしょう》は試験《しけん》によくでるのか―

2023年8月17日　第1刷発行

著　者　松岡正剛《まつおかせいごう》＋イシス編集学校《へんしゅうがっこう》
発行者　渡辺能理夫
発行所　東京書籍株式会社
〒114-8524　東京都北区堀船2-17-1
電話　03-5390-7531（営業）
03-5390-7455（編集）
https://www.tokyo-shoseki.co.jp

印刷・製本　図書印刷株式会社

ISBN 978-4-487-81453-4 C0036 NDC914